D1702033

Titanias Buch der NUMEROLOGIE

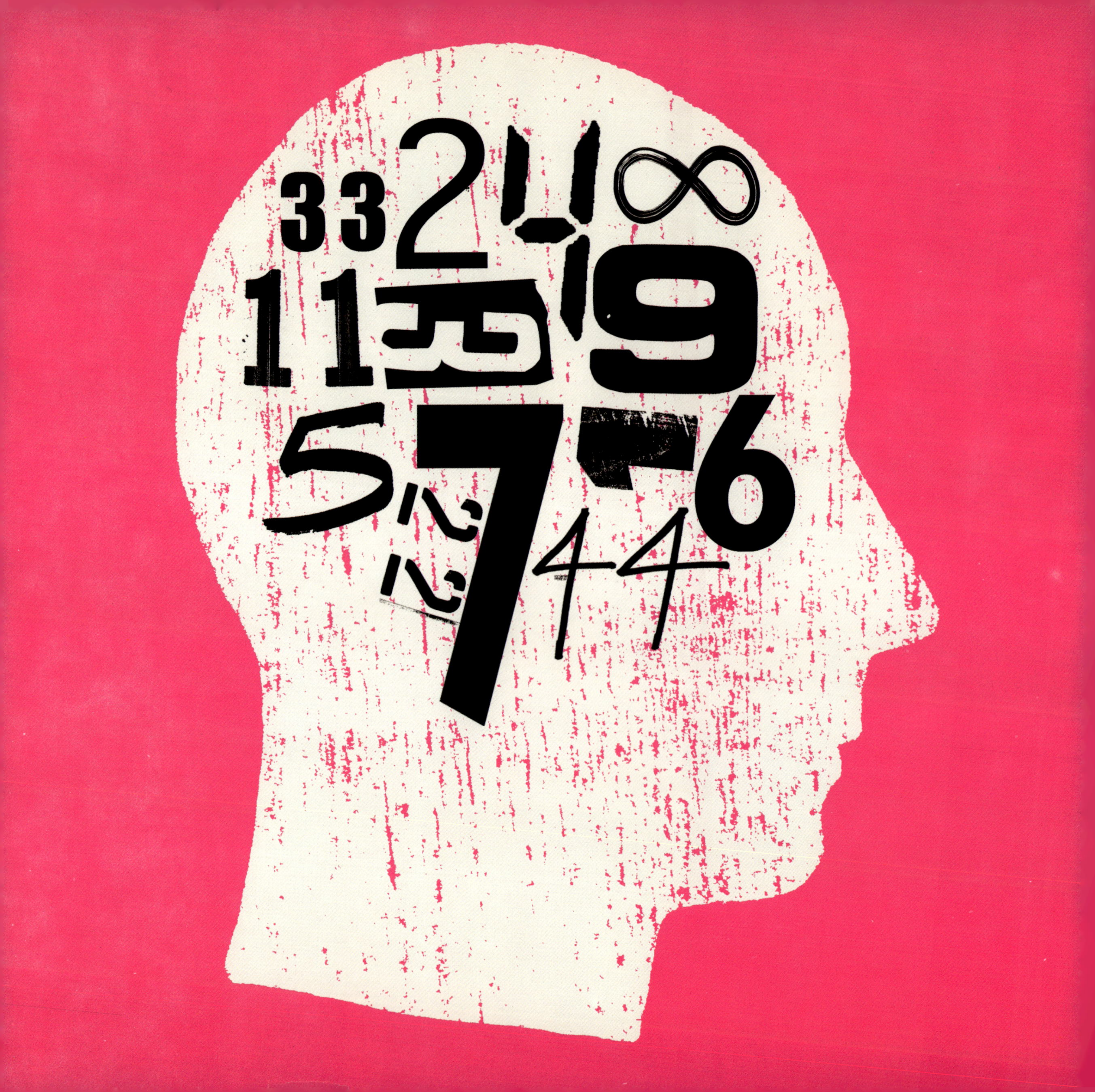
33
2
∞
11
9
5
7
6
44

Zauberzahlen
Titanias Buch der
NUMEROLOGIE
Zahlenzauber

Mosaik

Dieses Buch widme ich einigen besonderen Müttern und Töchtern, die mit mir einen langen Weg gegangen sind: Georgia Tilley, die mich in die Geheimnisse der Numerologie eingeweiht hat, und ihren Mädchen Sophia und Olivia, Marcia Hines und Denni und Esmeralda in Sydney, die mir meine mangelnde Korrespondenz jedesmal mit Herzlichkeit vergeben haben, wenn wir uns trafen, Brenda und Daria, die in entscheidenden Momenten weitergeholfen haben, Mary Ellen und Kate, die in mir den Wunsch geweckt haben, ein Kind zu bekommen und meinen wundervollen Töchtern eine gute Mutter zu werden, und meinen unvergleichlichen Babys Samantha und Zephyrine, die mir alle Wünsche des Himmels erfüllen. Dieses Wunder wünsche ich auch allen zauberhaften und verhexten Damen aller Generationen, die ich in den letzten zwei oder drei Jahren in Buchhandlungen und bei Veranstaltungen rund um den Erdball getroffen habe. 2000 ist das Jahrtausend, auf das wir gewartet haben!

Originaltitel: Zillions
© 2000 Quadrille Publishing Limited
Text Copyright © Titania Hardie 2000
Illustration Copyright © Shonagh Rae 2000
Design und Layout Copyright © Quadrille Publishing Limited 2000

Alle Rechte vorbehalten. Kein Teil dieses Buches darf vervielfältigt, auf Datenträger gespeichert oder übertragen werden, weder als Fotokopie noch auf Band, in elektronischer, mechanischer oder jedweder anderen Form, ohne vorherige schriftliche Genehmigung des jeweiligen Rechteinhabers.

Alle Rechte der deutschsprachigen Ausgabe
© 2001 Mosaik Verlag München
in der Verlagsgruppe Bertelsmann GmbH / 5 4 3 2 1

Lektorat, Satz und DTP: Redaktionsbüro Kramer, Weißenfeld/München
Übersetzung: Suzanne Bürger, München
Umschlaggestaltung: Heinz Kraxenberger, München
Druck und Bindung: Dai Nippon, Hongkong

Printed in Hongkong
ISBN: 3-576-11542-0

Inhalt

Einleitung — Seite 6
Wie Sie Ihre persönlichen Zahlen errechnen — Seite 8

1 Seite 10
2 Seite 22
3 Seite 34
4 Seite 46
5 Seite 58
6 Seite 70
7 Seite 82
8 Seite 94
9 Seite 106
11 Seite 118
22 Seite 130
33 44 Seite 140

Wer passt zu wem? — Seite 142
Danksagungen — Seite 144

Einleitung

Wussten Sie, dass Sie es nicht über sich bringen, jemandem Ihre Zahnbürste zu leihen, wenn Sie numerologisch eine 7 sind? Als 6er können Sie familiären Streit nur schwer ertragen, und ist die 1 Ihre Zahl, brauchen Sie jeden Tag etwas Zeit für sich alleine, während die 4er ständig etwas mit ihren Händen tun müssen. Die 9er kommen mit jedermann gut aus, und die 8er lieben teure Dinge. Die 2er sind sehr musikalisch, die 3er gehören zu den ewig Jugendlichen – und die 5er sind glänzende Unterhalter. Die 11er und 22er sind Meisterzahlen – aber diese Menschen können auch recht herrisch auftreten. Nun, was ist Ihre persönliche Zahl?

In einer Zeit, die so umfassend von Computern, Technologie und Zahlen geprägt ist, können wir von der Numerologie, in der Zahlen als Sinnbilder unserer Persönlichkeit gelten, Erstaunliches über uns lernen. Und mit dem Jahrtausendwechsel ergeben sich gänzlich neue Perspektiven. Im vergangenen Millennium begannen die Jahreszahlen mit einer 1, der männlichen Zahl, die eine Ära der männlichen Vorherrschaft, ja, der Ausschließung der Frauen aus dem Denken und der Geschichte kennzeichnete. Der Wechsel zur Zahl 2 im neuen Jahrtausend wird von mehr Miteinander und Rücksichtnahme auf andere geprägt sein – Merkmale, die das weibliche Prinzip verkörpern.

Wer könnte die Bedeutung von Zahlen in unserem Alltag leugnen? Schon ein kurzer Blick auf den Geburtstagskalender einer Familie lässt erkennen, wie viele Familienmitglieder „zufällig" die gleiche Lebenszahl haben. Das heißt nicht, dass sie im selben Monat geboren sein müssen. Geschwister können jedoch unter dem Einfluss der gleichen Zahl geboren sein – einer zum Beispiel am 2. und der andere am 20. eines Monats. Ich werde Ihnen zeigen, wie diese beiden Ziffern jeweils auf eine Zahl reduziert werden – hier die 2 –, und dass sich auf diese Weise die Zahlen vieler Familienmitglieder überschneiden. Mit Hilfe dieses Buches werden Sie lernen, Ihre persönlichen Zahlen zu ermitteln, und dabei entdecken, dass Sie mit vielen Ihrer engsten Freunde und Lebensgefährten eine Zahl gemeinsam haben.

Alle Zahlen, die etwas über unseren Charakter, die Bedürfnisse unserer Liebespartner und unsere Beziehungsfähigkeit, ja, sogar über unsere Zukunft enthüllen, lassen sich in erster Linie aus dem Geburtsdatum ableiten. Auch die Buchstaben des Alphabets spielen eine bedeutende Rolle, aber die wichtigsten Grundzahlen errechnen sich aus den Zahlen unseres Geburtstages – jenem Tag, an dem wir in das organische Energiefeld dieses Planeten, in die materielle Welt traten.

In den einzelnen Kapiteln dieses Buches werden wir uns jeweils ausführlich mit einer bestimmten Zahl befassen: Für welche Wesensmerkmale sie als Tages- oder als Lebenszahl steht; wie sie uns dabei helfen kann, die Menschen, mit denen wir in Beziehung stehen, besser zu verstehen; was sie im Zusammenhang mit einem Vorgesetzten oder einem Arbeitgeber, mit einem Haustier oder als Hausnummer bedeutet – und auch, welche Art von Erfahrungen in einem beliebigen Jahr unter dem Einfluss der einzelnen Zahlen auf uns zukommen werden.

Die Numerologie macht uns nicht zu dem, was wir sind, aber sie ist eine wundervolle Symbolsprache, die uns verschlungene Aspekte unseres Selbst und auch anderer Menschen besser verstehen hilft. Sie wurde im Laufe der Jahrhunderte von vielen großen Gelehrten studiert und kann uns im neuen Millennium noch nie dagewesene Dimensionen der Selbstverwirklichung und Selbstanalyse eröffnen. Die Reise, auf die wir uns nun begeben wollen, dürfte ebenso faszinierend wie aufschlussreich sein.

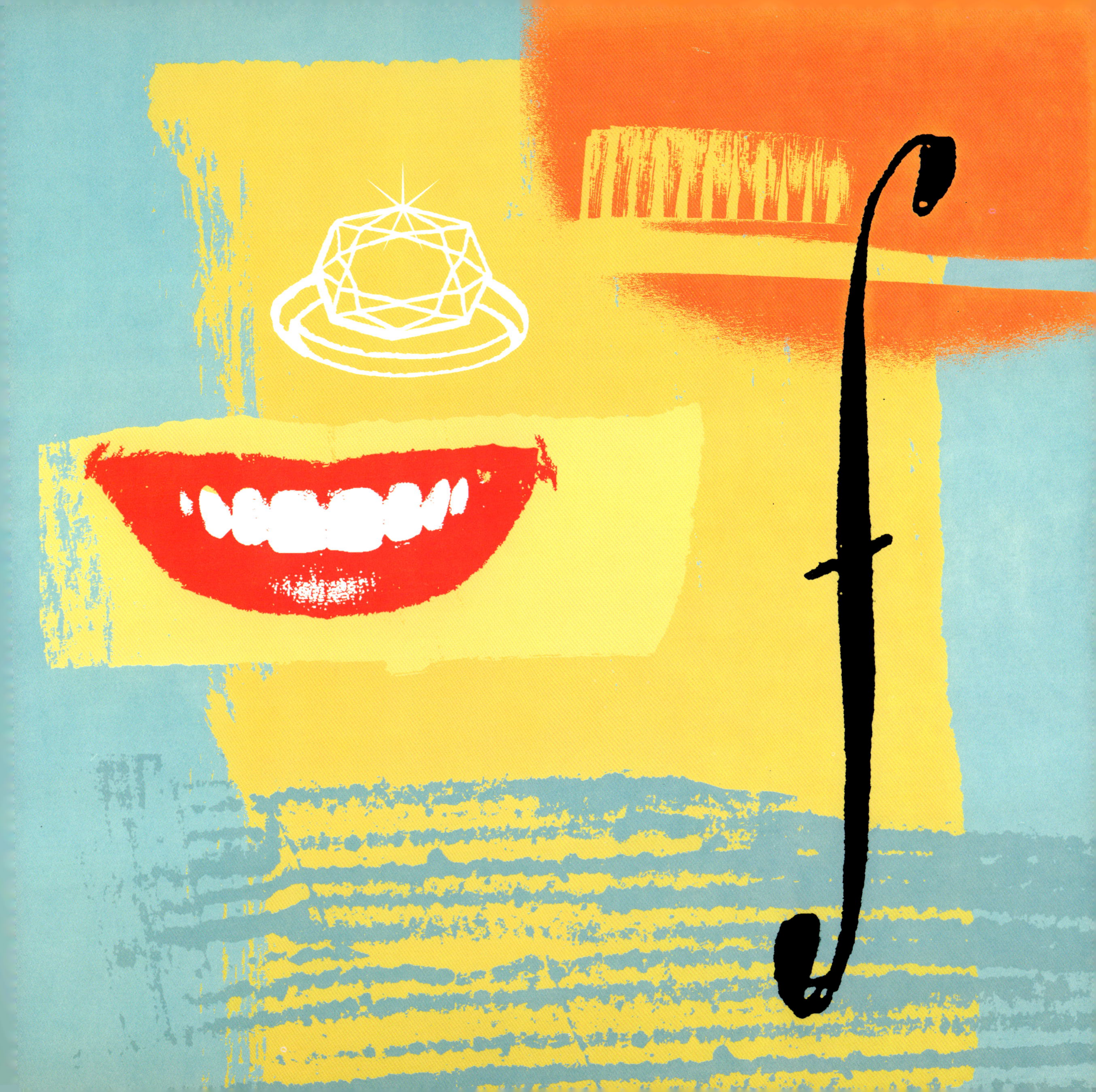

Einleitung

Wie Sie Ihre persönlichen Zahlen errechnen

Um die Geheimnisse der Numerologie zu entschlüsseln, schreiben Sie Ihr vollständiges Geburtsdatum auf (oder das der Person, deren Zahlen Sie ermitteln wollen), fügen zwischen jede Ziffer ein Pluszeichen (+) ein und addieren die Zahlen.

Lebenszahl: Für das Geburtsdatum „2. November 1968" ergibt sich folgende Berechnung: 2+11+1+9+6+8 = 37. Von diesem Ergebnis wird die Quersumme gebildet, also 3+7 = 10. Auch diese Zahl wird reduziert: 1+0 = 1. Aus dem vollständigen Geburtsdatum ergibt sich somit die Lebenszahl 1.

Tageszahl: Aus ihrem Geburtsdatum wird noch eine weitere bedeutende Zahl berechnet – Ihre Tageszahl. Dazu addieren Sie die Ziffern Ihres Geburtstages, Monats- und Jahreszahl fallen hierbei weg. Aus dem obigen Beispiel ergibt sich die Tageszahl 2+nichts, also 2. Aus einem 20. ergäbe sich ebenfalls die 2.

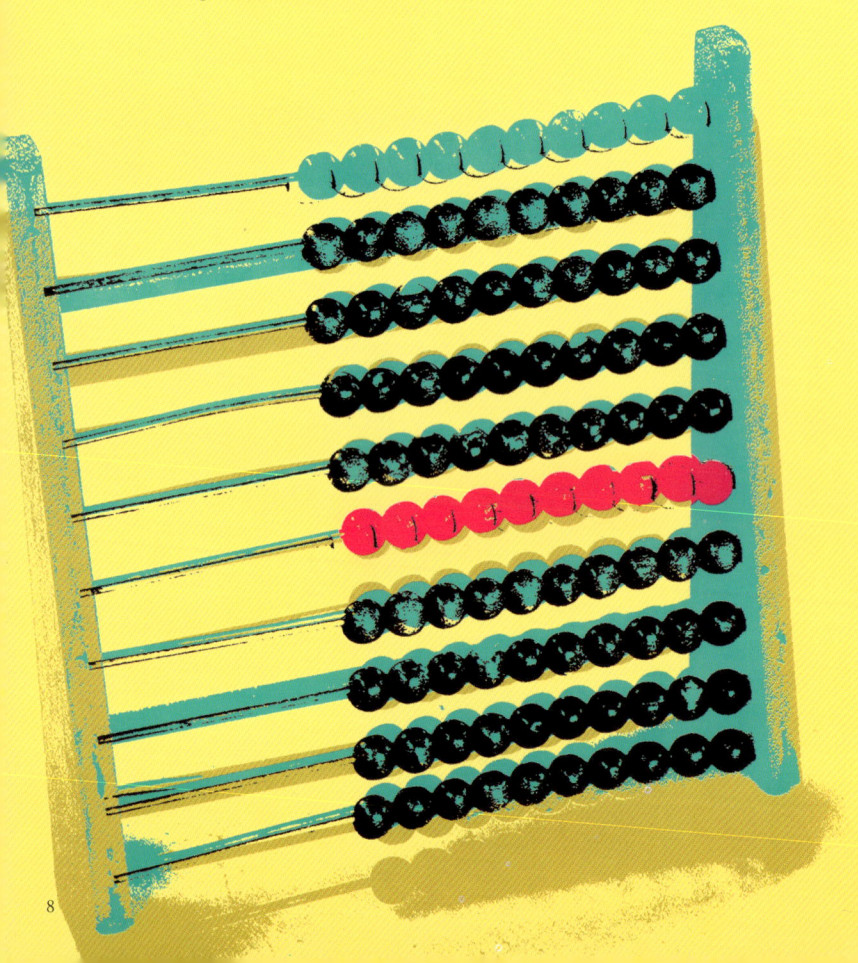

Sie werden erkennen, dass Sie beide Zahlen benötigen, um Ihr Leben und Ihr persönliches Potenzial umfassend zu verstehen.

Meisterzahlen: Ergibt sich an irgendeinem Punkt Ihrer Berechnungen die Zahl 11 oder 22, werden diese Zahlen nicht auf 2 bzw. 4 reduziert. Ergibt sich aus Ihrer Lebenszahl (dem vollständigen Geburtsdatum) eine 33 bzw. 44, werden auch diese Meisterzahlen nicht reduziert.

Bedeutung der Tageszahl

Diese Zahl ist meines Erachtens die wichtigste Zahl überhaupt. Wenn wir instinktiv auf eine Situation reagieren, dann kommen dabei die Persönlichkeitsmerkmale unserer Tageszahl zum Ausdruck, denn diese ist, im übertragenen Sinn, unsere „Alltags-Zahl". Sie repräsentiert unsere Talente, welche Farben wir bevorzugen, unseren individuellen Stil und auch, wie wir von anderen Menschen gesehen werden. In vielerlei Hinsicht kennen uns nämlich selbst unsere nächsten Freunde und Verwandte nur oberflächlich – aber die „Tageszahl"-Seite unseres Wesens wird am häufigsten an uns wahrgenommen.

Bedeutung der Lebenszahl

Diese Zahl macht sich erst im Laufe unseres Lebens bemerkbar. Sie kann uns auf bestimmte Stärken und Schwächen hinweisen, mit denen wir im Zuge unserer Erfahrungen lernen müssen umzugehen. Da sich viele dieser Wesensmerkmale erst mit der Zeit manifestieren, kann es Jahre dauern, bis wir uns selbst wirklich kennen. Wegen dieses Lernprozesses werden wir uns der Wesensmerkmale, die von unserer Lebenszahl vorgegeben sind, oftmals weniger rasch gewahr als der unserer Tageszahl. Ob wir unser persönliches Potenzial, für das diese vielschichtige Zahl steht, im Laufe der Zeit tatsächlich nutzen und ausschöpfen, bleibt also abzuwarten.

Ihr Lebenspartner

Diese Abschnitte geben Hinweise darauf, was es für Sie bedeutet, wenn Ihr Liebespartner eine bestimmte Zahl verkörpert. Wollen Sie ihn in seinem innersten Wesen erkennen, müssen Sie sowohl seine Tages- als auch seine Lebenszahl ermitteln. Die meiste Zeit über wird er sich seiner Tageszahl entsprechend verhalten, aber im Laufe der Jahre werden Sie tiefere Einsichten in die Charakterzüge gewinnen, die in seiner Lebenszahl festgelegt sind. Aus diesem Grund sind beide Zahlen wichtig.

Ihr Kind

Auch in diesen Abschnitten ziehen Sie sowohl die Tages-, als auch die Lebenszahl Ihres Kindes heran. Ist die Tageszahl Ihres Kindes eine 3 und seine Lebenszahl eine 6, dann schauen Sie sowohl unter „3 als Kind" als auch unter „6 als Kind" nach. Vergessen Sie dabei nicht, dass die mit der Tageszahl verbundenen Wesensmerkmale vorherrschend sind und die in der Lebenszahl Ihres Kindes versteckten Talente und Potenziale erst im Laufe seines Lebens hervortreten.

Künftige Jahreszyklen

An jedem Geburtstag treten Sie in einen neuen Zyklus von 12 Monaten ein, der unter dem Einfluss einer Zahl steht. Wenn diese mit Ihrer Lebenszahl übereinstimmt, steht Ihnen ein besonders wichtiges neues Lebensjahr bevor.

Sie errechnen Ihre persönliche Jahreszahl, indem Sie die Zahlen Ihres Geburtstages und -monats (ohne die Jahreszahl) zur momentan gültigen Jahreszahl addieren. Beispiel: Ihr Geburtstag ist der 2. November und Sie möchten Ihre persönliche Jahreszahl für das Jahr 2000 ermitteln: 2+1+1+2+0+0+0 = 15. Dieses Ergebnis wird durch Errechnen der Quersumme auf eine einzige Zahl reduziert, also 1+5 = 6. Zwischen dem 2. November 2000 und dem Vorabend des 2. November 2001 stehen Sie also unter dem Einfluss eines 6er-Jahres. Beachten Sie dabei, dass der Zahlenzyklus nicht vor Ihrem Geburtstag beginnt. Aus einem Januar-Geburtstag ergibt sich ein Jahreszyklus, der fast mit dem Kalenderjahr übereinstimmt, während bei einem Dezember-Geburtstag die Tendenzen erst im Dezember hervortreten, wenn das Jahr 2000 schon fast abgelaufen ist. Die Einflüsse erstrecken sich dafür bis zum Dezember 2001.

Wer passt zu wem?

Wie vertragen Sie sich mit den übrigen Zahlen? Auf Seite 142-143 finden Sie alle Kombinationsmöglichkeiten in Kürze beschrieben. Wenn Sie Ihre Kompatibilität errechnen, die sich auf einer tagtäglichen Basis im Umgang mit fast jedem Menschen abspielt, übt die Tageszahl den größten Einfluss aus. Stehen Sie mit jemandem in einer langjährigen Beziehung, dann wollen Sie sicher auch Ihre beiden Lebenszahlen miteinander vergleichen.

Das Alphabet

Jedem Buchstaben des Alphabets ist ein Zahlenwert zugeordnet (siehe nachstehende Tabelle). Die Bedeutung der mit den einzelnen Zahlen verbundenen Buchstaben werden in jedem Kapitel erläutert.

1	2	3	4	5	6	7	8	9
a	b	c	d	e	f	g	h	i
j	k*	l	m	n	o	p	q	r
s	t	u	v**	w	x	y	z	

* „k", mit dem Wert 2 versehen, entspricht als einziger Buchstabe der Meisterzahl 11;
** „v" normalerweise der 4 zugeordnet, entspricht eigentlich der Meisterzahl 22.

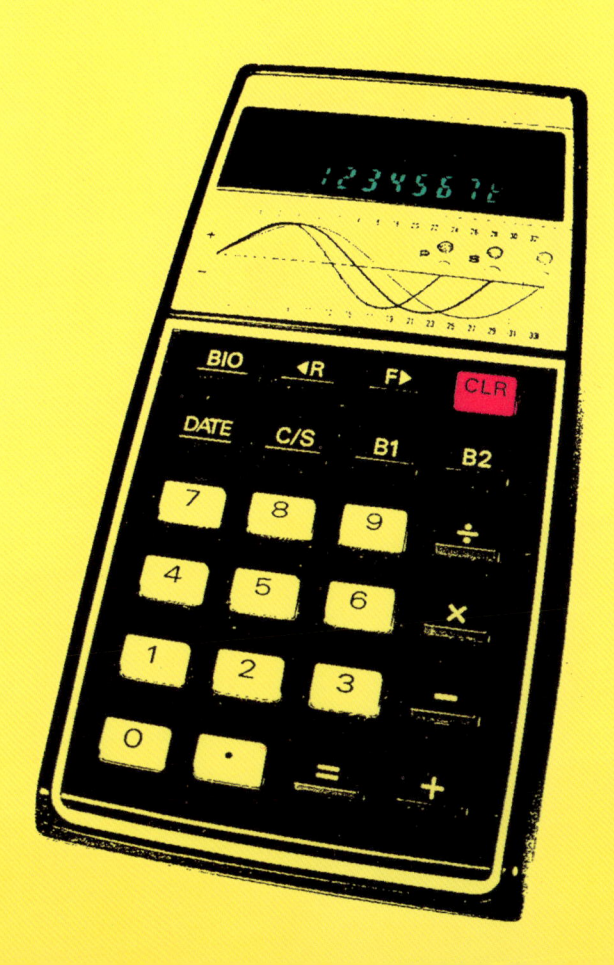

10

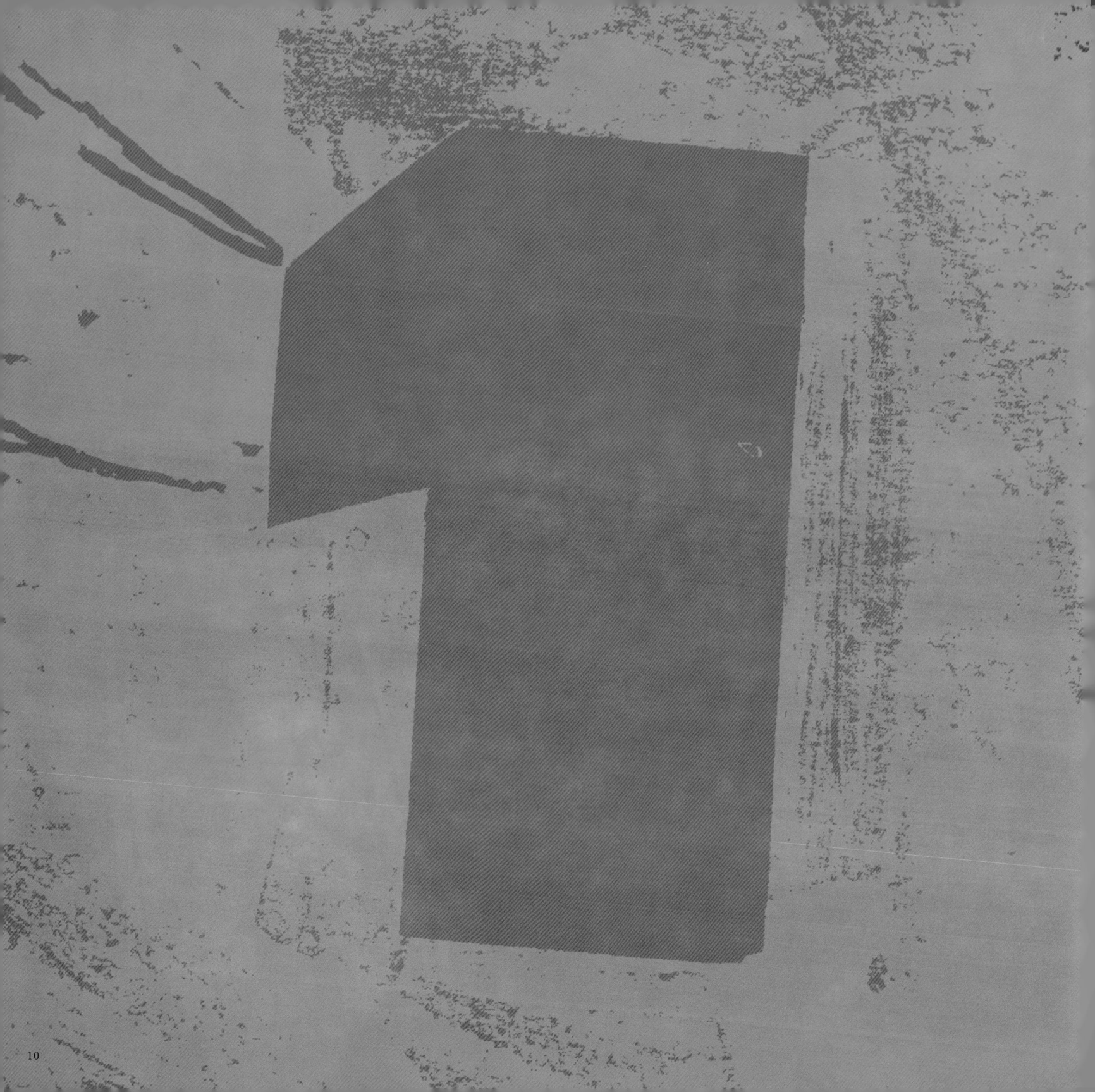

Eins

Mit der 1 wollen wir unsere Reise durch die Welt der Zahlen beginnen – sie repräsentiert Mut, Individualität und Aggression. Sie steht in jeder Hinsicht für Neuanfang, Initiative, dynamische Energie, Pionierdenken und Willenskraft. Menschen mit dieser Zahl sind ausgesprochen selbstständig und voller Selbstvertrauen. In der 1 kann jedoch auch etwas Leid mitschwingen, denn nicht jeder, der von anderen unabhängig ist, will allein bleiben.

Wenn Sie die 1 als Zahl haben, oder mit einem 1er-Partner oder 1er-Kind zusammenleben, wird es bei Ihnen nie langweilig werden. Menschen mit dieser Zahl hassen Passivität und wirbeln noch herum, während andere bereits erschöpft oder nachdenklich sind.

1er-Menschen sind entschlusskräftig und widerspenstig, zynisch und einfallsreich zugleich und somit faszinierende, schillernde Persönlichkeiten. Als Menschen mit einem ausgeprägten Ego hassen sie es allerdings, wenn man ihnen sagt, was sie tun sollen, so dass der Umgang mit ihnen zuweilen ein Drahtseilakt sein kann.

Typische 1er-Farben sind Feuerrot, Kupferrot und Aprikose; zu den Düften gehören Rosenöl, Zeder, Zypresse und Koriander (für Selbstvertrauen und Selbstbewusstsein). Das astrologische Gegenstück zur 1 ist der Widder. Schwingungsmässig gehören zu dieser Zahl die Buchstaben A, J und S – wenn Sie also das Selbstbewusstsein und die Stärken, die mit dieser Zahl verknüpft sind, voll ausschöpfen wollen, sollten Sie einen Namen verwenden, in dem diese Buchstaben vorkommen.

Tageszahl 1

In der Einleitung wurde erläutert, wie Sie diese Zahl ermitteln. Ihre Tageszahl ist also die 1, wenn Sie am 1., 10., 19. oder 28. irgendeines Monats geboren sind. Sie bestimmt unser individuelles und spontanes Verhalten im Alltag und unsere Reaktionen im Zusammenhang mit Liebespartnern und Freunden, Familie, Arbeitskollegen und Vorgesetzten.

Gilt für alle 1er-Geburtstage

Sie sind jemand, den man nicht unterschätzen sollte: Ein Wirbelwind voller Einfälle, ständig in Bewegung, extrem zielstrebig, einfallsreich und von einer Kühnheit, die selbst jene immer wieder in Erstaunen versetzt, die Sie schon ein Leben lang kennen. Sie übernehmen immer selbst die Führung, stürzen sich gerne in etwas hinein und wagen sich mutig in unbekannte Bereiche vor – wobei Ihnen die anderen dann meist folgen.

Sie verfügen über ein ausgezeichnetes Gedächtnis und können sich an kleinste Details erinnern. Sie sind prädestiniert andere zu leiten und daher für Führungspositionen bestens geeignet – als Geschäftsleiter oder als selbstständiger Unternehmer. Sie brauchen eine Tätigkeit, die es Ihnen ermöglicht, zu überlegen, zu sondieren, zu entwickeln und zu planen. Physische Arbeit oder Routineaufgaben sind Ihnen ein Gräuel.

Obwohl Sie von Hause aus kein Angebertyp sind, werden Sie anderen ständig zu verstehen geben, dass Sie dort, wo andere nichts als Hindernisse erblicken, keinerlei Probleme sehen. Sie schaffen sich buchstäblich Ihre eigenen Möglichkeiten und haben nur wenig Geduld mit Menschen, die keine Begeisterung zeigen, unmotiviert oder nicht willens sind, ihre persönlichen Probleme abzuschütteln. Manchmal haben Sie ein recht herrisches Auftreten und schikanieren Freunde, die sich in irgendetwas verfahren haben. Aber wer Sie wirklich gut kennt, der kommt ohnehin nicht zu Ihnen, um Mitleid zu erheischen, sondern um sich zum rechten Zeitpunkt einen Tritt in den Hintern geben zu lassen, der ihm neuen Ansporn gibt!

Sie können sich sehr gut konzentrieren und arbeiten bis zum Umfallen, weil Sie wollen, dass die Dinge in Gang kommen. Sobald sich eine Idee als realisierbar erwiesen hat, verlieren Sie allerdings oft das Interesse daran und überlassen die Durchführung und die Routinearbeiten dann gerne anderen. Sie begeistert im Grunde nur der Beweis, dass etwas machbar ist – um die Sache dann zu realisieren, sollten Sie sich mit bodenständigen und soliden Geschäftspartnern oder Assistenten umgeben. In Liebesbeziehungen wäre es ratsam, wenn Ihr Partner diese Ungeduld in Ihnen versteht.

Es wird in Ihrem Leben viele Ereignisse geben, in denen Sie auf Ihre ausgeprägten Stärken und Talente zurückgreifen müssen – manchmal auf recht unerwartete und ungewöhnliche Weise. Schon als Kind sind Sie häufig gezwungen gewesen, auf eigenen Beinen zu stehen und sich in die Erwachsenenwelt einzufügen: 1er haben oft keine unbeschwerte Kindheit. Dies scheint jedoch notwendig für die Unabhängigkeit und Autorität, die Sie täglich an den Tag legen müssen – Sie haben das ja gewissermaßen fast von der Wiege an gelernt.

In Liebesbeziehungen brauchen Sie einen sehr verständnisvollen und intuitiven Partner. Manchmal brauchen Sie Zeit für sich allein – zum Nachdenken und zum Entspannen, da Ihre unbändigen Energien viel Kraft kosten. Auf Kritik reagieren Sie empfindlich; Sie brauchen sehr viel Anerkennung von außen. Ihr aggressives Verhalten ist oft nur der verkappte Ausdruck dessen, dass Sie sich einsam oder überfordert fühlen. Jeder scheint sich an Sie anzulehnen und nicht zu bemerken, dass auch Sie manchmal ein offenes Ohr brauchen.

Ihr Lebenspartner sollte im Idealfall viel Geduld mitbringen, selbst möglichst unabhängig sein und gut zwischen den Zeilen lesen können. Er wird lernen müssen, Sie zum richtigen Zeitpunkt einfach unaufgefordert in den Arm zu nehmen. Sie sollten sich darüber im Klaren sein, dass das manchmal nicht ganz einfach ist.

10

1 Tageszahl: Addieren Sie die Zahlen Ihres Geburtstags

Ihr Geburtstag fällt auf einen 1.

Fällt Ihr Geburtstag auf den 1. Tag eines Monats, dann sind Sie dynamisch, originell, impulsiv und willensstark. Sie nehmen neue Dinge mit viel Elan und Pioniergeist in Angriff, aber oft fehlt Ihnen die Geduld, sie zu Ende zu bringen – Sie überlassen die Ausführung dann lieber anderen.

Auf der emotionalen Ebene sind Sie eher zurückhaltend und verschlossen, brauchen aber selbst viel Lob und Bestärkung. Sie sind geistig rege und widmen sich gerne mehreren Tätigkeiten auf einmal, um Ihr Interesse wach zu halten. Sie sind ausgesprochen unabhängig und schöpferisch, brauchen aber auch viel Zeit für sich selbst. Sie fühlen sich leicht missverstanden von anderen, die meinen, Sie kämen stets von selbst zurecht und bräuchten keine Hilfe. Obwohl Sie sich tatsächlich nicht so leicht unterkriegen lassen, sollten Sie bei Bedarf um Unterstützung bitten – wenigstens ab und zu.

Kontrollieren Sie Ihre Neigung, andere zu bevormunden, und hüten Sie sich vor Eifersucht in Liebesbeziehungen und Freundschaften. Versuchen Sie, den Ratschlägen anderer wenigstens Gehör zu schenken: Sie können sie ja jederzeit ablehnen, aber oftmals lohnt es sich, die Überlegungen anderer mit einzubeziehen. Trennen Sie Kopf und Gefühl, und treffen Sie objektive Entscheidungen. Sie sind praktisch veranlagt, leistungsfähig, idealistisch und fantasiebegabt.

Sie können sehr tiefe Gefühle entwickeln, genießen das Zusammensein mit anderen und können ausschweifende Feste feiern, wenn Sie in entsprechender Stimmung sind. Einige Menschen halten Sie für gefühlskalt, so dass die Gefahr besteht, dass Sie zu viel Zeit alleine verbringen. Sprechen Sie mit Ihren Freunden und Liebespartnern über Ihre Bedürfnisse, denn Ihre tiefe und vielschichtige Persönlichkeit ist nicht immer leicht zu ergründen. Für Sie kommen viele Berufe in Frage: Sie haben das Talent zu einem inspirierenden Lehrer oder zu einem Schauspieler – der den einsamen Moment im Rampenlicht genießt –, oder zum Erfinden und Gestalten. In jedem Fall sollten Sie selbstständig tätig sein.

Ihr Geburtstag fällt auf einen 10.

Die Null verstärkt einige der mit der 1 verbundenen Talente und Neigungen um das Zehnfache. Sie sind unabhängig, selbstbewusst, zuweilen etwas diktatorisch – die geborene Führernatur. Sie verschaffen sich stets Gehör und werden niemals übergangen.

Sie sind fähig und auch bereit, auf eigenen Füßen zu stehen. Im Verlauf Ihres Lebens werden sich andere immer wieder an Sie anlehnen und Ihren Rat suchen. Man hält Sie für sehr unabhängig und bewundert Ihre Charakterstärke. Sie haben in der Tat Ihre ganz eigenen Vorstellungen über das Leben und über geschäftliche Dinge. Ihre Fehler und Schwächen entdecken Sie durch bittere Erfahrungen oder Schicksalsschläge. Im Grunde Ihres Herzens machen Sie am liebsten alles selbst und bitten andere nur ungern um Hilfe. Befehle zu befolgen passt Ihnen überhaupt nicht. Bei aller Liebenswürdigkeit, die Ihnen zu eigen ist, können Sie sich beim Anpacken eines Problems sehr stur zeigen und bevorzugen dabei Ihre ureigene Vorgehensweise.

Vermutlich sind Sie selbstständig tätig und keinem geregelten Achtstundentag im Büro unterworfen. Sie sind idealistisch und voller glänzender Ideen, wie man die Welt um Sie herum verbessern könnte. Sie geben stets den Anstoß zu Veränderungen, verlassen gerne eingefahrene Gleise und treiben andere dazu an, sich mehr ins Zeug zu legen. Sie üben oft mehrere Tätigkeiten parallel aus oder verfolgen gleichzeitig verschiedene Ziele: Auf diese Weise können Sie dann wenigstens eines Ihrer Lieblingsprojekte verwirklichen, auch wenn aus den anderen nichts wird.

Sie haben vermutlich musikalisches Talent, vielleicht auch eine Begabung für Malerei oder Architektur. Sie erfinden Dinge des täglichen Gebrauchs neu, um sie zu verbessern. Sie sind gescheit, schöpferisch, willensstark und wachen eifersüchtig über Freunde und Besitz. Die meisten Frauen, die an einem 10. Geburtstag haben, sind nicht nur stark, sondern verspüren auch keinerlei Neigung, die Rolle des Heimchens am Herd zu übernehmen.

1 TAGESZAHL: ADDIEREN SIE DIE ZAHLEN IHRES GEBURTSTAGS

IHR GEBURTSTAG FÄLLT AUF EINEN 19.

Diese Zahl steht für große künstlerische Begabung, viel Sinn für Humor und die Fähigkeit, Trends zu setzen. Die 19 ist jedoch auch eine „karmische Zahl": Sie haben eine Lektion zu lernen, die bis in ein früheres Leben zurückreicht und werden daher von früher Kindheit bis in die späteren Jahre immer wieder Phasen der Einsamkeit durchlaufen. Dabei verfallen Sie häufig in Extreme, so dass Sie zwischen übersprudelndem Optimismus und grüblerischem Pessimismus pendeln. Sie werden hart an sich arbeiten müssen, um zu verhindern, dass Sie allzu lange in Verzweiflung versinken.

Sie lieben Veränderungen, brauchen Zeit für sich selbst und schätzen es gar nicht, wenn andere zu sehr in Ihre Privatsphäre eindringen. Wenn Ihnen jedoch nach Gesellschaft und Freunden ist, dann gibt es kaum einen besseren Gastgeber als Sie. Die Leute finden Ihre Einfälle manchmal zwar etwas verrückt, aber für Sie gilt meistens der Spruch: Wer zuletzt lacht, lacht am besten.

Wie alle 1er können Sie auch nervös und leicht reizbar sein, aber genauso rasch haben Sie sich wieder unter Kontrolle, und alles ist vergeben und vergessen. Sie setzen sich hohe Maßstäbe und erwarten das auch von anderen. Sie laufen Gefahr, in Beziehungen nicht das wahre Glück zu finden, denn Sie ziehen sich oft in sich selbst zurück und wirken nach außen sehr selbstgenügsam. Das führt leicht zu Missverständnissen – Sie sollten versuchen, Ihre Wünsche und Bedürfnisse anderen offen mitzuteilen.

Aufgrund Ihrer Vielseitigkeit werden Sie in den unterschiedlichsten Bereichen Erfolg haben und vielleicht sogar mehr als einen Beruf ergreifen. Ein Teil von Ihnen genießt es, im Rampenlicht zu stehen, während der andere Teil bei der Arbeit lieber unbeobachtet ist und seinen Interessen alleine nachgeht. Letzteres ist vorherrschend, wenn Ihre Lebenszahl die 7 ist.

Sie werden erfolgreich sein als Politiker oder Jurist, vielleicht auch als Arzt, Designer oder Hochschuldozent – oder in einem Beruf, der Sie körperlich fordert, etwa Tanz-, Aerobic- oder Sportlehrer.

IHR GEBURTSTAG FÄLLT AUF EINEN 28.

Diese Variante der 1 steht für hohe Ideale, hoch gesteckte Maßstäbe, einen starken Willen und – ganz im Gegensatz zu den übrigen 1ern – die Fähigkeit, tiefe Zuneigung zu zeigen, sobald Sie jemand in Ihr Herz geschlossen haben. Obwohl Sie nach wie vor sehr unabhängig, manchmal auch recht dominant sind und nicht im Geringsten davon abhängig, ob andere Ihre Handlungen oder Überzeugungen gut heißen, können Sie Ihr Bedürfnis nach Eigenständigkeit hintanstellen und somit emotionale Zufriedenheit erlangen (das verdanken Sie der 2 in Ihrer Tageszahl). Sie sind besser als die meisten anderen 1er in der Lage, Ihren Ehrgeiz und Ihre Partner harmonisch in Einklang zu bringen.

Ihre Beziehungen und Freundschaften sind oft recht unkonventioneller Natur. Sie können sehr wohl jemanden lieben und sind von Natur aus ein charismatischer Führer und Partner. Sie nehmen immer wieder neue Projekte in Angriff, aber sobald sich die ersten Erfolge einstellen, verlieren Sie oft das Interesse und lassen andere zu Ende führen, was Sie begonnen haben.

Sie brauchen viel Freiheit und hassen es, wenn sie Zwängen unterworfen sind. Sie sind ungeheuer zielstrebig und können sehr geduldig abwarten, bis die Zeit reif ist und Sie sich ans Werk machen können. Zuweilen bauschen Sie Ihre Probleme ziemlich auf – sehen Sie zu, dass Sie es damit nicht übertreiben und schließlich einer Selbsttäuschung erliegen. Zügeln Sie Ihre Neigung zur Trägheit oder Selbstgefälligkeit, und vergeuden Sie nicht zu viel Zeit mit Tagträumereien: Ihre Bestimmung sollte es sein, Dinge in die Tat umzusetzen.

Mit Ihren Führungseigenschaften sind Sie der geborene Geschäftsführer und Sprecher an vorderster Front. Falls erforderlich, können Sie selbstständig handeln und sind stets bereit, Ihre Rechte und auch die anderer geltend zu machen. In einer Gruppe unabhängiger Denker sind Sie derjenige, der die Führung übernimmt. Als Lehrer würden Sie von Ihren Schülern Höchstleistungen verlangen. Sie wären auch als Rechtsanwalt oder selbstständiger Unternehmer erfolgreich – und in jedem Beruf, der Sie körperlich herausfordert. Der 28. ist der Geburtstag vieler Könige.

Lebenszahl 1

Während die Tageszahl Ihr tagtägliches Tun und Denken von Kindesbeinen an beeinflusst, wachsen Sie in Ihre Lebenszahl (manchmal auch Lebensaufgabenzahl genannt) gewissermaßen erst im Laufe der Zeit hinein. Es kann also eine Weile dauern, bis Sie die in Ihrer Lebenszahl verborgenen Charakterzüge in sich selbst entdecken.

Die 1 bedeutet, dass Sie lernen müssen, unabhängig zu sein und eine Rolle zu finden, in der Sie Autorität ausüben und Ihre Führungsfähigkeiten einsetzen können. Es ist Ihre Bestimmung, notfalls allein zu stehen, für sich selbst die Verantwortung zu übernehmen, stets vorwärts zu gehen und nie den Mut zu verlieren oder zurückzuschauen. Dieser Weg ist manchmal recht einsam. Sie wirken auf andere zuversichtlich und gelassen – Sie verfügen über einen ausgeprägten Sinn dafür, was gelingen wird.

Sie haben flinke Bewegungen und ein sehr gutes Zeitgefühl. Sie werden immer Menschen begegnen, die sich Ihre originellen Ideen anhören, und Sie werden viel Gelegenheit finden, Ihren vielseitigen Interessen zu frönen. Das kann mit einem Berufswechsel oder mit einem Hobby verbunden sein.

Andere erwarten von Ihnen, dass Sie die Führung übernehmen. Obwohl Sie bei manchen als furchtloser Pionier oder sogar als ein etwas komischer Kauz gelten, wird man Ihnen in Krisensituationen folgen. Sie werden im Laufe der Zeit herausfinden, dass Sie am besten allein arbeiten können, werden aber lernen müssen, auch mit anderen Menschen zusammenzuarbeiten ... und dass Sie nicht immer von vornherein Recht haben. Bemühen Sie sich, anderen zuzuhören.

Da die Lebenszahl 1 eine männliche Zahl ist, wirken Frauen mit dieser Lebenszahl häufig maskulin und aggressiv. Diese Zahl verleiht in der Tat viel Mut und Entschlossenheit. Sie werden sich immer wieder in Führungspositionen wiederfinden – aber Sie haben das nötige Rüstzeug dazu und erachten Ihre Aufgabe letztlich als sehr reizvoll.

Aufgrund der männlichen Wesenszüge, die diese Zahl verkörpert, werden Sie von Freunden und Liebespartnern eher mit Ihrem Vater als mit Ihrer Mutter verglichen. Viele Frauen mit der Lebenszahl 1 fühlen sich zwischen zwei Gegensätzen hin und hergerissen: Sie möchten eine Familie umsorgen, aber sich gleichzeitig dem harten Wettkampf des Geschäftslebens stellen. Irgendwie finden Sie dann Ihren Weg, aber es kann Jahre dauern, bis das Gefühl vergeht, in dem einen oder anderen Bereich zu versagen.

Wenn die 1 Ihre Lebenszahl ist, müssen Sie lernen, bei der Auswahl ihrer Beziehungen sehr wählerisch zu sein. Es gilt einen Partner zu finden, der Ihre Ungeduld und Ihr Bedürfnis, im Leben voranzukommen, versteht und wenn nötig neben Ihnen auch einmal die zweite Geige spielen kann. Das funktioniert am besten, wenn auch Ihr Partner sich selbst zu motivieren vermag und genügend Selbstvertrauen besitzt. Sie wollen zwar diejenigen, die Ihnen gefühlsmäßig am nächsten stehen, niemals vernachlässigen, aber manchmal lässt sich das nicht vermeiden. Da Sie in diesem Leben jedoch zu den Erfolgsmenschen gehören, werden alle, die Sie kennen, stets zu Ihnen aufblicken. Sie sollten Ihrem Liebespartner sagen, wenn Sie Hilfe benötigen und nicht erwarten, dass er von selbst darauf kommt. Seien Sie sich darüber im Klaren, dass man Sie manchmal auch für einen Besserwisser hält und ab und zu die Geduld mit Ihnen verliert.

Ihr persönliches Stilgefühl ist stark von Ihrer Lebenszahl beeinflusst: Sie präsentieren sich der Welt als die Nummer Eins. Sie vermitteln Kompetenz und Unabhängigkeit und heben sich in Kleidung und Geschmack stets von der Masse ab. Vermutlich bevorzugen Sie Designer-Mode oder ungewöhnliche Wohnaccessoires und wollen um keinen Preis so aussehen wie jeder andere. Ihre Farbenwahl ist oft etwas gewagt, aber es stört Sie nicht, wenn Sie mit Ihrer Kleidung Aufmerksamkeit erregen. Womöglich legen Sie es sogar darauf an, mit Ihrer Aufmachung zu schockieren.

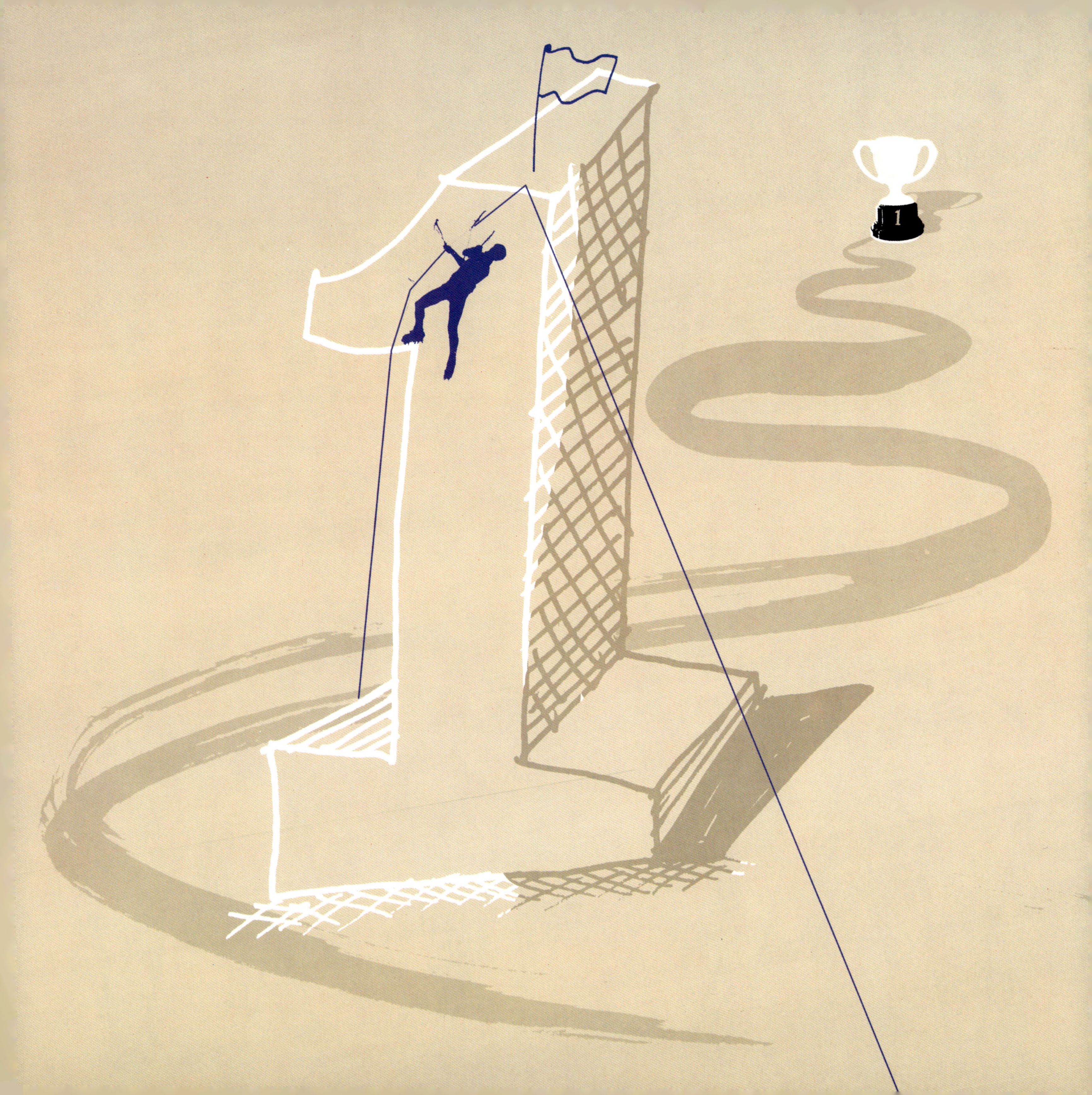
1

1 Lebenspartner

1 als Lebenspartner

Ein Partner, der unter dieser extrem unabhängigen Zahl geboren ist, wird Ihr Selbstvertrauen sehr strapazieren und verlangt von Ihnen sehr viel Intuition. Ein 1er wird niemals zugeben, wie sehr er nach Ihrer Bestätigung und Zuneigung hungert, sondern vermittelt – unwissentlich – stets den Eindruck, dass er sehr unabhängig und peinlich auf seine Privatsphäre bedacht ist. Sie müssen lernen, zwischen den Zeilen zu lesen und sich immer wieder bewusst machen, dass auch ein 1er immer wieder liebevolle Ermutigung braucht.

Dafür haben Sie es mit einem Menschen zu tun, der sich deutlich von der Masse abhebt. Wenn Sie ehrlich sind, dann ist es doch gerade das, was Sie so fasziniert. Mit einem solchen Partner oder einer solchen Partnerin kommt jedenfalls nie Langeweile auf. In der ersten Zeit Ihres Kennenlernens unternehmen Sie wahrscheinlich Dinge, die Sie noch nie zuvor ausprobiert haben. Ihr 1er hat eine derart magnetische Ausstrahlung, dass Freunde sich von Ihnen beiden unwiderstehlich angezogen fühlen.

Ein 1er-Partner kann Ihnen viele ungewöhnliche Perspektiven für das Leben vermitteln und liebt es, neue Dinge auszuprobieren. Seine oder ihre Garderobe ist sehr individuell und (wenn es der Geldbeutel erlaubt) voller Einzelstücke: 1er übernehmen in jeder Situation die Führung und wollen immer einen guten Eindruck machen. Bedenken Sie das, wenn Sie ihn oder sie kritisieren und wählen Sie Ihre Worte mit Sorgfalt.

Ein 1er kann gleichzeitig starrsinnig und impulsiv sein. Ein 1er weiß, was er will und holt es sich, wobei er Vernunft gesteuerte Erwägungen wie die Frage nach der Erschwinglichkeit oft beiseite schiebt. Manchmal beschleicht Sie allerdings auch das Gefühl, Ihr Partner weiß einfach alles besser und erkennt nie so richtig an, was Sie selbst leisten. Oder schlimmer noch, Sie sind sich nicht mehr sicher, ob Sie überhaupt noch gebraucht werden: Ihr 1er ist so verschlossen und emotional zurückhaltend, wehrt sich so energisch gegen jedwede Beschränkung, dass Sie unsicher werden und sich fragen, wo Ihre Beziehung hinsteuert.

Eine Liebesbeziehung mit einer Führernatur mit so viel Eigenständigkeit und Durchsetzungsvermögen erfordert einen emotional robusten Partner. Lernen Sie, sich von Temperamentsausbrüchen oder Verstimmungen nicht frustrieren zu lassen und angespannte Situationen mit Humor zu überspielen – denn eine offene Konfrontation mit einem 1er ist hochexplosiv und bringt oft nicht viel. Wenn er jedoch allzu egozentrisch und kalt ist, sollten Sie nicht darauf hoffen, dass er sich ändern könnte. Auf der anderen Seite werden Sie mit einem Liebespartner belohnt, um den Sie viele beneiden werden und der Sie stets mit neuen, geistreichen und kreativen Einfällen überraschen wird.

1 Kind

1 als Kind

Ein 1er Kind erfordert eine sehr einfühlsame Hand. Es steckt voller Energie und Interessen, stellt endlos Fragen und hat eine instinktive Abneigung gegen jede Autorität. Sie stehen vor der schwierigen Aufgabe, die natürliche Neigung Ihres Kindes nach Freiraum, Unabhängigkeit und Selbstwertgefühl zu fördern, dabei aber gleichzeitig Egoismus und Arroganz zu unterbinden, die häufig damit einher gehen. Das ist nicht einfach, denn ein 1er-Kind widersetzt sich vehement jedweder Einschränkung. Es muss lernen, innerhalb einer Gemeinschaft zu leben und zu akzeptieren, dass es nicht immer Recht hat.

Helfen Sie Ihrem Kind, seine einzigartige Persönlichkeit zu entwickeln, indem Sie es so weit wie möglich wie einen Erwachsenen behandeln. Schenken Sie ihm Zeit, hören Sie sich seine originellen Einfälle an und was es über Menschen und Situationen zu sagen hat, die es aufmerksam beobachtet. Ein 1er-Kind spielt im Freundes- und Familienkreis gerne eine dominierende Rolle, Sie müssen es mit sanfter Hand dazu bringen, seinen Wünschen auf positive Art Ausdruck zu verleihen und dabei auch die Bedürfnisse anderer zu respektieren.

Es verspürt innerlich durchaus ein Bedürfnis nach Gesellschaft, verbirgt dieses aber oft hinter einem schroff zur Schau gestellten Selbstvertrauen und dem Wunsch nach Alleinsein. Ihr 1er-Kind benötigt zwar Zeit für sich, um neue Ideen auszutüfteln und Sachen zu erfinden, aber manchmal will es auch einfach nur liebevoll in den Arm genommen werden. Wegen seiner angeborenen Sturheit und der Entschlossenheit, alles im Alleingang zu tun, fällt es einem 1er-Kind sehr schwer, zärtliche Zuwendungen direkt zu fordern.

1 Varianten

1 als Vorgesetzter

Hoffentlich verfügen Sie über eine Engelsgeduld. Ihr 1er-Vorgesetzter ist immer auf Trab und sehr anspruchsvoll, und es gilt grundsätzlich nur eine Meinung – nämlich seine. Auf der positiven Seite ist zu verbuchen, dass Sie durch ihn viel über Chuzpe und kühnes Vorgehen lernen – und dass das Wort „unmöglich" nicht existiert. Die negative Seite bedeutet, dass Sie immer die ganze Kleinarbeit erledigen müssen, Ihr Fleiß und Ihre Gutmütigkeit aber oft nicht gewürdigt werden.

1 als Mitarbeiter

Hier haben Sie es mit jemand zu tun, der immer die Spitzenposition im Auge hat – egal, was er dazu auch sagen mag. Ein 1er-Mitarbeiter ist nicht bereit, länger als nötig im Schlepptau von anderen zu bleiben. Wenn Sie mit einem solchen Menschen zusammenarbeiten, können Sie bestenfalls mit seinem Selbstvertrauen und tatkräftiger Eigeninitiative rechnen; im schlimmsten Fall ignoriert er schlichtweg jede Ihrer Anweisungen. Sie spielen mit dem Feuer.

1 als Buchstabe

Wenn der Name, den Sie tragen, relativ viele 1er-Buchstaben enthält – also A, J und/oder S – oder wenn einer davon sogar der Anfangsbuchstabe Ihres Namens ist, sind Ihnen von vornherein viele Wesensmerkmale der 1 zu eigen. Sie verfügen über einen scharfen Geist, sind gerne mit sich alleine, haben viele originelle Einfälle – und Sie sind ein wenig eigensinnig und rechthaberisch. A steht für viel Selbstbewusstsein und Initiative, J für Ehrlichkeit und Erfindungsreichtum und S gleichzeitig für Charme, Zorn und eine Schwäche für Geld.

1 als Hausnummer

Wenn Sie in einem Haus wohnen, dessen Nummer sich auf die 1 reduzieren lässt, wird es sehr individuell gestaltet sein. Seine Einrichtung wird sich sehr von denen der Nachbarn unterscheiden, obwohl diese in scheinbar identischen Häusern leben. Ihr Haus hat Sie aufgrund seiner Einzigartigkeit angezogen. Interessanterweise verbringen die Menschen, die in einem 1er-Haus leben, oft einen Großteil ihrer Zeit allein darin.

1 als Haustier

Machen Sie sich auf Einiges gefasst. Ein 1er-Tier – ob Hund, Katze, Pferd, Kaninchen oder Pythonschlange – will grundsätzlich genau das Gegenteil von dem, was Sie ihm anbieten, schläft an den sonderbarsten Orten, ist unglaublich freiheitsliebend und stur – und gestattet Ihnen vielleicht sogar, sein bester Freund zu werden. Tiere mit der Lebenszahl 1 besitzen zudem einen verblüffenden Sinn für Humor.

Was erwartet Sie in einem 1er-Jahr?

Anhand Ihres Geburtsdatums und des augenblicklichen Jahres können Sie die Schwingungen der kommenden 12 Monate berechnen. Sie zählen wieder Ihr ganzes Geburtsdatum zusammen, ersetzen aber das Jahr (z. B. 1970) durch das Jahr, in dem Sie gerade leben (z. B. 2001). Haben Sie beispielsweise im April Geburtstag, dann tritt der Zyklus immer in diesem Monat in Kraft und wirkt bis zum nächsten April.

Wenn Sie in diesem Jahr die Zahlen Ihres Geburtstages addieren und dabei eine 1 herauskommt, dann treten Sie in einen ganz neuen 9-Jahres-Zyklus ein. Dies ist der richtige Zeitpunkt, um sich ganz bestimmte langfristige Ziele zu setzen und sehr genau zu überlegen, wo man in ein paar Jahren stehen möchte. Neue Menschen und neue Ideen werden in Ihr Leben treten. Sie schlagen in Ihrem Leben gewissermaßen ein ganz neues Kapitel auf.

In beruflicher Hinsicht ist ein 1er-Jahr oft mit einem Arbeitswechsel oder einer tief greifenden beruflichen Neuorientierung verbunden. Neue Wege einzuschlagen oder ein Ziel in greifbare Nähe rücken zu sehen ist jetzt auf einmal nicht mehr so unvorstellbar, wie das noch vor etwa einem Jahr der Fall gewesen wäre, als derlei Überlegungen als Hirngespinste abgetan wurden. In einem 1er-Jahr sind Sie unglaublich zielorientiert, unabhängig und voller Entschlusskraft: Sie denken selbstständig.

Auf die eine oder andere Weise werden Sie diesen Weg alleine gehen müssen, und in Ihren Beziehungen (besonders in einer) wird es während dieser 12 Monate Veränderungen geben. Es ist auch durchaus möglich, dass es in dieser Hinsicht bereits während des vorangegangenen 9-Jahres-Zyklus eine Trennung gab und Sie in diesem „einsamen" 1er-Jahr vorübergehend besonders viel Freiheit und Unabhängigkeit genießen. Wenn Sie sich bis jetzt noch nicht festlegen konnten, ist es aber auch möglich, dass sich unter dem Einfluss dieses besonderen Jahres eine ganz bestimmte Liebe zu voller Blüte entfaltet. Emotionell steht ein 1er-Jahr stets für einen Neubeginn – was sich auch innerhalb einer langjährigen Beziehung auswirken kann.

Im Laufe dieses Zyklus' werden Sie viele originelle, interessante Ideen haben und die Willenskraft aufbringen, sie zu verwirklichen. Sie scheinen jetzt ein stärkeres Selbstvertrauen zu besitzen und lassen sich von anderen nicht mehr so viel sagen. Welche ehrgeizigen Pläne Sie auch verfolgen, Sie können sie erreichen. Dabei gehen Sie beneidenswert zielstrebig vor und beweisen ungeheuer viel Disziplin und Selbstbeherrschung. Entscheidungen zu treffen fällt Ihnen nicht schwer, und wenn nötig, sind Sie willens und bereit, die Dinge selbst in die Hand zu nehmen. Auf eines sollten Sie allerdings während dieses Zyklus' achten: Sie neigen dazu, brüsker oder taktloser zu sein als üblich, darüber hinaus sind Sie sehr impulsiv und nicht gewillt, Ratschläge anderer auch nur anzuhören. Sie müssen einen Mittelweg finden, also Ihre Unabhängigkeit und Ihre Individualität geltend machen, ohne dabei in Arroganz und Dickköpfigkeit zu verfallen. Auf der anderen Seite können Sie sich sehr auf Ihre Intuition verlassen – und dem Tapferen winkt das Glück, wie es so schön heißt. Mit ziemlicher Sicherheit wird es einen Richtungswechsel für Sie geben – und auf jedem neuen Weg scheinen sich die Dinge für Sie zum Besseren zu wenden.

Zeigen Sie Mut. Sollten Sie einen Teil dieses Zyklus' tatsächlich ohne Begleitung verbringen, kann sich dies gegen Ende des Zyklus', wenn Sie im nächsten Jahr auf ein 2er (bzw. 11er) Jahr zusteuern, noch ändern. Wenn Sie dann zurückblicken, werden Sie feststellen, dass in diesem Zyklus die Grundlagen dafür geschaffen wurden.

2

Zwei

Die 2 ist die Zahl der Friedensstifter. Das Miteinander steht im Mittelpunkt, verbunden mit dem Bestreben nach Harmonie und der instinktiven Rücksicht auf andere.

Die 2 ist eine weibliche Zahl – weil Frauen sich eher bewusst sind, dass es andere Menschen um sie herum gibt und sie sich immer in Beziehung zu Freunden und geliebten Menschen sehen. Die 2 ist traditionell immer eine passive (aber nicht inaktive) Zahl gewesen. In der Anfangsziffer unseres neuen Jahrtausends kommt nun das weibliche Prinzip zum Zuge.

Wenn eine Ihrer Zahlen eine 2 ist, fehlt es Ihnen vermutlich etwas an Selbstvertrauen; Sie können aber trotzdem erstaunlich eigensinnig sein. Sie trachten danach, stets in Harmonie mit denen zu arbeiten, die Ihnen am nächsten stehen, befassen sich mit Details und tragen immer alle Informationen zusammen. Sie haben sicher bereits bemerkt, dass 2er als Mitbewohner sehr empfindsam und leicht verletzbar sind; manchmal etwas schüchtern, aber stets sehr loyal. Wenn Ihnen ein 2er-Mensch nahe steht, wird er stets auf Ihre Bedürfnisse und Ansichten eingehen, braucht allerdings seine Zeit, bis er selbst einfache Entscheidungen trifft.

Als 2er sollten Sie in Ihrem Namen die Buchstaben B, K oder T führen. Ihre Farben sind Gold, Lachsrosa und Pflaumenblau, Ihre Düfte Rosenpelargonie, Nelke und Kamille (steht für Frieden). Ihr astrologischer Wesensverwandter ist der Stier.

Tageszahl 2

Sie haben die Tageszahl 2, wenn Ihr Geburtstag auf den 2. oder 20. eines Monats fällt – nicht aber auf einen 11. oder 29., denn dann gilt für Sie die Meisterzahl 11. Diese Zahl wird (ebenso wie die 22) nicht weiter reduziert. Schauen Sie in diesem Fall im Kapitel über die „11" nach.

Gilt für alle 2er-Geburtstage

Erinnern Sie sich: Die Tageszahl bestimmt unsere individuelle, spontane Denk- und Handlungsweise in alltäglichen Situationen und unsere Reaktionen im Privat- und Geschäftsleben.

Mit der Tageszahl 2 sind Sie sensibel, leicht verletzbar und sehr empfindsam, aber anderen Menschen gegenüber sehr rücksichtsvoll und liebenswürdig. Auf Fremde reagieren Sie manchmal etwas schüchtern, aber im vertrauten Kreise schätzt man Sie als guten Gesellschafter. Da Sie Menschen gut mit Worten erreichen und sie auf sanfte Art überzeugen können, sind Sie der geborene Vermittler und Schlichter.

Da Sie Aufrichtigkeit vermitteln und Ihrem Wesen eine spirituelle Seite inne wohnt, fassen andere Menschen instinktiv Vertrauen zu Ihnen. Sie sind sehr musikalisch und vermutlich auch tänzerisch begabt. Sie sind der ideale Teamworker – ob auf schöpferischem Gebiet oder im Berufsleben. Sie teilen Ihre Ideen gern mit jemandem, mit dem Sie sich gut verstehen.

Sie wissen die schönen Dinge des Lebens zu schätzen und sind wahrscheinlich ein absoluter Romantiker. Sie haben tief gehende Gefühle und reagieren sehr sensibel auf Ihre Umgebung. Eines Ihrer größten Probleme ist Ihr Hang zu Stimmungsschwankungen und plötzlichen Depressionen. Sie müssen lernen, diese so gut es geht zu überwinden. Vermutlich rühren diese Befindlichkeiten von Ihrem Wunsch und Ihrem Verlangen nach Zuneigung her – oder weil Sie zuweilen Ihre Fähigkeiten unterschätzen und das Gefühl benötigen, dass Sie „wirklich gebraucht" und nicht „nur" geliebt werden. Das kann dazu führen, dass Sie für andere Menschen zum Fußabtreter werden.

Sie erreichen Ihre Ziele immer mit friedlichen Mitteln und spüren, dass schlichtendes Eingreifen Ihnen besser ansteht als Streit. Aufgrund Ihrer außergewöhnlichen diplomatischen Begabung und Ihrer Fähigkeit, Verhältnisse zu harmonisieren, fungieren Sie als eine nicht zu unterschätzende „graue Eminenz" im Hintergrund, die kritische Situationen mit viel Taktgefühl zu schlichten weiß.

Sie legen größten Wert auf Reinlichkeit und persönliche Adrettheit – wobei Sie es gelegentlich ein wenig übertreiben. Ihr Äußeres ist Ihnen sehr wichtig, und Sie machen viel Aufhebens, wenn etwas nicht ganz genau so ist, wie es sein soll. Dabei können Sie aus einer Mücke oft einen Elefanten machen. Kleidung spielt für Sie eine große Rolle.

Insgesamt erfreuen Sie sich großer Beliebtheit: Ihre verbindliche, liebenswürdige Art und Ihr höfliches Wesen sichern Ihnen viele Liebesbeziehungen und zahlreiche gute Freunde – und die Liebe Ihrer Familie, die Sie gut kennt. Die 2 beinhaltet etwas Magisches; Sie werden Ihre Kräfte mit der Zeit entdecken.

2

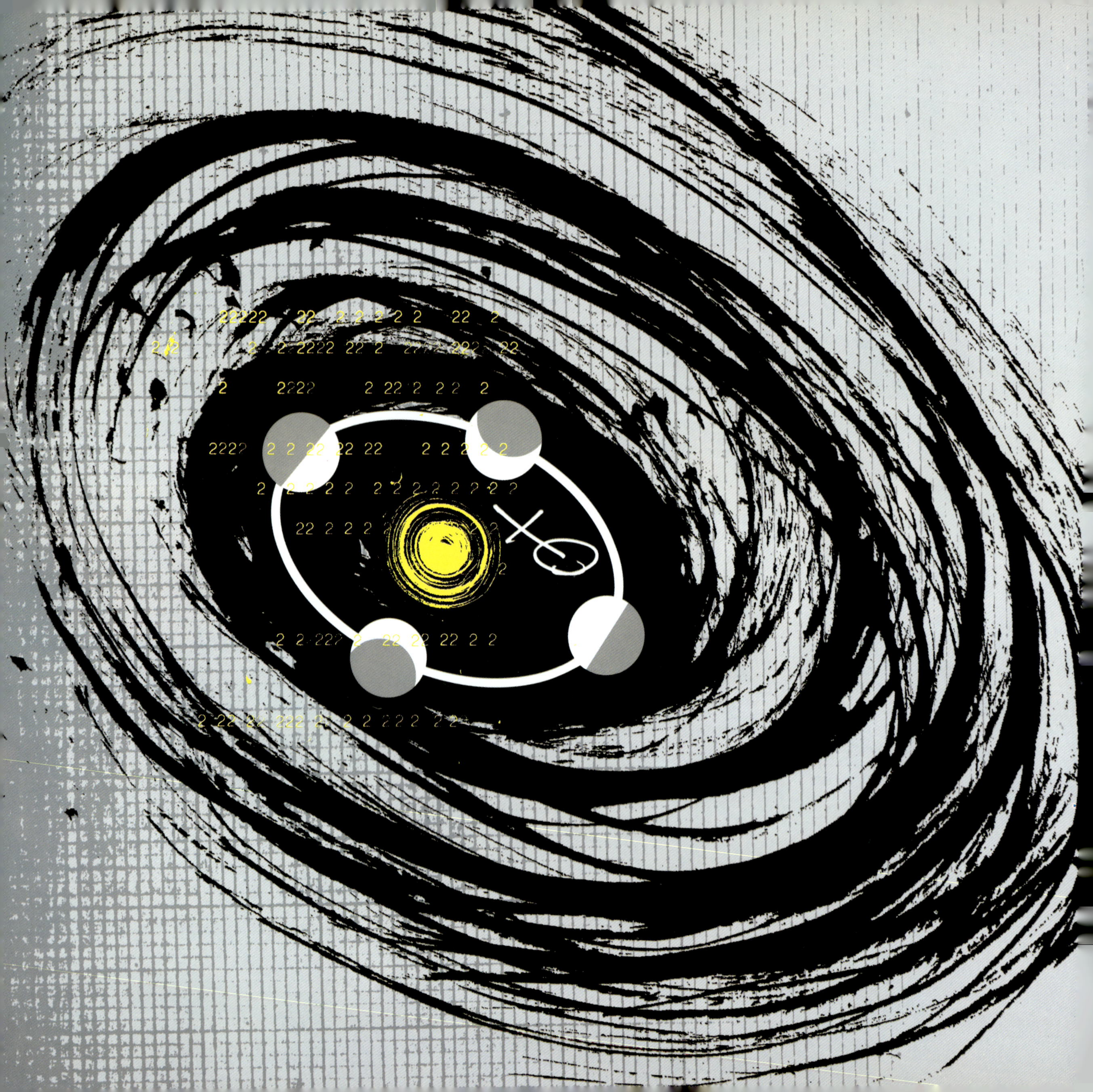

2 Tageszahl: Addieren Sie die Zahlen Ihres Geburtstags

Ihr Geburtstag fällt auf einen 2.

Sie haben ein ausgeprägtes Bedürfnis, mit Ihrem Partner, Ihrer Familie und Ihren Arbeitskollegen gut auszukommen und erreichen Ihre Ziele mit Hilfe Ihrer diplomatischen Fähigkeiten, ganz ohne Druck oder Aggression. Sie verstehen es, Menschen auf Ihre Seite zu bringen. Sie mögen keine begnadete Führungskraft sein, können aber bei Disputen vermitteln wie kein anderer.

Jeder weiß Ihr Urteilsvermögen zu schätzen, weil Sie Ihre Meinung stets taktvoll äußern. Sie unterstützen Freunde in Krisensituationen, ohne überschwängliche Dankbarkeit zu erwarten. Sie können Menschen wunderbar trösten und ermutigen und sind meistens unparteiisch, wodurch Sie für beide Seiten ein willkommener Berater sind. Sie lassen eher andere die Führung übernehmen, wissen aber trotzdem mit erstaunlicher Sicherheit, wie Sie Ihre Ziele erreichen können, ohne dabei vorzupreschen. Wer mit Ihnen leichtes Spiel zu haben glaubt, darf sich auf eine Überraschung gefasst machen.

Sie sind hochmusikalisch, lieben überhaupt alles Schöne und schaffen um sich herum visuell stets eine Oase der Ruhe. Sie arbeiten sehr gut mit anderen zusammen und verstehen es, die Ideen und Wünsche Ihrer Mitmenschen harmonisch in Ihre Gesamtsicht einzubeziehen.

Ihnen stehen zahlreiche berufliche Wege offen. Wegen ihrer überragenden diplomatischen Fähigkeiten sind 2er sehr erfolgreich in der Politik oder im Staatsdienst. Geschäftlich wird es Sie zu Antiquitäten, Kunstobjekten oder zur Mode hinziehen, und da Ihre Stärke in der Zusammenarbeit liegt, sind auch Partner- oder Teilhaberschaften das Richtige für Sie.

Auch Dichtung, Schriftstellerei, Musik, Malerei und Bildhauerei dürften Ihnen liegen. Wenn es die Umstände erfordern, widmen Sie sich auch profaneren Tätigkeiten, in die Sie dann eine besondere Professionalität und Arbeitsqualität einbringen. Hierzu stehen Ihnen alle Berufe in Buchhaltung, Statistik, Sekretariat oder rund um jedwede Analyse offen. Wo immer Sie arbeiten, zaubern Sie ein Lächeln auf die Gesichter Ihrer Kollegen.

Ihr Geburtstag fällt auf einen 20.

Sie sind in hohem Maße taktvoll und diplomatisch und Ihrer Familie und Ihrem Partner treu ergeben. Sie sind der geborene Friedensstifter und Vermittler und haben die Kraft, alles zu erreichen, was Sie anpacken. Bei einer negativen Prägung in jungen Jahren könnten Sie allerdings wankelmütig und unzuverlässig sein.

Sie haben viel Sinn für Musik und die schönen Künste und ein gutes Gespür für Farben. Wegen Ihrer sanften und liebenswürdigen Art könnten Sie von anderen leicht ausgenutzt werden. Mit Ihrem angeborenen diplomatischen Geschick wären Sie in einer Regierungsposition sehr erfolgreich, aber Sie arbeiten auch gerne in kleinen Gruppen und tendieren nicht dazu, eigene Unternehmungen voranzutreiben. Daher überlassen andere Ihnen manchmal die lästigen oder schwierigen Dinge und heimsen zum Schluss die Anerkennung dafür selbst ein.

Sie sind eine liebevolle und mitfühlende Seele und genießen die freie Natur und Ihr Zuhause. Sie brauchen zuweilen einen Ort der Ruhe, um Ihre inneren Batterien wieder aufzuladen und sich vom hektischen Alltag zu erholen. Ihr Wesen, Ihre persönliche Umgebung und Ihre Verhaltensweisen spiegeln Anmut, Stil und Schönheit wider. Ein unharmonisches Zuhause oder ein ungutes Arbeitsklima belastet Sie sehr; unter solchen Bedingungen können Sie nicht mehr Ihr Bestes geben.

Beruflich sind Sie erfolgreich in allen Bereichen, die mit der Öffentlichkeit zu tun haben – insbesondere als Analytiker, Lehrer (möglicherweise für musische Fächer) oder Schauspieler. Sie wären aber auch ein guter Geistlicher, Politiker oder Statistiker – oder Musiker, Büroangestellter, Schreibkraft oder Stenograph. Im Idealfall geben Sie einen hervorragenden Politiker ab, obwohl Sie sich unter Umständen schriftlich besser ausdrücken als mündlich. Aufgrund Ihrer Liebe zum Detail könnten Sie auch als Grundstücksverwalter oder Firmenanwalt erfolgreich sein.

Das grundlegende 2er-Element wirkt sich bei Ihnen zehnfach aus: Weiblichkeit (das gilt auch für die männlichen Vertreter dieser Zahl, die sehr sanftmütig sind), Intuition und ein gebendes Wesen – Sie stellen andere oft vor sich selbst. Dieser Geburtstag entspricht dem weiblichen Mond-Prinzip. Sie sind von Natur aus geradezu prädestiniert, in einer liebevollen Gemeinschaft zu leben – also ein idealer Ehepartner.

Lebenszahl 2

Während die Tageszahl auf Ihre Stimmungen und persönlichen Verhaltensweisen schon von Geburt an einen Einfluss ausübt, kann es eine Weile dauern, bis Sie entdecken, wie die in Ihrer Lebenszahl verborgenen Merkmale und Tendenzen Ihr Wesen und Ihren Lebensweg prägen.

Harmonische Zusammenarbeit ist der Grundtenor Ihres Lebens, Sie entwickeln mit der Zeit ein immer sensibleres Gespür für die ausgesprochenen und unausgesprochenen Bedürfnisse Ihrer Mitmenschen. Die 2er gehören oft zu den unbesungenen Helden des Lebens, die nicht selten hinter den Kulissen der nach außen hin sehr viel erfolgreicheren 1er, 5er und 8er arbeiten. Sie beherrschen die Kunst der Diplomatie, sind taktvoll und schlichtend, kommen mit den unterschiedlichsten Menschen gut zurecht und wissen sie auf unaufdringliche Weise zu überzeugen.

Nur ganz wenige 2er sind selbstsüchtig, aber sie entwickeln mit der Zeit eine gewisse Starrköpfigkeit und lernen, sich nicht von anderen herumschubsen zu lassen. Beruflich wären Sie in einer Teilhaberschaft gut aufgehoben, vor allem weil Sie eher im Hintergrund bleiben und sich nicht in Eigenlob ergehen. Ihre Aufrichtigkeit und Liebenswürdigkeit wird Ihnen im Geschäftsleben sehr zugute kommen, und Sie erreichen das, was Sie sich im Leben wünschen, auf ruhige, unspektakuläre Art – Rücksichtslosigkeit und unverhohlene Aggression sind Ihnen fremd. Die Partner, denen Sie zum Erfolg verhelfen, werden Ihren Beitrag in der Regel würdigen und sich erkenntlich zeigen.

Sie finden rasch Freunde, weil Sie wissen, wann Sie anderen gegenüber freundlich, großzügig und loyal sein können. Sie lernen sorgfältig zu arbeiten, ohne dabei an Lohn zu denken – um Ihre Bedürfnisse scheint sich das Schicksal zu kümmern. Sie haben das Talent, Menschen unterschiedlichster Art zu einem gemeinsamen Projekt zusammenzubringen, befassen sich mit den erforderlichen Details und tragen Material zusammen, das anderen von Nutzen ist. Sie haben vermutlich gelernt, Ihre Zunge zu hüten – getreu nach dem Motto: Reden ist Silber, Schweigen ist Gold. Wenn nötig, können Sie jedoch gut reden und sind dabei sanft und überzeugend. Wahrscheinlich werden Sie oft gebeten, in Auseinandersetzungen die Rolle des Schiedsrichters zu übernehmen.

Die Fähigkeiten, die Sie im Laufe Ihres Lebens entfalten werden, sind künstlerischer Natur. Sie könnten als Musiker, Forscher, Geschäftsteilhaber, Revisor oder Vermittler für andere tätig sein. Selbst wenn Ihr beruflicher Weg eher von Ihrer Tageszahl geprägt ist, werden Sie die eine oder andere Ihrer Begabungen in diesen Bereichen pflegen; zumindest werden sie nebenher eine Rolle spielen. Ihre diplomatischen Fähigkeiten kommen in jedem Beruf deutlich zum Tragen. Sie werden mit Sicherheit in irgendeiner Form mit anderen zusammenarbeiten, ob mit einem Geschäftspartner oder einem Menschen, den Sie besonderes bewundern.

Natürlich haben Sie auch ein paar Schwachpunkte, die im Laufe der Zeit zutage treten werden: Eine gewisse negative Einstellung, Unzufriedenheit und sogar Ängste. Unterläuft Ihnen ein Fehler, kann Ihnen das über Gebühr zu schaffen machen – es hindert Sie manchmal sogar daran, überhaupt aktiv zu werden aus Angst, möglicherweise kein absolut perfektes Ergebnis abzuliefern. Zügeln Sie auch Ihren Hang, in Extreme zu verfallen, besonders auf emotionaler Ebene. Sie empfinden starke Abneigungen und Zuneigungen, aber bemühen Sie sich, Ihre Stimmungsschwankungen zu dämpfen, sonst wissen die anderen nicht mehr, wie sie mit Ihnen umgehen sollen.

Sie sind sauber und ordentlich; Gesundheit und Körperpflege sind Ihnen sehr wichtig (besonders dann, wenn Ihre andere Zahl die 7 ist). Bei der Arbeit sind Sie wohl organisiert. Vermutlich bevorzugen Sie einen gediegenen Kleidungsstil – gepflegt, gut sitzend und in sanften, ausgeglichenen Farben. Legere, bequeme Kleidung ist für Sie perfekt geeignet, aber Sie verstehen es, auch unauffällige Kleidung mit müheloser Eleganz zu tragen.

In Liebesbeziehungen sollten Sie nach einem Partner suchen, der Ihre liebevolle Art zu schätzen weiß und nicht zulässt, dass Sie sich allzu sehr aufopfern. Er sollte möglichst auch ein guter Tänzer sein oder zumindest Musik mögen, denn beides ist ein wichtiger Teil Ihres Lebens.

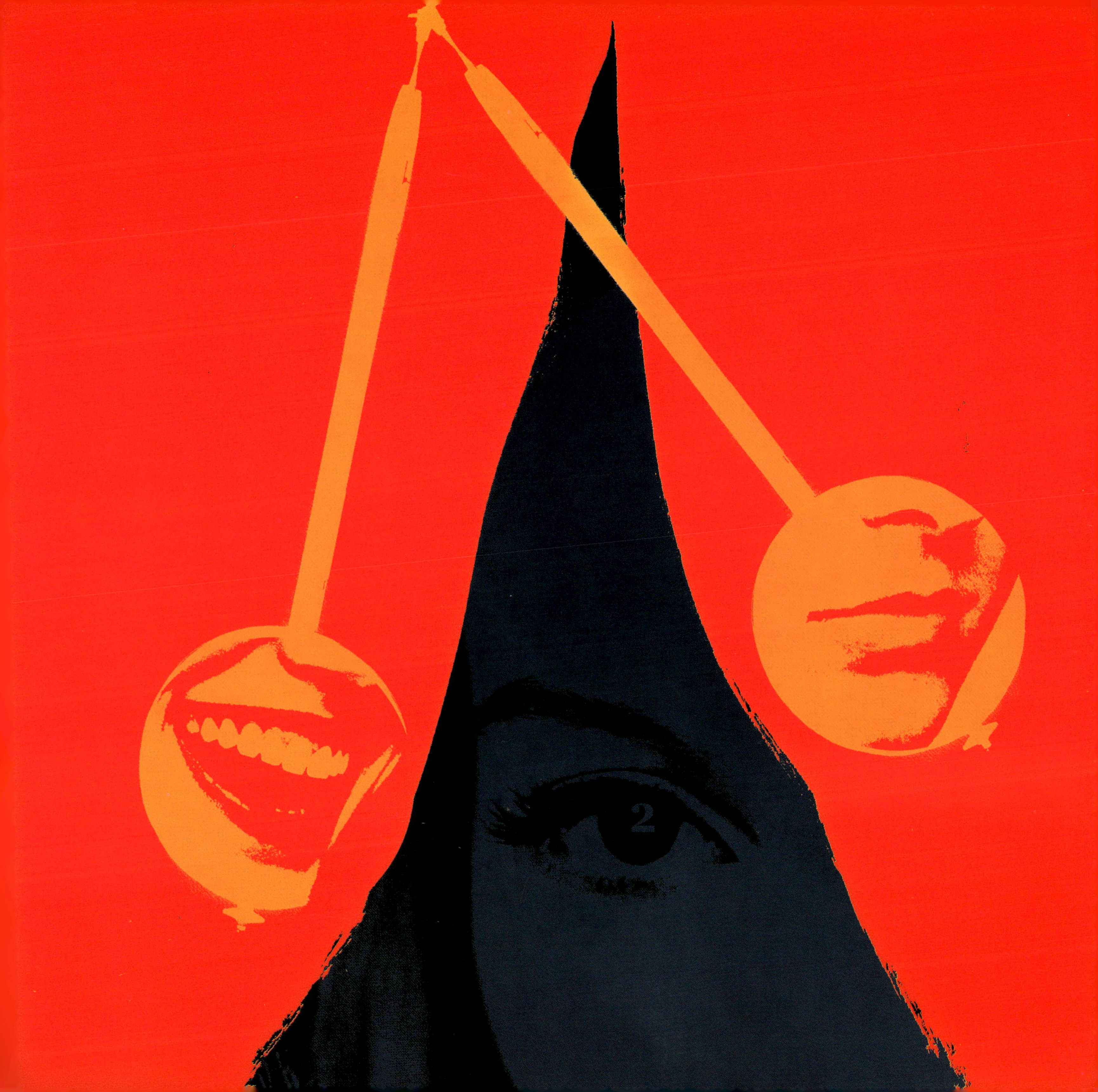
2

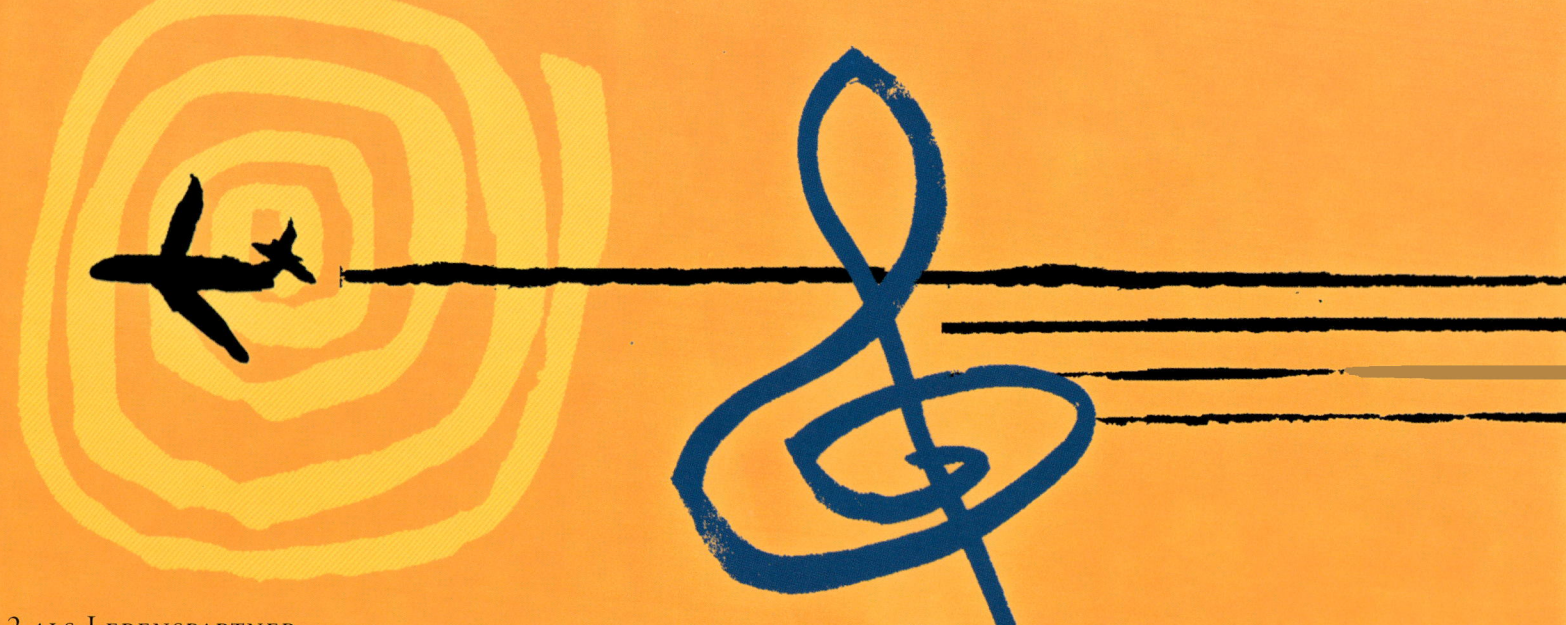

2 als Lebenspartner

Sie Glückliche(r)! Dieser wundervolle Mensch ist sanft, fürsorglich und kooperativ, kümmert sich rührend um Ihre Wünsche und Bedürfnisse und ist sensibel genug zu spüren, wann Sie lieber alleine sein möchten und wann Ihnen nach Reden ist. Auf die Intuitionen Ihres 2er-Partners können Sie sich immer verlassen, und seine herzliche, hilfsbereite Wesensart wird nicht nur von Ihnen, sondern auch von Ihrer Familie und Ihren Freunden geschätzt.

Ihr 2er ist musikalisch, und Sie sollten sich ein gutes Paar Tanzschuhe zulegen, wenn Sie mit ihm mithalten wollen. Musik und ästhetische Genüsse werden in Ihrem gemeinsamen Leben zweifellos großgeschrieben. Sie werden ein harmonisches Heim schaffen, und Ihr 2er wird dazu beitragen, dass darin alles reibungslos und ordentlich abläuft. Lassen Sie ihm bei der Einrichtung freie Hand, denn 2er haben ein gutes Auge für Farben und können aus unterschiedlichen Komponenten wunderbar eine Einheit schaffen.

Ein 2er-Liebespartner ist sehr sinnlich und verwendet viel Zeit darauf, Sie auf dem Sofa oder im Schlafzimmer in Stimmung zu bringen: Treiben Sie ihn oder sie nicht zur Eile an. Er liebt es, Sie mit zärtlicher Hand zu berühren und herauszufinden, was Ihnen gut tut. Ihr Schlafzimmer wird in sanften, aufeinander abgestimmten Farben gehalten sein, mit leiser Musik im Hintergrund. Eine 2er-Gespielin wird für betörende Duftöle und Aromen sorgen, ein männlicher 2er denkt sicher an einen guten Tropfen, den Sie gemeinsam genießen können … auf welche Art und Weise auch immer … hmmm.

Ihr 2er-Partner wird Sie stets adrett gekleidet zu einem Rendezvous abholen – ordentliche Schuhe, Kleidung frisch aus der Reinigung – aber nie protzigen Schmuck tragen. Diese Menschen brauchen keinen „großen Auftritt", sondern widmen sich lieber wichtigeren Dingen: Sie kümmern sich um gutes Essen, eine verführerische Atmosphäre, einen Ort, wo man gut tanzen kann. Für den Urlaub sollten Sie beide sich eine Umgebung aussuchen, die viel Entspannung bietet, am besten etwas am Meer. Stimmung ist das wichtigste. Ihr Partner macht zwar gerne alles mit, aber Sie werden ihm einen großen Gefallen tun, wenn Sie keinen „Aktivurlaub" buchen, sondern eher einen Ort finden, an dem Romantik großgeschrieben wird.

Hat dieser wunderbare Mensch überhaupt irgendwelche Nachteile? Nun, mitunter neigt er zu unerwarteten Stimmungsumschwüngen, und Sie müssen auf Ihre Worte achten, denn sein empfindsames Wesen ist leicht verletzlich. Nach einem Streit ist ein 2er oft ein paar Tage lang unansprechbar und grübelt darüber nach, was er tun soll. Und nach einem besonders unerfreulichen Arbeitstag geht er oft ruhelos in der Wohnung umher, regt sich über jede Kleinigkeit auf und scheint fest entschlossen, schlecht gelaunt zu sein. Aber alles in allem ist der 2er ein idealer Ehepartner, man kann mit ihm immer eine Lösung finden.

2 als Kind

2er-Kinder sind kleine Sensibelchen. Von Kindesbeinen an versteht ein solches Kind auf sanfte Weise ganz genau das zu bekommen, was es will: Hinter seinem zuckersüßen Wesen steckt geballte Überzeugungskraft. Und es scheint über telepathische Kräfte zu verfügen, denn vor einem 2er-Kind kann man nicht viel verbergen. Es lohnt sich, ihm zuzuhören, wenn es über seine Einschätzung von Bekannten und Geschäftsfreunden spricht, denn es verfügt über einen untrüglichen Instinkt.

Ein 2er-Kind verabscheut es, wenn zu Hause gezankt wird, also vermeiden Sie Auseinandersetzungen in seiner Gegenwart: In einem Familienstreit wird es alles daransetzen, einen Ausgleich herzustellen. Diese Fähigkeit zum Schlichten und Vermitteln wird es später als Erwachsenener nutzbringend und lukrativ einsetzen können – z. B. als Staatsbeamter, Diplomat oder erfolgreicher Geschäftspartner oder Teilhaber.

Ein 2er-Kind sollte – unabhängig von seinem Geschlecht – dazu ermutigt werden, seine angeborene Begabung für Musik, Tanz und Malen zu entfalten. Geben Sie Ihrem Kind genügend Gelegenheiten und Raum, um allein und ungestört seinen Gedanken nachhängen zu können. Seine emotionalen Probleme sollten Sie nicht auf die leichte Schulter nehmen: 2er hängen sehr an ihren Freunden und an ihren ersten Lieben, also nehmen Sie die seelischen Verstimmungen Ihres Kindes ernst, und beraten Sie es geduldig und verständnisvoll.

2 Varianten

2 als Vorgesetzter
Mit einem solchen Menschen zusammenzuarbeiten ist eine Freude – ein 2er als Vorgesetzter ist gelassen und kooperativ und wird Sie stets wissen lassen, wie sehr er es zu schätzen weiß, dass Sie zum reibungslosen Ablauf der Geschäfte beitragen. Sie werden sich auch nie darüber beklagen müssen, dass er Ihnen nicht aufmerksam zuhört. Manchmal kann er allerdings auch etwas launisch auftreten – besonders dann, wenn es bei ihm daheim Querelen gibt.

2 als Mitarbeiter
Sie könnten keinen besseren finden: Ihr 2er-Mitarbeiter hat von Natur ein liebenswürdiges und freundliches Wesen, er ist sorgfältig und kooperativ und begreift sehr rasch, worauf es Ihnen ankommt und was Sie wollen, ohne dass Sie groß etwas zu sagen brauchen. Geben Sie einem solchen Mitarbeiter stets das Gefühl, dass Sie seine Leistung würdigen, und lassen Sie ihn wissen, dass Sie im Bedarfsfall auch für ihn da sind.

2 als Hausnummer
Die perfekte Wahl für Jungverheiratete – dieses Haus ist wie geschaffen für zwei, die ihr Leben teilen und genießen. Es ist ein Hort des Friedens – hier werden Freunde gerne vorbeikommen, um sich Rat zu holen, wenn sie mit ihren Partnern Streit hatten. Sanfte Farben stehen diesem Haus am besten – mit etwas Gold-Rosa oder Zimt hier und da, um den harmonischen Geist zu betonen, der hier zuhause ist.

2 als Buchstabe
B, K und T werden dem Wert und der Persönlichkeit der 2 zugeordnet. Befinden sich in Ihrem Namen mehrere dieser Buchstaben oder beginnt Ihr Vorname mit einem davon, dann besitzen Sie einige ganz besonderen Wesensmerkmale der 2. Friedliebend, freundlich und teamfähig werden Sie Ihren künstlerischen Neigungen nachgehen und ein gutes Ohr für die Musik besitzen. Als Mann verfügen Sie über eine ausgeprägt weibliche Seite und als Frau über eine betont mütterliche. Tragen Sie als 2er keinen dieser Buchstaben in Ihrem Namen, neigen Sie möglicherweise zu Nervosität und Selbstzweifeln – also zu den eher negativen Merkmalen der 2.

2 als Haustier
Mit Ihrem Haustier lässt sich gut zusammen leben – es verträgt sich mit dem Postboten ebenso wie mit der Verwandtschaft und liebt es, gestreichelt und geherzt zu werden. Mit seinem höchst anhänglichen Wesen wird es Ihnen viel Freude bereiten, ob es im Haus oder im Stall lebt. Aber halten Sie diese sanfte Kreatur fern, wenn Sie schlecht gelaunt sind oder laut herumpoltern.

Was geschieht in einem 2er-Jahr?

Wenn die Ziffern Ihres Geburtstages und -monats sowie des momentanen Jahres die Summe 20 ergeben, befinden Sie sich in einem 2er-Jahr. Ist das Ergebnis jedoch eine 29 oder 38, steht Ihnen ein 11er-Jahr bevor. Schauen Sie in diesem Fall im vorletzten Kapitel nach, was Sie in einem Jahr mit dieser Meisterzahl erwartet.

In diesem Jahr werden Sie mit den Menschen, die Ihnen am nächsten stehen, sehr eng zusammenarbeiten. Bei einigen Ihrer Beziehungen bestehen im Augenblick einige Unklarheiten, und Sie werden Ihre gesamte Intuition einsetzen müssen, um herauszufinden, was sich unter der Oberfläche abspielt. Partnerschaften jeglicher Art rücken in diesem Jahr in den Vordergrund – hören Sie auf Ihre innere Stimme, wenn Ihnen von anderen Vorschläge und neue Ideen unterbreitet werden.

Beruflich kommen Sie gut voran, Ihnen wird von allen Seiten Hilfe angeboten. Im Umgang mit anderen sollten Sie diplomatisches Geschick walten lassen, dann gehen Ihre Wünsche in Erfüllung. Wenn Sie sich zu den Ideen anderer äußern, ist Taktgefühl angesagt. Um in dieser 12-monatigen Periode Ihre Träume zu verwirklichen, werden Sie die unterschiedlichsten Ansätze verfolgen.

Ein 2er-Jahr wirkt sich in der Regel besonders günstig auf die Liebe aus, denn die 2 ist die Zahl der gegenseitigen Anziehung. Das kann zum Beispiel bedeuten, dass eine bereits seit einiger Zeit bestehende Beziehung plötzlich an Klarheit gewinnt und somit stärker und dauerhafter wird. Möglicherweise kommt es sogar zu einem Heiratsantrag – zumindest jedoch werden Sie erkennen, was Sie von Ihrer gegenwärtigen Beziehung erwarten können und ob sie eine Zukunft hat. Sollten Sie in diesen Zyklus als Single eintreten, dürfte sich das im Verlauf dieses 2er-Jahres garantiert noch ändern.

Da die 2 das weibliche Prinzip beinhaltet, werden Frauen in einem solchen Jahr eine besondere Rolle spielen. Möglicherweise lernen Sie eine starke Frau kennen, die auf Ihr Leben einen dauerhaften Einfluss ausübt, oder es tritt eine weibliche Person zu Ihrer Familie hinzu. Im geschäftlichen Bereich können Sie dem Urteil von Frauen voll vertrauen oder werden eine kluge Beraterin finden, die Ihnen im Hinblick auf einen bestimmten zukünftigen Kurs mit Rat und Tat zur Seite steht. In jedem Fall sollten Sie gut zuhören.

Persönliche Beziehungen verlangen von Ihnen, ein Problem stets von beiden Seiten zu betrachten – in einem 2er-Jahr hat überhaupt alles und jedes seine zwei Seiten.

Denken Sie jedoch daran, dass Ihr gesunder Instinkt und Ihre diplomatischen Fähigkeiten nun auf ihrem Höhepunkt stehen – Sie verfügen über das notwendige Rüstzeug, alles zu Ihrem Vorteil zu handhaben. In den 12 vorangegangenen Monaten (in einem 1er-Jahr-Zyklus) mussten Sie die Initiative ergreifen und einen neuen Weg einschlagen; nun müssen Sie sich vertieft den damit verbundenen Dingen widmen und sich etwas stärker auf die Zusammenarbeit mit anderen Menschen verlassen.

Überstürzen Sie in diesem Jahr nichts; seien Sie weder dominant noch aggressiv und achten Sie auf die Hinweise von anderen. Mit sanfter Überzeugungskraft kommen Sie erheblich weiter, als wenn Sie sich aufplustern oder ehrgeizig vorwärtsdrängen. Selbst in den scheinbar unbedeutendsten Situationen sollten Sie friedliche Lösungen anstreben. Und gönnen Sie sich nach dem großen Neubeginn vom letzten Jahr etwas Ruhe: Suchen Sie sich einen Platz, an dem Sie sich entspannen können und wo Sie nur Ihren Hund oder Ihren neuen Partner auf Spaziergänge mitnehmen.

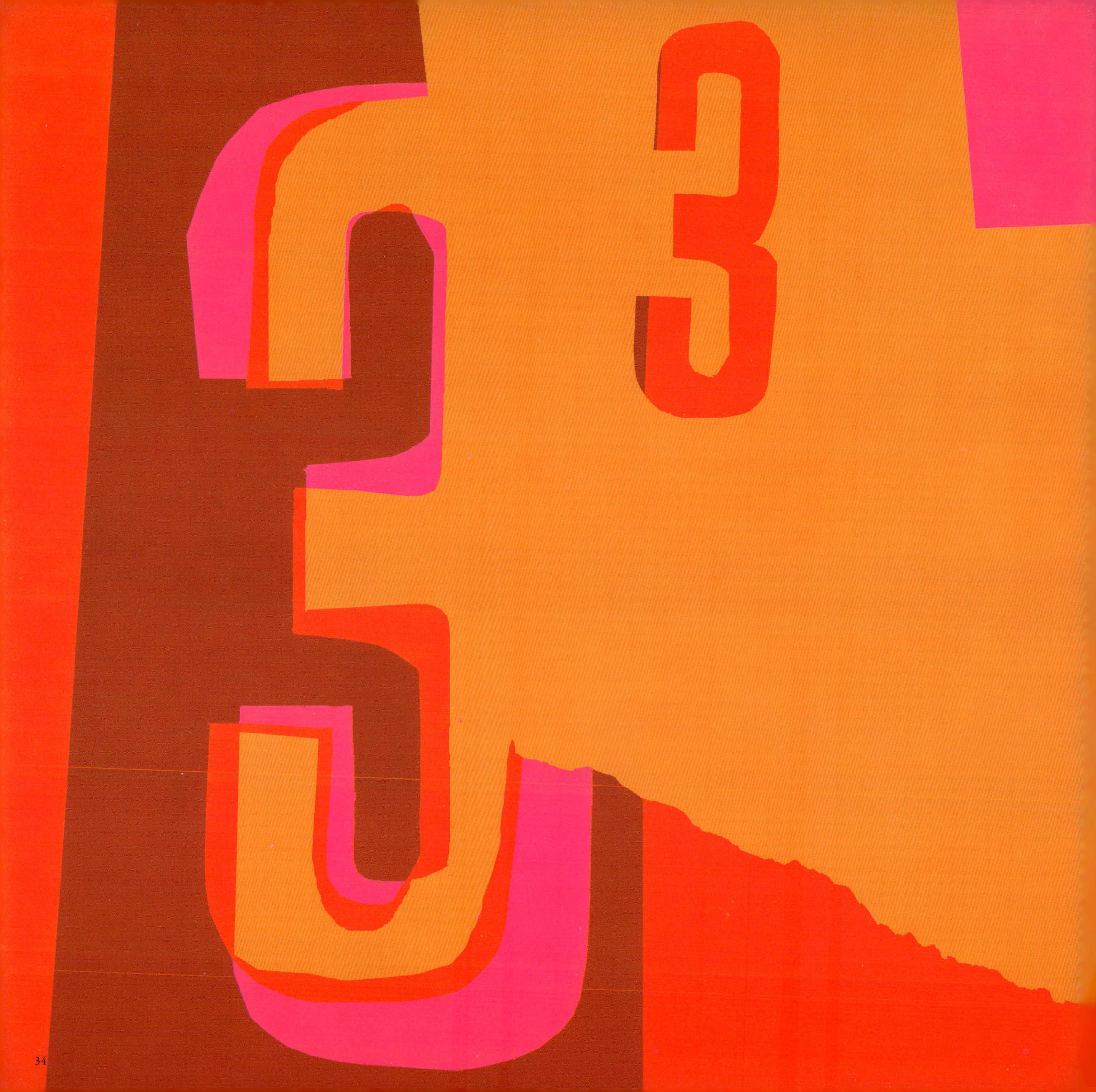
3
3

Drei

Diese Zahl steht für Kommunikation und Unterhaltung: 3er Menschen sind redebegabte Geschichtenerzähler, besitzen eine lebhafte Fantasie, geniessen die Gesellschaft anderer und fröhliches Geplauder – und lieben zuweilen Klatsch und Tratsch.

Wenn Sie selbst ein 3er sind oder mit einem solchen zusammenleben, wird bei Ihnen sicherlich viel gelacht. Obwohl man manchen 3ern eine gewisse Unbeständigkeit nachsagt, sind sie sehr optimistisch und warmherzig. Vermutlich liegt bei Ihnen in der Wohnung Vieles unerledigt herum – Dinge, die begonnen, aber irgendwie nie zu Ende geführt wurden.

Zur 3 gehören die Buchstaben C, L und U – diese Buchstaben sollten in Ihrem Namen enthalten sein, weil Sie sonst möglicherweise zu viel darüber nachgrübeln, was andere von Ihnen denken. Ihr astrologischer Verwandter ist der Zwilling (ebenfalls sehr gesprächig), Ihre Farben sind Rosa, Rubinrot und Rotbraun, Ihre Düfte Jasmin (für Sinnlichkeit), Rosenöl (für Ausgleich und Kreativität) und Neroli (um Unentschlossenheit entgegenzuwirken).

Tageszahl 3

Ihre Tageszahl entspricht dem Tag Ihres Geburtstages, unabhängig von Monat und Jahr. Somit ist Ihre Tageszahl die 3, wenn Sie an einem 3., 12., 21. oder 30. irgendeines Monats geboren sind. Diese Zahl beeinflusst Sie in alltäglichen Situationen und in Ihren Beziehungen zu Freunden, Kollegen, Liebespartnern und anderen Menschen.

Gilt für alle 3er Geburtstage

Sie sind von Natur aus sehr charmant und haben einen ausgeprägten Sinn für Musik, Farben und Ästhetik. Sie sind redegewandt und unbeschwert, besitzen ein sonniges Gemüt und eine große Unterhaltungsgabe. Sie plaudern gerne mit jedermann und finden überall leicht Freunde. Ihr Konversationstalent ermöglicht es Ihnen, sich im Reden, Schreiben oder Singen zum Ausdruck zu bringen, so dass viele 3er als Schauspieler tätig sind. Ihnen stehen aber noch viele andere Möglichkeiten offen, Ihr kreatives Potenzial zu entfalten.

Sie verfügen über einen beweglichen Geist und erfahren gerne Neues. Die meisten 3er interessieren sich für die verschiedensten Dinge und sind vielseitig begabt – ähnlich wie das der 3 entsprechende Tierkreiszeichen, der Zwilling.

Mit Ihnen kommt selbst während einer einfachen Kaffeepause Partystimmung auf. Sie sind der Mittelpunkt jeden Festes. Als Gastgeber werden Sie immer sehr sorgfältig darauf achten, dass alles „stimmt", von der Auswahl der Speisen und der Gästemischung bis zur Dekoration. Sie verstehen es nicht nur, leckeres Essen aufzutischen und den Gesprächsfluss aufrechtzuerhalten, sondern sorgen auch mit viel Geschick dafür, dass sich jeder Gast als etwas Besonderes fühlt und Gehör findet. Keine andere Zahl übertrifft die 3 als Gastgeber.

Trotz dieser wunderbaren Gabe haben Sie nur wenige wirklich gute Freunde. Diese gehören jedoch beiden Geschlechtern an und fühlen sich gleichermaßen von Ihrer warmen, liebenswürdigen Art, Ihrem erstaunlichen Allgemeinwissen und Ihrem ungezwungenen Charme angezogen. Irgendwie haben Sie immer über etwas Interessantes zu berichten und finden mit den ungewöhnlichsten Gesprächspartnern ein gemeinsames Thema.

Die 3 als Tageszahl verspricht regelmäßig Glück im Umgang mit Geld, während Menschen mit der Lebenszahl 3 erst nach etlichen Jahren entdecken, wie sich Glück und Geld verbinden lassen. Für Sie zahlen sich kleinere Spekulationen und Geschäfte sehr oft aus, und da Sie nicht geldgierig sind, bewegen sich die Beträge stets im angemessenen Rahmen. Sie riskieren nie zu viel und ergattern immer ein wenig mehr, als Sie investiert hatten.

Die Zahl 3 steht auch für ein jugendliches Wesen – Menschen mit dieser Tageszahl altern eigentlich nie und stellen sich den kleinen Überraschungen des Lebens mit nicht versiegender Begeisterung und ungebrochenem Optimismus. Sie können wunderbar mit Kindern umgehen und gewinnen rasch ihre Herzen. Sie müssen allerdings verhindern, sich aufgrund Ihrer kindlichen Unbekümmertheit zu verzetteln oder ein Hansdampf in allen Gassen zu werden – das hätte nämlich zur Folge, dass Sie in allem ein Dilettant bleiben und nichts wirklich beherrschen, Ihre Energien zerstreuen und sich auf nichts richtig einlassen. Sie sollten versuchen, Ihre Energien ausgewogen einzusetzen und die kreativen Projekte, die Sie beginnen, auch zu Ende zu führen, um zu vermeiden, dass Sie sich übernehmen und frustriert werden.

Menschen mit der Tageszahl 3 sollten darauf achten, dass der Name, mit dem Sie im Alltag angesprochen werden, die Buchstaben C, L oder U enthält, damit die positiven Wesensmerkmale dieser Zahl voll zur Wirkung kommen können. Fehlt einer dieser Buchstaben, könnte Sie oft das Gefühl beschleichen, dass Ihnen niemand richtig zuhört – oder dass Sie mit den Menschen, die Ihnen am nächsten stehen, nicht offen kommunizieren, zumindest nicht auf emotionaler Ebene.

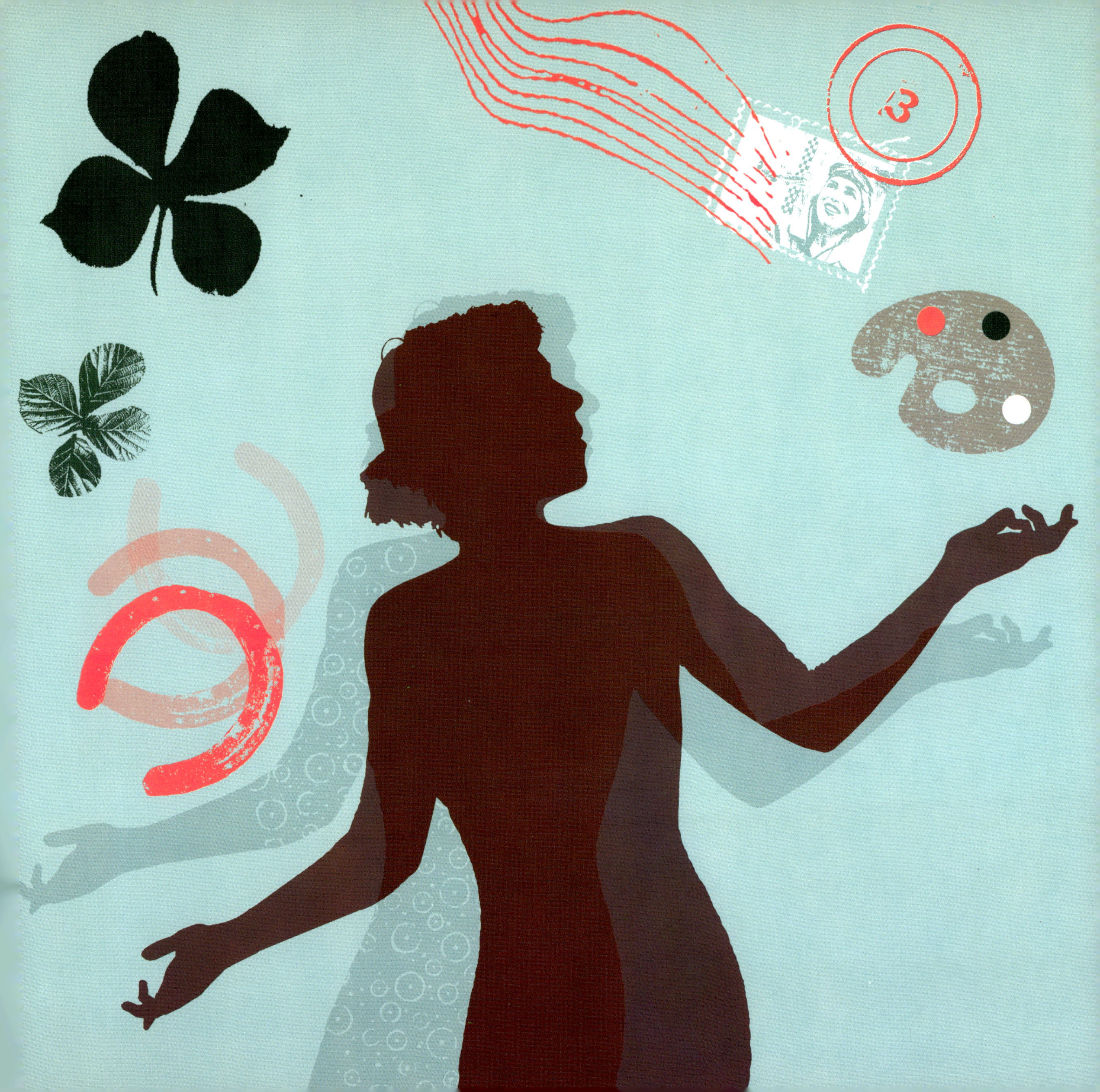
3

3 Tageszahl: Addieren Sie die Zahlen Ihres Geburtstags

3 Tageszahl: Addieren Sie die Zahlen Ihres Geburtstags

Ihr Geburtstag fällt auf einen 3.

Bei einem solchen Geburtstag dürfte Ihr Talent zum Schreiben besonders stark ausgeprägt sein. Sie verfügen über eine unerschöpfliche Energie, die es Ihnen ermöglicht, sich von Kummer oder Krankheit immer ziemlich rasch zu erholen. Sobald etwas vereinbart wurde, machen Sie sich am liebsten sofort an die Arbeit. Sie besitzen ein lebendiges Vorstellungsvermögen und können Geschichten äußerst amüsant und anekdotenhaft erzählen. Auf öffentlichen Veranstaltungen gibt es kaum einen unterhaltsameren Redner als Sie – ob als Trauzeuge oder Conférencier. Sie stehen gerne im Rampenlicht der Öffentlichkeit, lesen sehr gern und versuchen sich in mehreren Sprachen (wobei Sie allerdings oft keine so richtig beherrschen).

Sie sollten sich einen Beruf suchen, in dem Sie unter Menschen sind, vor Publikum sprechen oder andere zum Reden bewegen können. Sie wären ein begnadeter Lehrer, Referent oder PR-Berater, aber auch ein glänzender Anwalt, Schauspieler oder Schriftsteller. Auch Film, Theater und Fernsehen wäre Ihr Metier – dort finden Sie auch die Abwechslung, die Sie brauchen. Vermeiden Sie Routinejobs.

Ihr Geburtstag fällt auf einen 12.

Bei Ihnen sind die 3er-typischen künstlerisch-visuellen Talente besonders ausgeprägt. Werbung und Schriftstellerei liegen Ihnen zwar auch, noch stärker entwickelt ist jedoch Ihr Gespür für Farben, Formen und Bilder. Wenn das dramatische Interesse bei Ihnen durchschlägt, wäre der Film das Medium schlechthin für Sie. Auch bei der Präsentation von Geschenken, Projekten und auf Unterhaltungsbühnen geben Sie sich stets besondere Mühe – und Sie sind der geborene Gastgeber rauschender Partys. Beruflich käme für Sie außerdem Grafikdesign in Frage.

Allerdings verkörpern Sie die nervöse Ausprägung des 3er-Typus und sollten lernen, mit anderen mehr Geduld zu haben. Wenn Sie sich ständig geistig beschäftigt halten, dürften Sie Reize gut verarbeiten, aber falls sich unter Ihren anderen persönlichen Zahlen eine 7 befindet, neigen Sie wahrscheinlich dazu, den Dingen allzu sehr auf den Grund zu gehen. Lernen Sie, bei einigen Dingen einfach Vertrauen zu haben.

Ihr Geburtstag fällt auf einen 21.

In Ihrem Leben wird Musik und Tanz eine Rolle spielen, denn Sie haben ein ausgezeichnetes Gespür für Rhythmus. Sie brauchen viel Zuneigung, neigen aber manchmal dazu, gefühlsmäßig Achterbahn zu fahren und auf Menschen und Dinge abwechselnd kalt oder herzlich zu reagieren. Das kann zu Depressionen und Stimmungsschwankungen führen (die allerdings immer nur kurzlebig sind). Als Partner bräuchten Sie daher jemand, der Abstand zu wahren weiß und nicht ins Grübeln verfällt, wenn Sie wieder einmal schlecht drauf sind.

Sie lesen und schreiben gern und eignen sich daher ebenso gut zum Journalisten wie zum Lehrer, Schriftsteller oder für die Werbung. Sie haben ein Faible für die Kunst und wissen, wann es sich in diesem Bereich lohnt zu investieren. Sie kommen mit jedermann gut aus und sollten vermeiden, alleine zu arbeiten.

Ihr Geburtstag fällt auf einen 30.

Bei der Arbeit sind Sie lebhaft und amüsant, brauchen aber für Ihre Projekte viel freie Hand und würden es von allen 3ern am schlechtesten vertragen, wenn Sie sich eingeengt fühlten. Andere sind von Ihrer Ausdrucksfähigkeit und Individualität magnetisch angezogen, aber wenn Sie einen schlechten Tag haben, sind Sie nervös, leicht erschöpft und höchst unentschlossen. Diesem Zustand sollten Sie auf meditative Art entgegenwirken – beruhigende Farben und Düfte könnten Ihnen helfen, Ihr inneres Gleichgewicht wiederzufinden. Zuweilen verteidigen Sie Ihre Ansichten sehr hartnäckig und täten gut daran, ab und zu auf die ermunternden Ratschläge anderer zu hören.

Theaterspielen und Schriftstellerei liegen Ihnen im Blut, obwohl Sie sich auch zu okkulten Themen hingezogen fühlen. In Gelddingen haben Sie eine glückliche Hand und zeigen sich anderen gegenüber großzügig. Beruflich könnten Sie nicht nur im Bereich der darstellenden Künste Erfolg haben, sondern auch als Musiker, Lehrer oder Sozialarbeiter. Wie jeder Mensch mit der Tageszahl 3 besitzen Sie die Fähigkeit, gute Stimmung zu verbreiten, wo immer Sie auftauchen.

Lebenszahl 3

Die Lebenszahl, die Sie aus den Ziffern Ihres Geburtsdatums errechnet haben, ist eine 3. Im Gegensatz zur Tageszahl, die Ihre Persönlichkeitszüge und Verhaltensweisen Tag für Tag unmittelbar beeinflusst, wird die Lebenszahl ihre volle Wirkung erst mit der Zeit entfalten, d. h. erst nach einigen Jahren Lebenserfahrung.

Mit der 3 als Lebenszahl liegt der Schwerpunkt Ihres Lebens auf Unterhaltung und dem Bedürfnis sich auszudrücken. Sie lieben den Kontakt mit anderen Menschen und genießen es, im Rampenlicht zu stehen und sich in der Aufmerksamkeit anderer zu sonnen.

Es verschafft Ihnen tiefe Befriedigung, Ihre Umgebung zu verschönern. Sie haben einen sicheren Blick für alles Künstlerische, und obwohl Sie allzu Avantgardistisches meiden, zeigen Sie Originalität und einen individuellen Stil.

Zuweilen können Sie stolz, ehrgeizig, impulsiv und sogar intolerant sein. Sie sollten Ihren Sinn für Humor schulen, denn er ist einer der schönsten Wesenszüge, der Ihnen mitgegeben wurde. Im Laufe Ihres Lebens wird Ihnen Ihr Humor auch dabei helfen, Ihre zeitweilige Neigung zu Unrast und Richtungslosigkeit zu überwinden – bis Sie schließlich lernen, sich nicht mehr in zahllosen Unternehmungen zu verzetteln, sondern Ihre enormen Energien zu bündeln, um Ihre inspirierenden Ziele zu verwirklichen.

Bekämpfen Sie Ihren übertriebenen Tatendrang, und schulen Sie Ihre Talente gezielt, bis Sie ein konkretes Ergebnis sehen. Falls eine Arbeit zu sehr in Routine ausartet, werden Sie allerdings von Hause aus schon bald das Interesse daran verlieren. Um glücklich zu sein, brauchen Sie Ihre Freiheit und würden jede andere Tätigkeit einem geregelten Achtstundentag vorziehen. Versuchen Sie, Ihren Hang zum Grübeln im Keim zu ersticken, versuchen Sie, aus jeder Situation stets das Beste zu machen, die positive Seite zu sehen und andere dabei zum Lachen zu bringen. Ab und zu werden Sie während Ihres Lebens von einem Extrem ins andere fallen: Ihre Gemütsverfassung kann dann innerhalb von Sekunden von tiefster Niedergeschlagenheit in höchste Euphorie umschlagen. Vergessen Sie jedoch nie, dass Humor Ihr bestes Heilmittel und Werkzeug ist. Ihr größtes Erfolgserlebnis ist es, wenn Sie wieder einmal geschafft haben, einen Raum voller verdrossener Menschen in Partylaune zu versetzen.

Für Geld haben alle 3er ein Händchen. Zudem sind Sie sehr kreativ veranlagt und stecken voller Einfälle. Beruflich finden Sie vermutlich Ihre größte Erfüllung, wenn Sie vor Publikum agieren, Partys und Veranstaltungen organisieren oder in den Bereichen PR, Design, Dekoration, Journalismus/Schriftstellerei oder Schönheitspflege tätig sind. Wie alle Menschen mit dieser Tageszahl wären Sie aber auch ein hervorragender Lehrer, Dozent, Redner oder Schauspieler.

Achten Sie darauf, dass Sie sich einen Namen geben, in dem die Buchstaben C, L oder U vorkommen, denn dann können Sie Ihre Energien voll zur Entfaltung bringen und haben mit Geld und Freunden eine glückliche Hand.

Die Zahl 3 ist eng mit „Schönheit" verknüpft, so dass die meisten 3er-Menschen mit gutem Aussehen gesegnet sind – vor allem die 3er-Frauen sind ausnehmend hübsch und besitzen eine anziehend weibliche Figur. Sie lieben es, sich herauszuputzen und mit Tüchern und Juwelen zu schmücken, kleiden sich gern in ausgewählten Farben und achten stets auf eine schmeichelnde Linienführung.

In der Liebe brauchen Sie einen Partner, der mit Ihrer Popularität zurecht kommt. Manchmal überwältigen Sie Ihren Partner mit Ihrer überschwänglichen Art und sind dann enttäuscht, wenn nach Ihrer Meinung zu wenig zurückkommt. Versuchen Sie, die Dinge im richtigen Licht zu sehen und vergessen Sie nie Ihre große Gabe, viele Menschen glücklich zu machen.

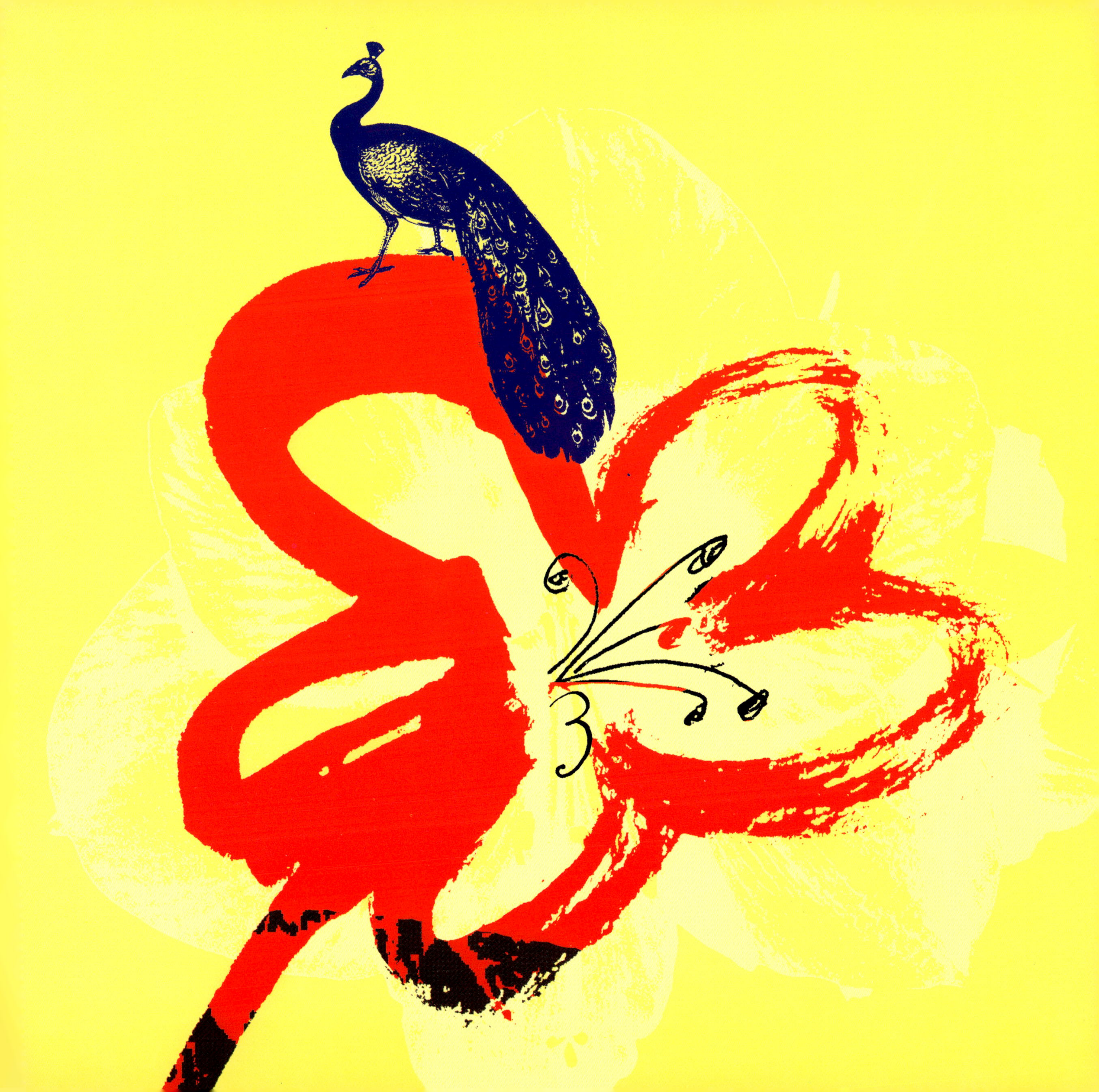
3

3 als Lebenspartner

Sie haben das große Los gezogen – mit einem 3er haben Sie einen wunderbaren, humorvollen, einfallsreichen Liebespartner, mit dem niemals Langeweile aufkommen wird – so lange Sie ihn nicht einengen. Er oder sie ist gefühlvoll und künstlerisch begabt, meistens optimistisch und genießt die schönen Dinge des Lebens in vollen Zügen.

Ein 3er hat seinen eigenen Stil, der sich in seiner Ausdrucksweise, seinem herrlich trockenem Humor und seiner jugendlichen Unbefangenheit zeigt. Sie sind verzaubert von seinem visionären Wesen und seiner Einstellung, dass das Leben voller wunderbarer Dinge ist, die man in vollen Zügen genießen soll. Manchmal fehlt Ihrem 3er dabei vielleicht ein bisschen das Pragmatische.

Niemand ist so gesellig wie Ihr 3er: Wenn er für eine Party zuständig ist, zieht er alle Register, kümmert sich um Musik, Unterhaltung, die passende Garderobe und das leibliche Wohl, schafft die richtige Atmosphäre und stellt den Champagner kalt.

Wenn Ihnen ein solcher Mensch sein Herz geschenkt hat, dann werden Sie überall auf Zeichen seiner Zuneigung stoßen. Ein verliebter 3er sprüht geradezu und ist ständig in ausgelassener Flirtlaune – interessiert sich jedoch einzig und allein für Sie (vergessen Sie nicht, dass der von Natur aus charmante 3er zu jedermann freundlich ist, wobei aber meistens keine Gefahr besteht). Er oder sie zieht sich gerne gut und teuer an. Mit einem verliebten 3er werden Sie jedes Rendezvous in einem neuen Restaurant oder Club verbringen. Das einzige Problem ist vielleicht seine mangelnde Entscheidungsfähigkeit: Er überlegt manchmal so lange unschlüssig hin und her, dass Sie eingreifen und die Entscheidung übernehmen müssen.

Als Liebespartner ist Ihr 3er sehr einfallsreich und leidenschaftlich. Sein ausgelassener Witz und Humor machen auch vor dem Schlafzimmer und dem Bett nicht Halt. Er ist zwar nicht ganz so kraftvoll und leidenschaftlich wie ein 5er, aber trotzdem sehr sinnlich und immer für fantasievolle Einfälle zu haben. Spaß gehört dazu – also greifen Sie zu, überlegen Sie sich ungewöhnliche Treffpunkte oder versuchen Sie's mal in der freien Natur.

Ein 3er-Partner liebt es, Geschenke zu bekommen und lässt sich wahrscheinlich auch selbst nicht lumpen. Wenn Sie ihm etwas Persönliches schenken möchten, sollten Sie etwas besonders Modisches wählen. Fast alle Menschen mit dieser Zahl sehen von Natur aus gut aus und verstehen es, sich gekonnt zu kleiden. Ihr 3er-Partner hat eine magische Anziehungskraft, Ihnen stehen viele glückliche Jahre bevor – was immer das Leben für Sie bereit halten halten mag.

Hat er auch negative Seiten? Ja schon, wenn er zu jenen seltenen oberflächlichen Exemplaren gehört, die Ihre Energien ziellos verschwenden und nichts zu Ende führen. Gemeinsame Pläne fallen dann oft ins Wasser, weil es an der rechten Organisation fehlt. Manche 3er sind auch so extravagant, dass Sicherheit im Leben für sie ein Fremdwort sind. Manche können auch sehr launisch sein oder widmen sich ständig neuen Unternehmungen, aus denen dann nichts wird, weil sie sich dabei verzetteln – all das kann ihr Zusammenleben auf eine harte Probe stellen. Das größte Problem könnte aber auch Ihre eigene Eifersucht sein – Ihr 3er ist überall höchst beliebt, und wenn es überhand nimmt, weiß er womöglich nicht mehr, wo die Grenze zwischen verspielter Nettigkeit und einem ernsthaften Flirt liegt. In diesem Fall würden Sie sehr darunter leiden.

3 als Kind

Ein 3er-Kind will immer das beliebteste Kind in der ganzen Straße sein – und ist es meistens auch. Es ist der geborene Schauspieler, kann andere wunderbar nachahmen und verfügt schon in den frühesten Jahren über einen unwiderstehlichen Humor. Es lässt sich bereitwillig hübsch anziehen, entwickelt schon früh einen eigenen Stil und zieht mit seiner großen Redegabe schon als Kind Erwachsene in seinen Bann.

Ein 3er-Kind kann andere zu allem überreden. Wer könnte so viel Begeisterung auch widerstehen? Ein 3er-Mädchen wird sich für Schönheit, Frisuren und Maniküre interessieren, noch bevor sie das Teenageralter erreicht. Ein 3er-Junge wird sich mit seiner individuellen Art von seinen Freunden abheben, ohne dabei exzentrisch zu sein.

Negativen Wesenszügen sollten Sie frühzeitig gegensteuern – zu den unerfreulichsten gehört der Hang, über Freunde zu tratschen und Probleme aufzubauschen, ob echte oder nur eingebildete. Ein 3er-Kind kann dazu neigen, viele Worte zu machen, diesen aber keine Taten folgen zu lassen. Das liegt oft daran, dass es einfach zu viele verschiedene Talente besitzt, was häufig Planlosigkeit und Oberflächlichkeit zur Folge hat. An manchen Tagen ist ein 3er-Kind ausgesprochen schlecht gelaunt – Sie müssen dann sehr behutsam vorgehen, um es aufzuheitern. Meistens verbreitet Ihr 3er-Kind mit seiner Lebensfreude, seiner gewinnenden Art und seiner Kreativität jedoch überall nur Sonnenschein.

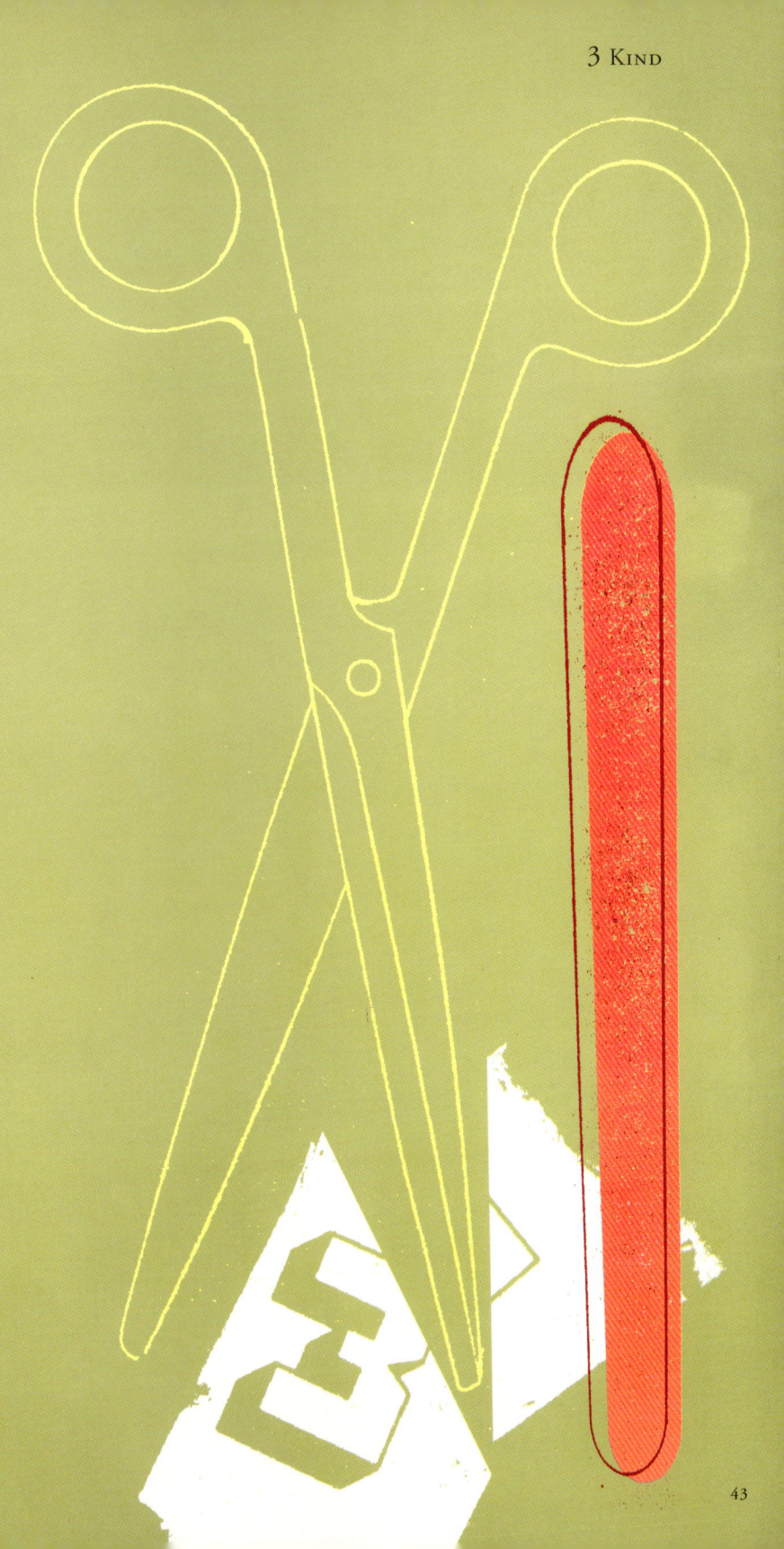

3 Varianten

3 als Vorgesetzter
Was für ein Charmeur! Er kann einfach alles von Ihnen verlangen – irgendwie schaffen Sie es. Ein 3er-Chef ist großzügig und entgegenkommend, in vielerlei Dingen bewandert und bei allen beliebt. Er versteht es, im Büro für gute Stimmung zu sorgen und erweist sich bei Bürofeiern als wunderbarer Gastgeber. Manchmal ist er allerdings etwas zu unentschlossen.

3 als Mitarbeiter
Es ist sehr leicht, mit dem 3er zu arbeiten, er wird Ihr Büro immer bei guter Laune halten. 3er sind sehr flexibel in ihren beruflichen Aufgaben, stets eine attraktive Erscheinung, gewandt in PR und Selbstdarstellung und angenehm am Telefon … was wollen Sie mehr …?

3 als Buchstabe
Wenn Ihr Name die Buchstaben C, L oder U enthält, kommen bei Ihnen zahlreiche 3er-typische Wesensmerkmale zum Ausdruck. Beginnt Ihr Rufname sogar mit einem dieser Buchstaben, dann verfügen Sie über bemerkenswerte Kreativität und ein ausgeprägtes Rednertalent. Als 3er sollte zumindest einer der Buchstaben in Ihrem Spitznamen enthalten sein, sonst könnten Sie dazu neigen, Ihre vielseitigen Talente zu sehr zu streuen und immer nur an der Oberfläche zu bleiben. Sie sind ein wunderbarer Selbstdarsteller und mit einem dieser Buchstaben im Namen wird sich Ihr Publikum besonders zu Ihnen hingezogen fühlen.

3 als Hausnummer
Ein idealer Ort, um von hier aus Geld zu verdienen, denn dieses Haus ist mit Glück gesegnet und zieht Menschen an – es ist wie geschaffen für rauschende Partys. Ihre Freunde schauen gerne bei Ihnen vorbei und werden Sie beneiden, weil man Ihr Heim rundum als einen glücklichen Ort empfindet. Eine wunderbare Adresse für Tätigkeiten, die mit Kommunikation zusammenhängen – ob irgendein Zentrum, eine Schönheitsklinik oder ein Schauspielstudio.

3 als Haustier
Ein 3er-Haustier trägt aktiv zum häuslichen Leben bei. Ob Hund oder Katze, Hamster oder Pferd – ein solches Tier wird Sie stets zum Lachen bringen und scheint geradezu mit Ihnen zu reden. Ihr vierbeiniger Freund ist immer zu einem Spaziergang aufgelegt und stets bereit, Ihnen zu helfen, andere zu belustigen – und wird bei Schönheitswettbewerben immer einen Preis gewinnen. Ein 3er-Haustier unter Ihrem Schreibtisch kann selbst dem gestrengsten Vorgesetzten ein Lächeln entlocken.

Was geschieht in einem 3er-Jahr?

Sie errechnen Ihr persönliches Jahr, indem Sie die Ziffern Ihres Geburtstags und -monats (das Geburtsjahr fällt weg) zur jetzigen Jahreszahl addieren. Wenn die Quersumme aus dem Ergebnis eine 3 ergibt, stehen die nächsten 12 Monate nach Ihrem Geburtstag unter dem Einfluss dieser Zahl.

Lässt sich Ihr zwölfmonatiger Zyklus auf die Zahl 3 reduzieren, steht Ihnen ein Gewinn bringendes, lohnendes Jahr voller Feste und Feierlichkeiten bevor. Sie treten in eine ausgesprochen glückliche und ausgefüllte Phase ein und werden sich danach wundern, wie rasch die Zeit verflogen ist – so sehr waren Sie in Ihre Projekte und ihre Freizeitvergnügungen vertieft.

Alles, wofür Sie sich schon seit einiger Zeit ins Zeug gelegt haben, scheint nun Früchte zu tragen. Dies betrifft geschäftliche ebenso wie private Beziehungen, wobei Ihr Erfolg davon abhängt, wie intensiv Sie vorher darauf hingearbeitet hatten. Falls Sie im vorangegangenen Zyklus jedoch Sorgfalt, Konzentration und Toleranz gegenüber anderen walten lassen haben, dürfte sich jetzt für Sie so mancher lang gehegte Traum erfüllen.

Dieses Jahr wird mit viel Geselligkeit verbunden sein – vielleicht sogar mit einer stürmischen Liebesbeziehung, die in eine Verlobung oder sogar in der Ehe münden könnte: Alles in dieser Phase steht unter einem guten Stern. Sie sind mittendrin im gesellschaftlichen Leben und beliebt wie nie zuvor, wirken auf andere anziehend wie ein Magnet und dürften viele aufregende und interessante Freundschaften schließen. Ein neuer Liebhaber wird Sie mit aufregenden Kurzreisen oder unerwarteten Geschenken überraschen.

Leben Sie bereits in einer Beziehung, dann dürfte dieser Zyklus eine Entscheidung herbeiführen und Ihre Verbindung einen Schritt voran bringen. Sie erhalten nach langer Zeit endlich Gelegenheit, es sich wieder etwas gut gehen zu lassen und gemeinsam einen wundervollen Urlaub zu verbringen. Wenn Sie beruflich zusammenarbeiten oder im gleichen Unternehmen tätig sind, könnte eine Beförderung oder ein anderer Erfolg ins Haus stehen. Ein 3er-Jahr ist für Beziehungen romantischer Natur sehr förderlich.

Sie sind geistig lebendig und beweglich, sehen die Dinge kristallklar und reagieren klug und geschickt. Was immer an künstlerischen Begabungen in Ihnen schlummert, wird nun voll zur Entfaltung kommen – oft in einem Maße, das Sie selbst erstaunen wird. Alles, womit Sie sich beschäftigen – sei es ein Bild, ein Theaterstück, ein Roman, etwas Handwerkliches oder ein Musikstück – ist von einer gewissen Genialität beseelt. Sie haben ständig neue, gute Ideen und werden vermutlich viele Überstunden machen, um alles realisieren zu können.

Sie werden feststellen, dass Sie sich in diesem Jahr stärker für philosophische oder metaphysische Themen zu interessieren beginnen. Sie werden Ihre Gedanken dazu anderen wunderbar vermitteln können – besonders Kindern. Möglicherweise entscheiden Sie sich, ein Kinderbuch, einen Film oder ein Bild zu schaffen, das sich an ein jüngeres Publikum wendet. Jedenfalls werden Sie vor Ideen nur so sprühen, und Ihr Geist wird auf Hochtouren laufen.

Wenn Sie diesen Zyklus nicht bestmöglich ausnutzen oder nicht auf Ihre innere motivierende Stimme hören, könnten die Erfolgserlebnisse allerdings auf sich warten lassen. Die 3 hat allerdings eine so starke Schwingung, dass es kaum etwas gibt, was ihrer Wirkung Abbruch tun könnte. Bedenken Sie auch, dass die 3 für Fruchtbarkeit steht – das könnte Ihre Familienplanung betreffen.

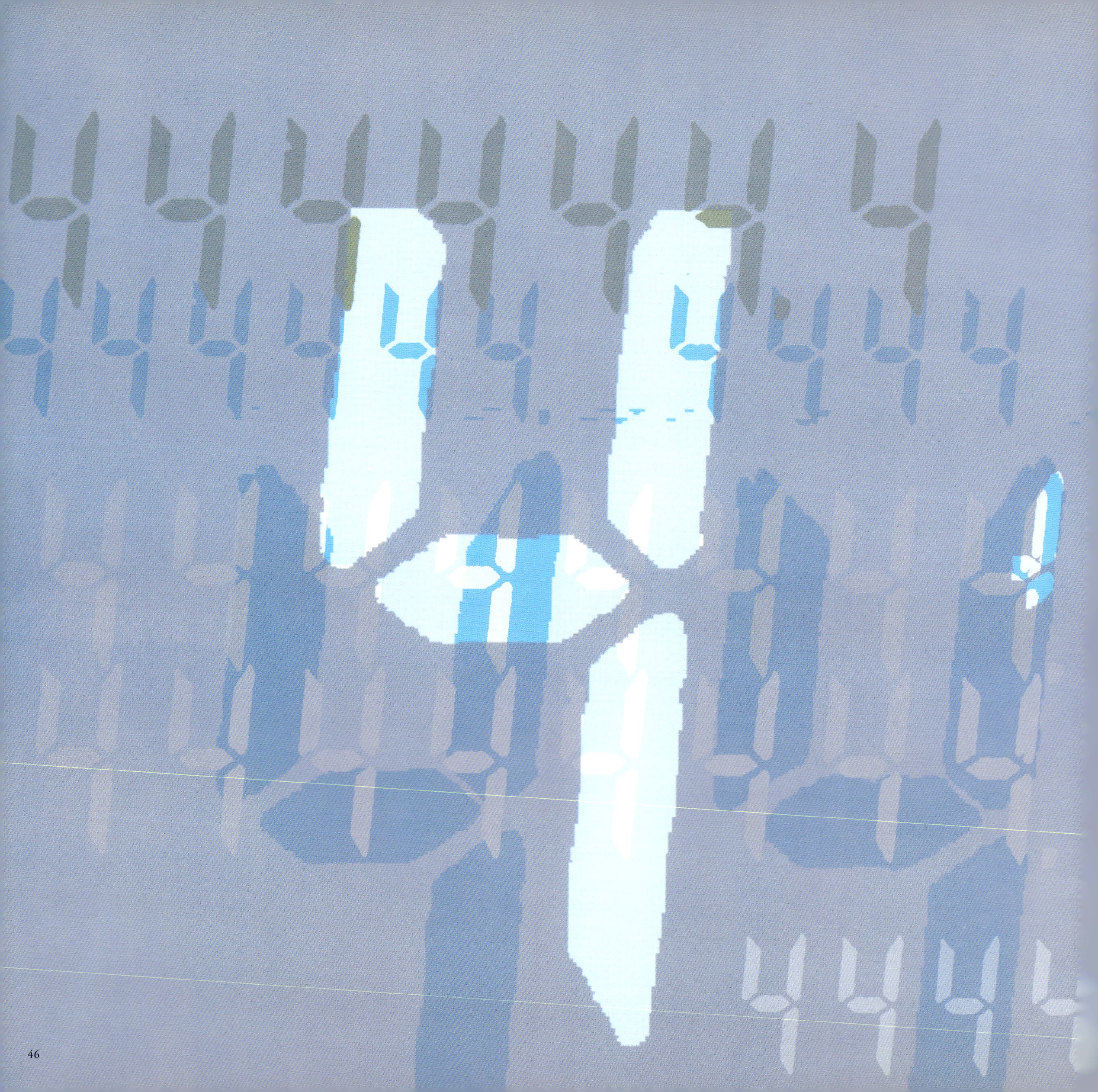

VIER

Diese Zahl steht in Verbindung mit sorgfältiger Planung und konkreter Umsetzung. Die 4 repräsentiert Standfestigkeit, Unerschütterlichkeit, eine solide Basis und feste Familienbande. Die 4 steht für eine noch grössere Liebe zum Detail als die 2 und verbindet sich mit methodischem Vorgehen, Ernsthaftigkeit und einer konservativen Einstellung, wobei die Fantasie manchmal etwas auf der Strecke bleibt.

Wenn Sie eine 4 sind oder mit einem 4er zusammenleben, werden alle Tätigkeiten in Ihrem Hause immer wohl durchdacht und ausgeführt. Ihr Leben verläuft meist in geregelten Bahnen: Unterlagen sind sauber abgeheftet, die Böden sauber gewischt, die Schränke ordentlich aufgeräumt und gut gefüllt. In der Handtasche oder im Handschuhfach eines 4ers wird man stets das Wichtigste für einen Notfall finden. Schwungvolle Veränderungen finden nicht statt.

Die 4er-Buchstaben – D, M und V – sorgen dafür, dass Sie Ihren Ordnungssinn konstruktiv einsetzen: Ohne diese Buchstaben in Ihrem Rufnamen haben Sie oft das Gefühl, dass Sie es nie schaffen, die Dinge problemlos zustande zu bringen und dass Sie Ihre Finanzen nicht unter Kontrolle bekommen. Fehlt einer dieser Buchstaben in ihrem Namen, wirft man Ihnen zuweilen allzu grosse Ernsthaftigkeit und mangelnde Flexibilität vor. Ihre Glücksfarben sind Grün, Blau und Indigoblau. Typische 4er-Düfte sind Zitrus (Grapefruit und Limone), Bergamotte (gegen Stress und Erschöpfung) und Ingwer (für innere Stärke und Selbstvertrauen). Ihre Sternzeichen-Entsprechung ist der Krebs.

Tageszahl 4

Ihre Tageszahl ist die 4, wenn Sie an einem 4., 13., oder 31. eines Monats geboren sind. Fällt Ihr Geburtstag auf die Meisterzahl 22 wird diese nicht reduziert. Schlagen Sie dann das letzte Kapitel auf – oder lesen Sie erst hier alles über die 4 nach und stellen Sie die Ähnlichkeiten, aber auch die subtilen Unterschiede zur 22 fest.

Gilt für alle 4er-Geburtstage

Sie werden oft wenig schmeichelhaft als vernunftgesteuertes Arbeitstier und Langweiler bezeichnet, aber damit tut man Ihnen unrecht. Sehr negative Ausprägungen der 4 können zwar manchmal tatsächlich eine übertriebene Ernsthaftigkeit oder Detailbesessenheit an den Tag legen, aber von allen Zahlen gehören die meisten 4er zu den zuverlässigsten Menschen. Sie verfügen über eine gute Konzentrationsgabe und finden immer den richtigen Weg, wie man Dinge erfolgreich durchzieht.

Mit großer Sicherheit sind Sie handwerklich sehr begabt: Die 4er sind die Baumeister, die den kapriziösen Ideen anderer ein solides Fundament geben können.

Die 4 ist zwar sehr von ihrer Ratio geprägt, hat jedoch auch eine geistig-spirituelle Dimension. Philosophischen Betrachtungen gegenüber sind Sie jedoch nur dann aufgeschlossen, wenn diese nachvollziehbare, erklärbare Ideen beinhalten. Auch mit Ihren künstlerischen Begabungen stehen Sie mit beiden Beinen fest auf dem Boden: Viele 4er sind sehr musikalisch und bringen viel Geduld und Bereitschaft zum Lernen und Üben auf. Daher liegt die Berufung eines 4ers oft in der Musik oder auf der Bühne, wo sie aufgrund ihrer Disziplin und Zielstrebigkeit sehr erfolgreich sind – während andere, nach außen hin vielleicht schillerndere und unübersehbar künstlerisch angehauchte Menschen nichts Konkretes zustande bringen und immer nur von ihrem großen Ziel träumen.

Da die 4 eng mit allen irdischen Dingen verbunden ist, haben Sie wahrscheinlich ein grünes Händchen, und Sie lieben es, mit den Händen in der Erde zu graben und etwas anzupflanzen. Falls Sie über mehr Platz verfügen, haben Sie vermutlich prachtvolle Gemüsebeete – oder einen Kräutergarten, weil diese Pflanzen nicht nur nützlich, sondern auch schön anzusehen sind. Sie mögen konkrete Dinge – etwas, das Sie anfassen können. Und Sie haben auch die nötige Ausdauer, winzige Sämlinge zu kräftigen kleinen Pflanzen heranzuziehen – auch metaphorisch betrachtet.

Machen Sie sich nicht allzu viele Gedanken darüber, dass Sie selbst kein schöpferisches Genie sind – Sie sind immerhin derjenige, der Ideen in die Tat umzusetzen weiß. Das macht Sie zum idealen Arbeitnehmer und zu einem der unermüdlichsten Mitarbeiter jedes Unternehmens. Sie vollbringen die besten Leistungen, wenn rings um Sie herum alles wohl geordnet ist – ein unaufgeräumter Schreibtisch oder Raum würde Sie ernsthaft behindern. Sie richten sich Organisationssysteme ein, die andere gerne von Ihnen übernehmen und stehen in dem Ruf, aufrichtig zu sein und geradeheraus zu reden. Sie sagen, was Sie denken, und man schätzt Ihr Urteilsvermögen, das Ihrem gesunden Menschenverstand entspringt. Möglicherweise werden Sie ständig Rückschläge erleiden oder tief fallen, aber Sie sind aus einem harten Holz geschnitzt, rappeln sich immer wieder auf und machen weiter. Jeder, der Sie kennt, kann Ihren Mut bescheinigen.

Passen Sie auf, dass Sie in Ihren Meinungen nicht zu festgefahren werden, und hören Sie sich erst alle Alternativen an, bevor Sie eine Methode vorschlagen, nach der vorgegangen werden soll. Ein weiteres Problem könnte sein, dass Sie aufgrund Ihrer Detailversessenheit immer nur langsam in Gang kommen – aber hier könnte man auch die klassische Parabel vom Hasen und Igel entgegenhalten.

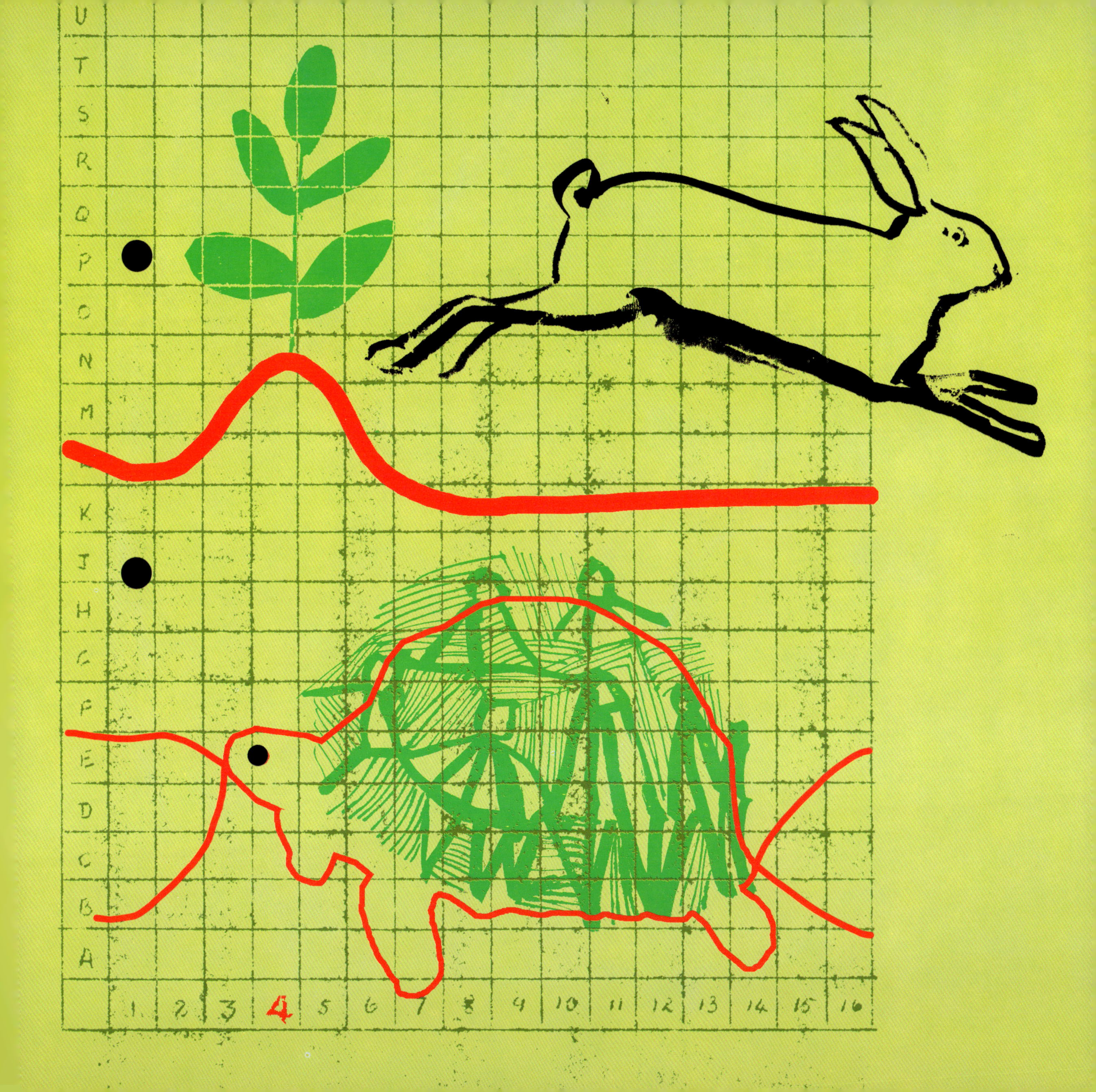
U
T
S
R
Q
P
O
N
M
K
J
H
G
F
E
D
C
B
A
1 2 3 4 5 6 7 8 9 10 11 12 13 14 15 16

Ihr Geburtstag fällt auf einen 4.
Sie sind ein hart arbeitender und gut organisierter Mensch, sparsam und gewissenhaft im Umgang mit Zahlen – wie geschaffen für eine Tätigkeit in einem geschäftlichen Umfeld. Wenn man Ihnen eine Arbeit überträgt, ist sie bei Ihnen in den besten Händen. Sie sind realitätsbezogen und bauen Ihre Welt auf ein stabiles Fundament. Ihre Redlichkeit und Offenheit sichert Ihnen Erfolg in allem, was Sie tun.

Eine weitere gute Eigenschaft ist Ihre Loyalität. Trotz Ihrer vordergründig sehr umsichtigen Lebenseinstellung sind Sie sehr emotional, zeigen aber aufgrund Ihres Naturells nicht gerne Ihre Gefühle. Vielleicht erhalten Sie deshalb auch nur wenige Beweise der Zuneigung oder Sympathie, obwohl Sie sich danach genauso sehnen wie jeder andere. Lassen Sie sich nie einreden, Sie seien unromantisch – trotzdem könnten Sie dieser Seite von Ihnen etwas mehr freien Lauf lassen, damit auch andere ihrer gewahr werden.

Sie sind ein unermüdlicher Arbeiter, der sich selbst und andere erfolgreich dazu treiben kann, Aufgaben termingerecht zu erledigen. Achten Sie aber darauf, sich nicht zu überfordern – denken Sie dabei an die Düftöle, die der Zahl 4 zugeordnet sind (besonders Bergamotte) und die Stress und Erschöpfung entgegenwirken.

4er sind grundsätzlich fleißige Arbeiter – da Ihr Geburtstag jedoch genau auf die 4 fällt, fühlen Sie sich besonders zur Bautechnik, Architektur und zu handwerklichen Tätigkeiten hingezogen. Auch als Unternehmer, Banker, Sekretär/Büroleiter, Buchhalter, technischer Zeichner, Autor, Manager, Statistiker oder als rechte Hand einer Führungskraft könnten Sie Ihre Fähigkeiten nutzbringend einsetzen, ebenso in einer Immobilien- oder Versicherungsgesellschaft.

Zu Ihren negativen Wesensmerkmalen gehört die Neigung, sich in festgefahrenen Gleisen zu bewegen. Einige empfinden Ihre direkte Art, Dinge anzusprechen, als ziemlich brüsk, dies entspringt aber lediglich Ihrem grundlegenden Bedürfnis nach Direktheit. Als konservativ eingestellter Mensch mögen Sie keine Veränderungen und haben immer das Gefühl, Sie müssen eine Sache erst einmal ausprobieren, bevor Sie sich darauf einlassen.

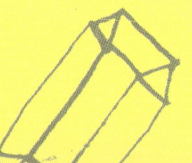

Ihr Geburtstag fällt auf einen 13.

Der 13. gilt oft als ein unglückliches Datum für einen Geburtstag – zu Unrecht, obwohl es sich bei der 13 um eine Hexenzahl handelt, die sich auf die 13 Vollmonde im Jahr bezieht. Vielleicht haben Sie ja schon festgestellt, dass Sie für das, was Ihnen lieb ist, oft besonders hart arbeiten müssen. Aber dafür bringen Sie besondere Management-Fähigkeiten mit, sind sehr detailbewusst und haben mehr Verständnis für die Nöte anderer als die anderen 4er-Geburtstagskinder.

Sie sind ausgesprochen loyal und ehrlich, erledigen Ihre Arbeit konzentriert und sorgfältig und entwickeln einen gesunden Ehrgeiz. Sie arbeiten hart und treiben andere dazu an, die gleiche Leistung zu erbringen. Sie werden am meisten Erfolg haben, wenn Ihr häusliches Umfeld wohl geordnet ist und intakte Familienstrukturen Ihnen inneren Halt bieten. Überhaupt haben 13er ein stark ausgeprägtes Bedürfnis nach Sicherheit und tun viel dafür, um sich diese zu verschaffen. Manchmal können Sie ziemlich starrköpfig sein und lassen sich durch nichts und niemand von einem einmal eingeschlagenen Weg abbringen, egal wie aussichtslos dieser sein mag. Sie neigen auch dazu, diktatorisch zu sein, und wenn jemand Sie wirklich zutiefst gekränkt hat, werden Sie ihm das ewig nachtragen.

Sie sind sehr empfindsam und leiden unter jeder Einengung oder Unterdrückung. Sie können tiefe Liebe empfinden und sind sehr sinnlich veranlagt, scheuen sich jedoch, dies offen zu zeigen und werden deshalb oft missverstanden. Gelegentlich geht Ihr Temperament mit Ihnen durch, aber wenn Sie Ihre Energien in die richtigen Bahnen lenken, können Sie sehr inspirierend sein und viel Stärke zeigen. Als Hexenzahl verleiht die 13 übersinnliche und intuitive Kräfte und die Fähigkeit, das große Ganze zu sehen statt sich in Details zu verzetteln, was den anderen 4ern oft passieren kann.

Beruflich können Sie sich in den Bereichen Buchhaltung, Baugewerbe, Immobilien, Architektur, Warenhandel bestens entfalten – oder auch in Berufen, die mit Holzbearbeitung, Edelsteinen oder Mineralien zu tun haben. Auch Journalist oder Berichterstatter kämen für Sie in Frage.

Ihr Geburtstag fällt auf einen 31.

Sie sind wie geschaffen für alles, was mit geschäftlichen Vorgängen und Organisation zusammenhängt. Sie sind sehr arbeitsam, praktisch veranlagt und werden sichtbare Resultate erzielen. Sie haben ein gutes Gedächtnis für Menschen, die Ihnen geholfen haben. Versuchen Sie, Ihre Bestrebungen im machbaren Rahmen zu halten, sonst könnte es Enttäuschungen geben.

Familie und Freunden gegenüber sind sie ausgesprochen loyal – das gilt auch für Projekte und Vorhaben, für die Sie sich mit ganzer Kraft einsetzen. Sie sind extrem willensstark und entschlossen – manchmal allerdings auch recht autoritär – und bieten enorme Energien auf, um Ihre Ziele zu erreichen. Sie reisen gerne, freuen sich aber auch immer wieder auf Ihr Zuhause. Sie sollten nicht alleine leben, da Familie und enge Freunde einen wichtigen Teil Ihres sozialen Netzes bilden, das Ihnen Rückhalt bietet.

Sie sind sehr sparsam und ehrlich und wissen Ihr Leben und Ihre Finanzen gerne wohl geordnet. Es ärgert Sie, wenn sich jemand in Ihre Lebensweise einzumischen versucht. Mitunter können Sie sehr eigensinnig sein.

Sie interessieren sich sehr für Gesundheitsthemen, achten sehr auf Ernährung und Körperpflege und haben ein gutes Gespür für Arzneien, Kräuter und Heilmethoden. Viele Menschen, die an einem 31. geboren sind, entscheiden sich für einen medizinischen Beruf, wären aber auch als Architekt, Bauunternehmer, Buchhalter, Illustrator, Buchhersteller und Leiter eines Naturkostladens erfolgreich.

Ihre größte Schwäche dürfte Ihre Abneigung gegen Veränderungen und Ihr Hang zur Übergenauigkeit sein, womit Sie Ihren Liebsten manchmal schwer zu schaffen machen. Wenn Sie sehr konservativ aufgewachsen sind, legen Sie unter Umständen eine übersteigerte Ernsthaftigkeit an den Tag und können nur schwer über sich selbst lachen, wenn Ihnen etwas schief gelaufen ist. Aber wenn Sie dann standhaft bleiben und nochmal von vorn beginnen, werden Ihre Bemühungen trotz der Unkenrufe der anderen schließlich doch von Erfolg gekrönt sein.

Lebenszahl 4

Ihre Lebenszahl ist die 4, wenn die Quersumme aus allen Ziffern Ihres Geburtstages eine 4 ergibt (Ausnahme: die Meisterzahl 22, die nicht weiter reduziert wird. Näheres zu dieser Zahl finden Sie im letzten Kapitel). Die Lebenszahl – manchmal auch Lebensaufgabenzahl genannt – entfaltet ihre volle Wirkung erst im Laufe des Lebens.

Ihr Leben ist von zwei Dingen geprägt. Vom sorgfältigem Ordnen und Organisieren sowie vom Bauen und Erbauen im materiellen wie auch im übertragenen Sinn. Sie sind jemand, der Dinge anpackt, anstatt nur darüber zu reden.

Im Laufe der Jahre werden Sie ein hohes Maß an praktischer Vernunft entwickeln. Ihre Stärke besteht darin, durch ein Dickicht von Hindernissen hindurch einen gangbaren Weg zu finden, wo andere mit ihren zwar interessanten, aber realitätsfremden Einfällen Schiffbruch erleiden. Sie erkennen immer sofort, wie greifbare Resultate erzielt werden können, haben ein ausgezeichnetes Zeitgefühl und wissen instinktiv, in welche Projekte es sich lohnt Zeit zu investieren. Wo ein 1er eine Idee hat und diese anderen mitteilt, ein 2er sich erst schlau macht und dann ein Team zusammenstellt, das die Idee ausführen soll und ein 3er viel Tamtam veranstaltet und eine motivierende Vision entwirft, erstellt der 4er einen konkreten Arbeitsplan und beschafft die notwendigen Materialien. Die anderen machen sich Gedanken, Sie machen sich an die Arbeit.

Sie sind der geborene Macher, der seine Aufgaben zielstrebig Schritt für Schritt ausführt und dabei kein Chaos erzeugt: Wenn jemand eine Frage hat, kein Problem – Sie haben Ihre Unterlagen stets zur Hand, und Ihre Gedanken sind klar und geordnet. Sie vergeuden keine Zeit damit, Luftschlösser zu bauen – Sie halten eher Ausschau nach geeigneten Standorten und dem richtigen Baumaterial. Sie kümmern sich um die Details, wo andere nur ein vages Gesamtergebnis vor Augen haben. Da Sie Vorschläge, die nicht realisierbar sind, immer wieder ablehnen, gelten Sie bei anderen manchmal als überpenibel oder Spielverderber. Ihr größtes Plus ist aber gerade Ihre Praxisorientiertheit – Sie können unterscheiden, wann eine Idee Vorteile verspricht oder einfach nur verrückt ist.

Sie arbeiten unermüdlich und sehen es gern, wenn auch andere viel Arbeitseifer an den Tag legen. Spekulationen oder Glücksspiel sind nicht Ihr Ding. Sie verwalten Ihr Geld wohl überlegt und lassen es für sich arbeiten. Sie greifen anderen gerne unter die Arme, verachten aber jene, die wegen Herzens- oder Geldangelegenheiten ständig in die Bredouille geraten. Sie stehen mit beiden Füßen fest auf dem Boden, während andere in Wolkenkuckucksheimen leben.

Ihre Bereitschaft zu harter Arbeit eröffnet Ihnen vielfältige berufliche Wege. Aufgrund Ihrer rationalen Denkweise eignen Sie sich für Wissenschaft, Technik und Mathematik. Ihr Sinn fürs Detail macht Sie zu einem guten Forscher oder Journalisten. Sie könnten auch erfolgreich sein im Immobilienhandel, dem Baugewerbe oder der Gebäudeverwaltung. Ihre bedächtige, kontinuierliche Arbeitsweise ist der Schlüssel zu Ihrem Erfolg.

In der Liebe finden Sie am ehesten Glück mit einem Partner, der die einfachen Freuden des Lebens zu genießen versteht, sich an Heim und Garten erfreut und eine feste Stellung sowie finanzielle Sicherheit zu schätzen weiß. Sie sind treu und neigen nicht dazu, ewig nach dem perfekten Traumpartner zu suchen, sondern sind bereit, tagtäglich an Ihrer Beziehung zu arbeiten. Passen Sie jedoch auf, dass diese nicht fade und unromantisch wird: Es gibt immer wieder Tage, an denen besondere Liebesbeweise und ein wenig Geheimnisvolles angesagt sind – versuchen Sie's mal mit Fantasie.

4

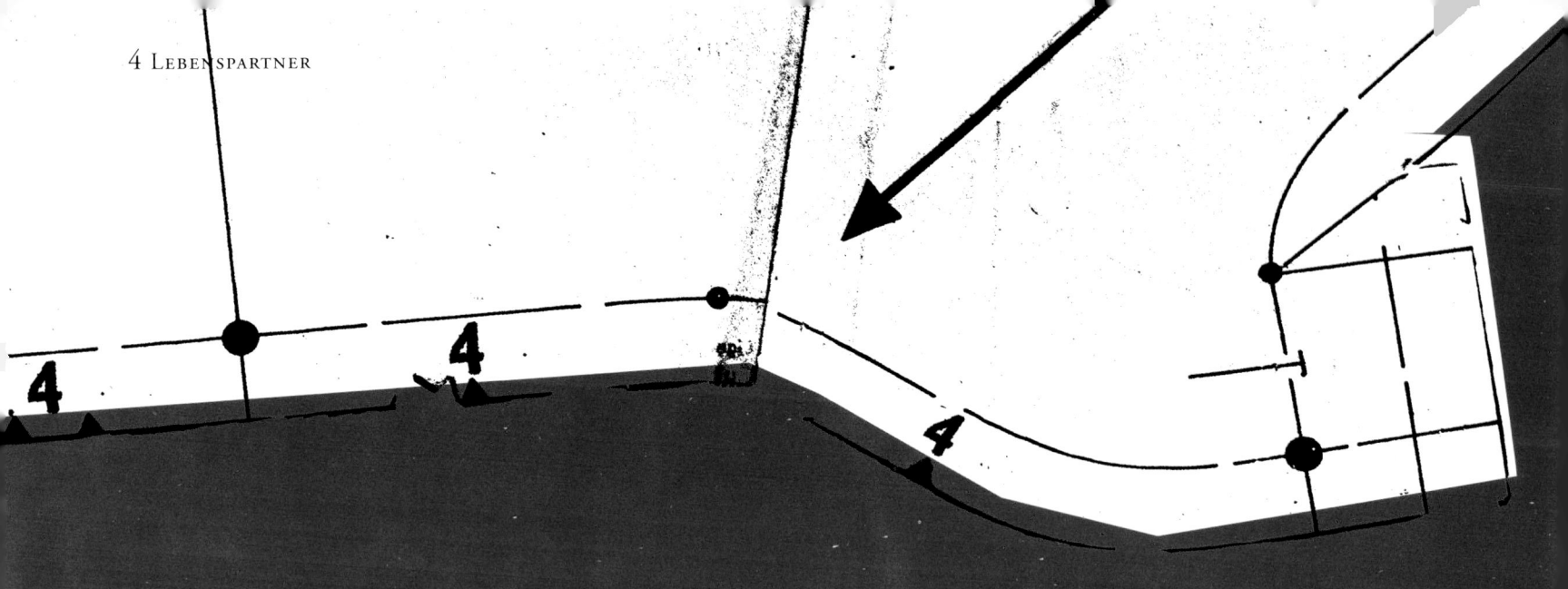

4 ALS LEBENSPARTNER

In den Armen dieses vertrauenswürdigen Menschen fühlt man sich einfach geborgen. Sein Humor ist trocken, manchmal unbeabsichtigt, und er hält (fast) immer, was er verspricht. Sie erwarten von ihm sicherlich nicht, dass er Sie mit schicken Designerklamotten, sündhaft teuren belgischen Pralinen oder exotischen Kurzurlauben überrascht: Er ist aus einem anderen Holz geschnitzt, wenn Sie ihn kennen, werden Sie eher mit einer neuen Kücheneinrichtung rechnen – und ihm eine Freude machen, wenn Sie darüber in Begeisterung geraten.

Ihr 4er-Partner führt Sie am liebsten in ein Restaurant mit einem guten Preis-Leistungs-Verhältnis, für das man sich nicht extra in Schale werfen muss, denn er trägt am liebsten sportliche Kleidung. Wenn Sie ihm etwas Modisches schenken möchten, achten Sie darauf, dass es aus waschbarem, strapazierfähigem Material besteht und einen hohen Gebrauchswert hat. Wenn er es sich finanziell leisten kann (was früher oder später mit Sicherheit der Fall sein wird), lässt sich Ihr Partner vermutlich maßgeschneiderte Kleidung anfertigen.

Er vertritt feste Meinungen, von denen er sich nicht so leicht abbringen lässt und lebt konsequent nach seinem Moralkodex. Er ist die Ehrlichkeit in Person und erwartet von Ihnen das Gleiche. Wenn Sie flirten oder fremdgehen, wird er Ihnen das nicht so leicht verzeihen.

Einen flatterhaften Partner – so anziehend dieser auch sonst sein mag – würde er nie heiraten: Ein 4er erwartet von seinem Ehepartner Zuverlässigkeit und Standhaftigkeit. Sie müssen in Krisensituationen genauso viel Ruhe bewahren können wie er und Ihren Alltag im Griff haben – das Bankkonto zu überziehen kommt nicht in Frage.

Dafür hat ein 4er in einer Beziehung viel zu bieten. Es wird nie an Geld mangeln, denn er hat einen gut bezahlten Job, der ihn befriedigt und es ihm ermöglicht, seiner Familie ein gemütliches Heim zu schaffen.

Obwohl 4er-Menschen manchmal als etwas fantasielos gelten, ist Ihr Partner vermutlich kreativer, als Sie glauben. 4er sind unglaublich geschickt mit ihren Händen – ob in der Kunst oder als Heimwerker. Eine Menge 4er-Frauen gehen wunderbar mit elektrischen Werkzeugen um, während ihre schöpferisch begabten und geistig hoch stehenden Ehemänner verblüfft dabeistehen und zusehen, wie ihre Gefährtin Wasserhähne auswechselt, Rohrenden anschließt und Türen einhängt.

Sagen Sie Ihrem 4er-Partner immer, wenn Ihnen etwas nicht passt: Er schätzt, ja verlangt sogar Ihre Ehrlichkeit und wird in der Regel auf Ihr Anliegen reagieren. Vielleicht wünschen Sie sich etwas mehr Zärtlichkeit oder ab und zu ein romantisches Abendessen zu zweit (bei dem es mal nicht auf die Kosten ankommt!). Ihr Partner wird nichts dagegen haben – er kommt halt nur nicht von selbst darauf. Wenn Sie älter werden, können Sie von ihm mehr Sicherheit, Liebe und Treue erwarten als die meisten Ihrer Freunde das von ihren Partnern sagen können. Ein 4er ist jemand fürs Leben – wenn Sie die erste, vielleicht etwas unromantische Phase hinter sich haben.

4 Kind

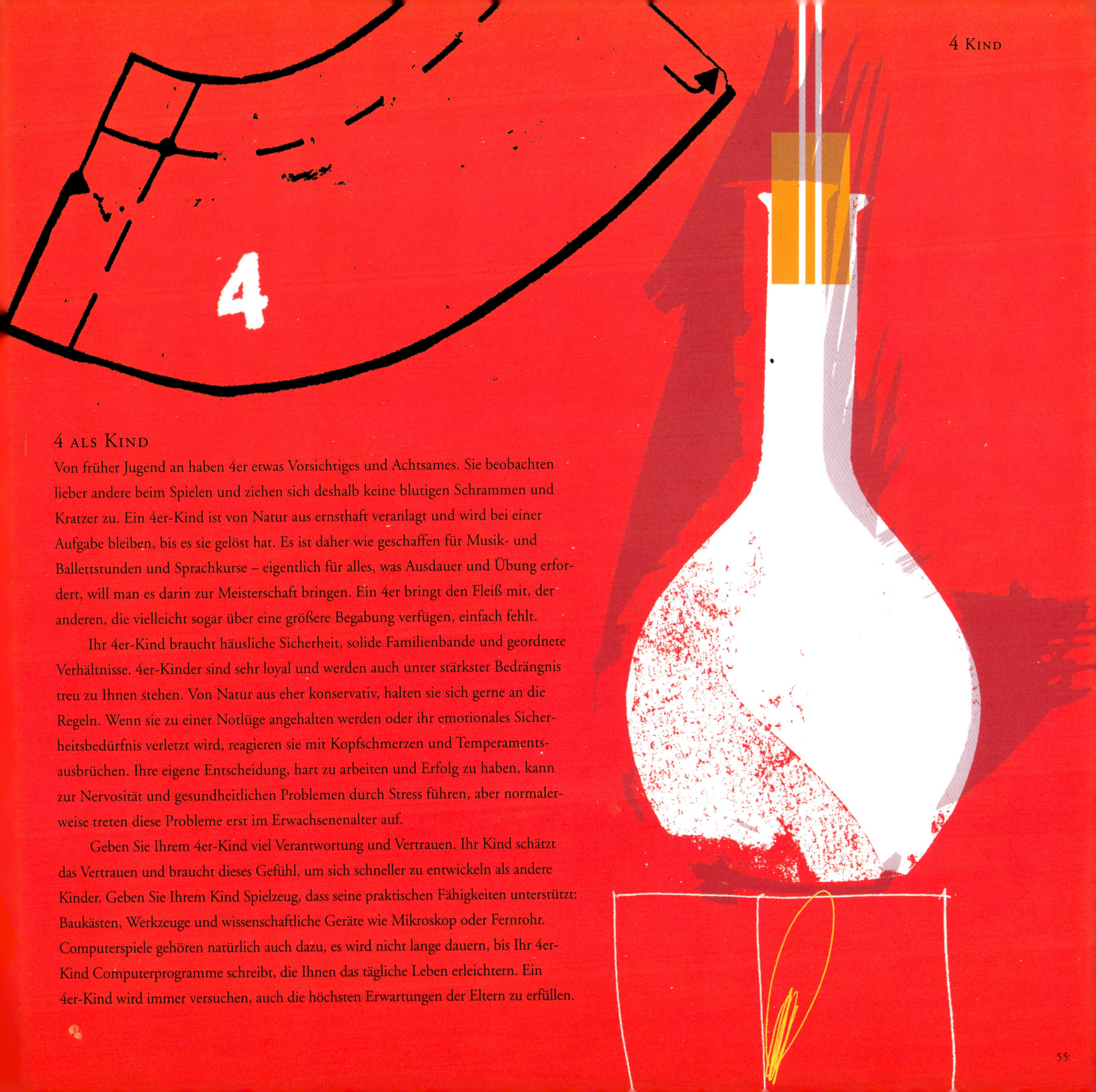

4 als Kind

Von früher Jugend an haben 4er etwas Vorsichtiges und Achtsames. Sie beobachten lieber andere beim Spielen und ziehen sich deshalb keine blutigen Schrammen und Kratzer zu. Ein 4er-Kind ist von Natur aus ernsthaft veranlagt und wird bei einer Aufgabe bleiben, bis es sie gelöst hat. Es ist daher wie geschaffen für Musik- und Ballettstunden und Sprachkurse – eigentlich für alles, was Ausdauer und Übung erfordert, will man es darin zur Meisterschaft bringen. Ein 4er bringt den Fleiß mit, der anderen, die vielleicht sogar über eine größere Begabung verfügen, einfach fehlt.

Ihr 4er-Kind braucht häusliche Sicherheit, solide Familienbande und geordnete Verhältnisse. 4er-Kinder sind sehr loyal und werden auch unter stärkster Bedrängnis treu zu Ihnen stehen. Von Natur aus eher konservativ, halten sie sich gerne an die Regeln. Wenn sie zu einer Notlüge angehalten werden oder ihr emotionales Sicherheitsbedürfnis verletzt wird, reagieren sie mit Kopfschmerzen und Temperamentsausbrüchen. Ihre eigene Entscheidung, hart zu arbeiten und Erfolg zu haben, kann zur Nervosität und gesundheitlichen Problemen durch Stress führen, aber normalerweise treten diese Probleme erst im Erwachsenenalter auf.

Geben Sie Ihrem 4er-Kind viel Verantwortung und Vertrauen. Ihr Kind schätzt das Vertrauen und braucht dieses Gefühl, um sich schneller zu entwickeln als andere Kinder. Geben Sie Ihrem Kind Spielzeug, dass seine praktischen Fähigkeiten unterstützt: Baukästen, Werkzeuge und wissenschaftliche Geräte wie Mikroskop oder Fernrohr. Computerspiele gehören natürlich auch dazu, es wird nicht lange dauern, bis Ihr 4er-Kind Computerprogramme schreibt, die Ihnen das tägliche Leben erleichtern. Ein 4er-Kind wird immer versuchen, auch die höchsten Erwartungen der Eltern zu erfüllen.

4 Varianten

4 als Vorgesetzter
Ihr Vorgesetzter erwartet von Ihnen große Sorgfalt, stellt hohe Ansprüche und wird in erster Linie darauf achten, ob Ihre Spesenabrechnung in Ordnung und Ihre Unterlagen sauber abgelegt sind. Vorhaltungen wegen unbotmäßiger Kleidung oder lüsterne Blicke brauchen Sie bei ihm kaum zu befürchten. Ein 4er-Vorgesetzter ist ein Perfektionist, der die Dinge termingemäß und innerhalb des vorgesehenen Budgets erledigt haben möchte. Fehlen Sie nicht zu oft wegen Krankheit.

4 als Mitarbeiter
Sie könnten es kaum besser treffen: Während die Kollegen noch zu Mittag sind, wird ein 4er emsig seinen Schreibtisch aufräumen, damit er gleich die nächste Aufgabe in Angriff nehmen kann. Er wird alles Erforderliche immer zuverlässig erledigen und kontrollieren und Ihnen jahrelang treue Dienste leisten. Und wenn Sie einen Computer-Techniker oder einen Software-Experten benötigen – er ist es.

4 als Hausnummer
Die beste Zahl für ein glückliches Familienleben. Dies ist nicht nur ein trautes Heim, das für ein familiäres Miteinander bestens geeignet ist und kaum nächtliche Geräuschbelästigungen aufweist, sondern auch eine solide, wenn nicht gar lukrative Investition. Die meisten 4er-Häuser haben einen wundervollen Garten und ziehen Käufer an, die Freude daran haben, alles sauber und gefällig zu gestalten, auch wenn ihr Geschmack vielleicht eher altbewährt als hochmodern ist.

4 als Buchstabe
Um Ihre praktischen Talente voll auszuschöpfen, sollten Sie als 4er einen Namen verwenden, in dem die Buchstaben D, M oder V vorkommen. Besonders das D vermittelt Ihnen das Gefühl der Verwurzelung und der persönlichen Sicherheit, das Sie für Ihr Wohlbefinden brauchen, während das M Ihnen die emotionale Stärke verleiht, mit der Sie die Bürden des Lebens bewältigen. Beginnt Ihr Name mit einem dieser Buchstaben – unabhängig von Ihrem Geburtstag – verbergen sich auch in Ihnen einige der Wesensmerkmale der 4. Den Buchstaben D und M verdanken Sie Beständigkeit und logisches Denken, ein trautes Heim und Sicherheit und aufgrund Ihrer Autorität vermutlich eine Tätigkeit in leitender Position. Ein V macht Sie eigensinnig und entweder sehr oder überhaupt nicht praktisch veranlagt.

4 als Haustier
Obwohl die 4 gemeinhin für viel Fleiß und harte Arbeit steht, ist ein 4er-Tier eher faul. Es wird nie mehr tun, als von ihm verlangt wird und oft genug besteht seine Lieblingsbeschäftigung darin, vor dem Ofen zu dösen. Ihr 4er-Tier kann aber auch gärtnerische Ambitionen haben (treten Sie nicht in die Löcher!) oder ein passionierter Jäger und Wachhund sein (selbst als Wellensittich). Es fühlt sich am wohlsten, wenn es Ihnen einfach treu zur Seite stehen kann – kurz, das ideale Familientier.

Was geschieht in einem 4er-Jahr?

Die Zahl für die Tendenzen eines beliebigen Jahres lässt sich errechnen, indem Sie die Ziffern Ihres Geburtstags und -monats zu der gegenwärtigen oder gewünschten Jahreszahl (etwa in 2 Jahren) addieren – also statt Ihres Geburtsjahres.

Wenn sich Ihr zwölfmonatiger Zyklus auf die Zahl 4 reduzieren lässt, steht Ihnen ein herausforderndes Jahr bevor. Ein 4er-Jahr ist traditionell mit harter Arbeit verbunden, die Ihnen viel Detailgenauigkeit abfordert; vielleicht müssen Sie Ihrer häuslichen Sicherheit und Ihrem Eigentum verstärkte Aufmerksamkeit widmen. Oft kann auch eine Überprüfung Ihrer Finanzen bevorstehen, so dass Sie daran arbeiten müssen, festen Boden unter die Füße zu bekommen.

Seien Sie einfühlsam gegenüber anderen, denn Sie werden sich bestmöglich auf deren Bedürfnisse einstellen müssen. Sie sind voller Energie und Motivation, was Ihnen zu außergewöhnlichen Erfolgen verhelfen kann, wenn Sie es richtig anstellen. Es besteht allerdings auch die Gefahr, dass Sie Ihre Zunge nicht hüten und andere damit vor den Kopf stoßen und Auseinandersetzungen heraufbeschwören: Man wird Ihre Angriffslust und Entschlossenheit falsch auslegen, was Sie unbedingt verhindern müssen – andernfalls fühlen Sie sich einen Großteil dieses Jahres isoliert und missverstanden.

Mit einer positiven Einstellung werden sich geschäftlich neue Chancen eröffnen, Sie können sich auf Verbesserungen freuen. Alle Zeichen stehen auf Erfolg, vielleicht wäre dies sogar ein idealer Zeitpunkt für Spekulationen, obwohl die 4 normalerweise in diesen Dingen sehr vorsichtig ist. Sie müssen jedoch aufpassen, dass Ihre Unternehmungen nicht an mangelnder Organisation scheitern.

Es besteht die gute Chance, dass man Ihnen in diesem Jahr besondere „Beachtung" schenkt. Sie werden nicht nur Gelegenheit haben zu zeigen, was Sie wert sind, sondern werden auch viele Bewunderer anziehen (oder einen ganz bestimmten) bzw. jemanden finden, der Ihre künftige Lebensgestaltung wesentlich verändern könnte.

Ihren Begabungen können Sie in diesem Jahr freien Lauf lassen – insbesondere, wenn Sie versuchen, beim Film, im Fernsehen oder in ähnlichen Bereichen tätig zu werden. Aber auch in anderen beruflichen Umfeldern können Ihre Talente zur Geltung kommen. Ihr Arbeitseifer und Ihr gutes Gedächtnis werden Ihnen helfen, Ihr Ziel zu erreichen. Unter der Schwingung 4 steigt Ihnen Ihr Erfolg jedoch nicht in den Kopf: Sie bleiben mit beiden Beinen fest auf der Erde

In einem 4er-Jahr können manchmal rechtliche Angelegenheiten zum Tragen kommen – legen Sie also wichtige Dokumente nicht einfach unbearbeitet auf die Seite. Setzen Sie sich mit der Angelegenheit auseinander und verhalten Sie sich, falls es um etwas Wichtiges geht – etwa eine Grundstücksurkunde, irgendwelche Ansprüche oder Regelungen, die in die Vergangenheit zurückreichen – so kooperativ wie möglich. Wenn Sie sich von Stolz oder Habgier beherrschen lassen, werden Sie den Kürzeren ziehen, denn Ehrlichkeit und Fairness spielen bei der 4 eine wesentliche Rolle.

Während dieses gesamten Zyklus müssen Sie lernen, mit anderen auszukommen – ob im beruflichen Umfeld oder im Privatleben. Versuchen Sie größtmögliche Vernunft walten zu lassen, suchen Sie nach einem gemeinsamen Nenner, um Meinungsverschiedenheiten beizulegen. Wenn Sie das schaffen, können Sie nicht nur mit materiellem Gewinn rechnen, sondern auch in frustrierenden Herzensangelegenheiten eine Lösung finden.

Richten Sie Ihr tägliches Leben nach der 4 aus; es wird sich auszahlen. Bringen Sie Ihr Haus in Ordnung – dies ist die beste Zeit, um Reparaturen auszuführen oder einen schönen Garten anzulegen.

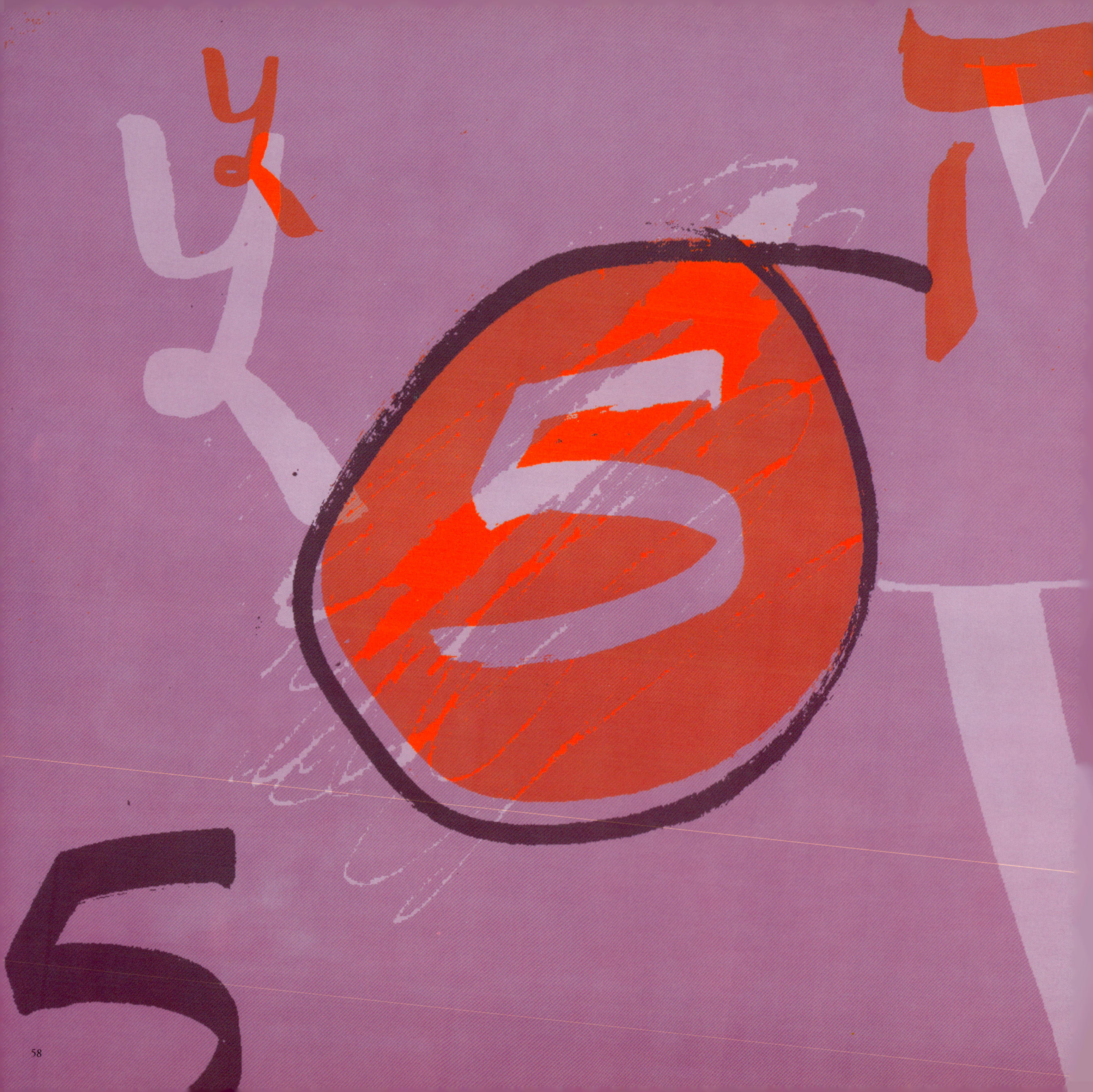

Fünf

Diese Zahl repräsentiert in erster Linie Fortschritt und Veränderung. Die Zahlen 1 bis 4 stehen für Denkprozesse, Planung und Durchführung, wobei die 4 das althergebrachte, umsichtige Zustandebringen und die Konsolidierung von Plänen beinhaltet. Die Zahl 5 sorgt nun für eine neue Ausrichtung und bringt frische Lebenskraft und Energie.

Die 5 verheisst daher Reisen, Aufregung und frischen Auftrieb. 5er-Menschen bleiben immer jung, sprechen mit grosser Überzeugungskraft und bestehen auf Umbruch. Sie sind sexuell aktiv und ständig in Bewegung. Beobachten Sie einmal einen 5er-Menschen am Telefon – er kann einfach nicht still sitzen. Diese Menschen sind immer auf Achse und können nur denken, wenn sie herumlaufen können. Mit zahlreichen Talenten ausgestattet, erregt ein 5er entweder Ihre Bewunderung oder treibt Sie an den Rand des Wahnsinns. Mit einem 5er im Haus gibt es immer viel zu lachen und auch die Leidenschaft kommt nie zu kurz. Ein Jahr unter der Schwingung 5 bedeutet mit Sicherheit einen Tempowechsel und höchstwahrscheinlich eine Reise.

Die Buchstaben E, N und W verkörpern die Wesensmerkmale der 5. Die mit dieser Zahl verbundenen Farben sind Kirschrot, Himbeerrot, Lavendel und das Lila der Glyzinie. Als Düfte sind zu nennen Lavendel (zum Beruhigen), Sandelholz (bei nervlichen Belastungen) und Pfefferminze als Energiespender. Astrologisch entspricht die 5 dem Sternzeichen Löwe.

5 Tageszahl: Addieren Sie die Zahlen Ihres Geburtstags

Tageszahl 5

Ihre Tageszahl ist die 5, wenn Sie am 5., 14., oder 23. irgendeines Monats das Licht der Welt erblickten. Allen 5er-Menschen sind bestimmte Wesensmerkmale gemeinsam, aber es bestehen trotzdem Unterschiede – Menschen, die an einem 5. geboren sind, unterscheiden sich doch ein wenig von den am 14. oder 23. Geborenen.

Gilt für alle 5er-Geburtstage

Die 5 steht für große Originalität und Dynamik, viel Abwechslung und geistige Beweglichkeit – Sie sind immer gut informiert, haben mehrere Eisen im Feuer und genießen es, ungebunden Ihren Interessen nachzugehen. Persönliche Freiheit ist für alle 5er so wichtig wie die Luft zum Atmen. Mit dieser Tageszahl brauchen Sie im täglichen Leben viel Flexibilität – die Sicherheit und Beständigkeit, die ein 4er anstrebt, wären für Sie absolut unerträglich.

Die Tageszahl 5 bedeutet auch, dass Sie ein begnadeter Redner sind und darin alle übrigen Zahlen übertreffen. Sie sind sprachbegabt, witzig und unterhaltsam und können andere mit Ihrer Art regelrecht verzaubern. Sie spüren sofort, wenn mit jemandem etwas nicht stimmt, auch wenn der Betreffende seinen Kummer oder seine Idee nicht selbst artikulieren kann. Sie nehmen sich seiner auf subtile Weise an und richten ihn wieder auf. Sie fühlen sich der Öffentlichkeit gegenüber verpflichtet und übernehmen oft die Rolle eines Sprechers. Aufgrund Ihrer angeborenen Neugier holen Sie immer erst alle Informationen ein, ehe Sie sich von etwas ein Bild machen. Das macht Sie zu einem ernst zu nehmenden Gesprächspartner – und zu einem amüsanten dazu.

Es drängt Sie in die Welt hinaus, überall dort, wo sich weniger Wagemutige nie hintrauen würden, sind Sie garantiert anzutreffen. Sie kennen keine Grenzen und lieben es, in unbekannte Gefilde vorzustoßen. Sie begrüßen alles, was das Leben einfacher macht und ergreifen jede Möglichkeit, sich neues Wissen anzueignen. In Ihrem Denken sind Sie sehr fortschrittlich. Sie genießen Ihre Ungebundenheit in jeglicher Hinsicht und erachten dies für ein Grundrecht, das allen zusteht. Zuweilen kann Ihr Bedürfnis nach Freiheit in ausschweifenden Hedonismus abgleiten, der Sie alle Hemmungen abstreifen lässt. Von Sex und Moral haben Sie Ihre eigenen Vorstellungen, und da die 5 eine sehr körperbezogene Zahl ist, werden Sie Ihre Sinnlichkeit voll ausleben. „Wein, Weib (oder Mann, je nachdem) und Gesang" könnte Ihre Devise sein.

Sie versuchen, in jeden Tag Ihres Lebens Abwechslung zu bringen. Routine würde Ihr lebhaftes Gemüt abstumpfen, und wenn von Ihnen ein streng logisches Vorgehen verlangt wird, leidet darunter Ihre bewundernswerte Fähigkeit, das Unwahrscheinliche wahr werden zu lassen. In Ihnen steckt eine kleine Spielernatur, aber Sie erwecken bei anderen so viel Vertrauen, dass Ihre launenhaften Eingebungen sich fast immer auszahlen. Sie brauchen viel Tapetenwechsel, haben das Bedürfnis zu reisen, wollen neue Kulturen kennen lernen – dann zeigen Sie sich in Höchstform. Sie sind der geborene Unterhalter und brauchen Ihre Bühne, um dieses Talent auszuleben.

Hüten Sie sich vor Rastlosigkeit, die zu den negativen Seiten Ihrer Zahl gehört und häufig auf Kosten all dessen geht, was Sie alles erreicht haben. Vermeiden Sie auch nervöse Unruhe und Unzufriedenheit mit dem Leben. Bei Ihren vielseitigen Fähigkeiten besteht die Gefahr, dass Sie sich auf zu viel einlassen und zum Schluss keinem Ihrer Talente wirklich gerecht werden.

Denken Sie daran, dass Ausbildung und Training in dem von Ihnen gewählten Bereich wichtig sind, da Sie nur so Ihre außergewöhnlichen Kapazitäten voll ausschöpfen können – andernfalls sind übereilte Handlungen, unkontrollierte Temperamentsausbrüche oder allgemeine Disziplinlosigkeit die Folge. Versuchen Sie also Ihre Ungeduld zu zügeln und Ihren bemerkenswerten Verstand gezielt zu schulen.

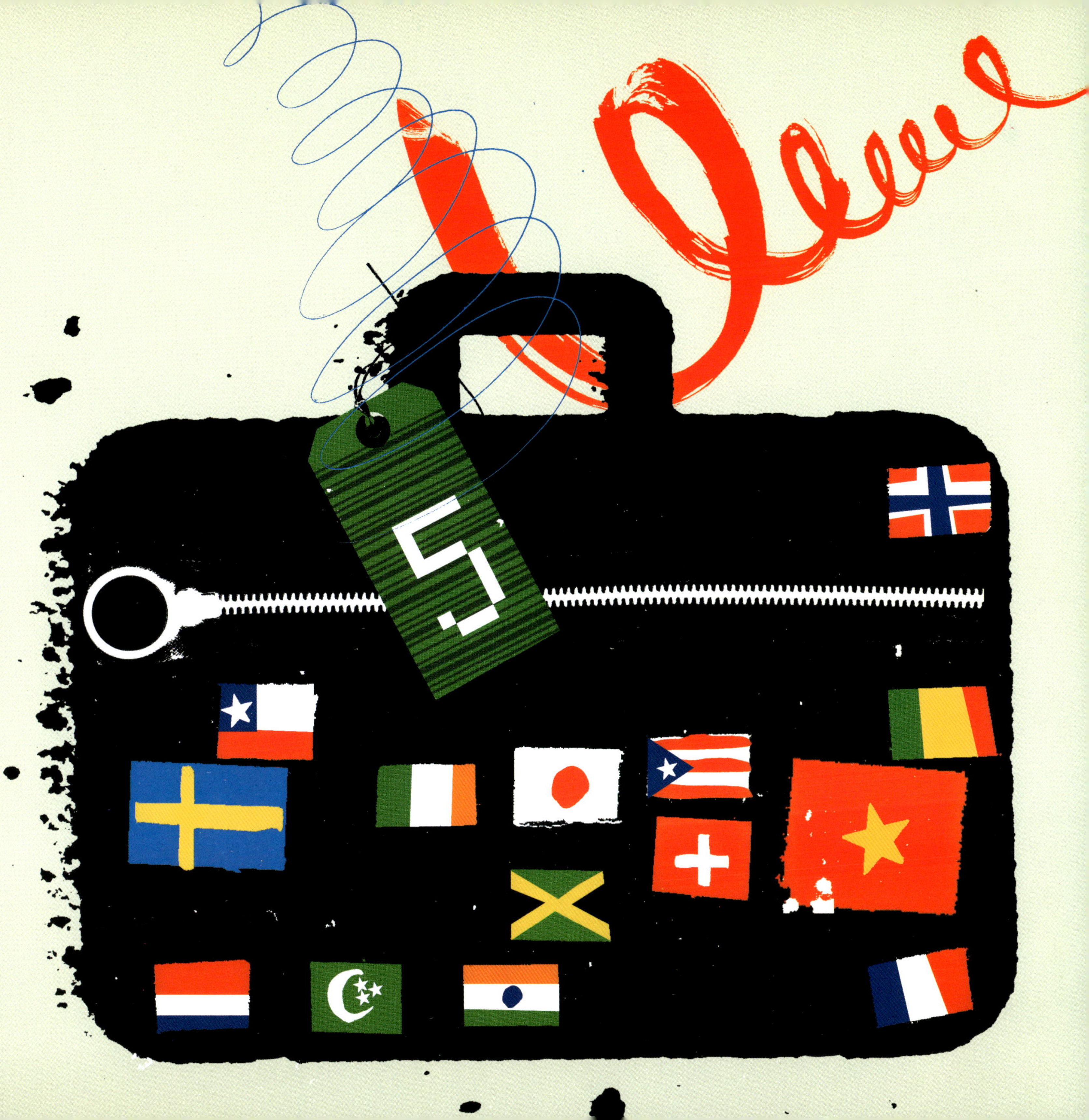

IHR GEBURTSTAG FÄLLT AUF EINEN 5.
Mit der Tageszahl 5 sind Sie geistig rege, vielseitig interessiert und besitzen einen ausgeprägten Forschergeist. Sie sind sehr körperorientiert, rastlos und voller Energie. Sie sind ausgesprochen beliebt und wirken auf das andere Geschlecht höchst anziehend. Mit Ihrer magnetischen Persönlichkeit und Ihrer beredten Zunge wären Sie der geborene Verkäufer. Ihr Enthusiasmus ist ansteckend, keiner kann Ihnen widerstehen.

Investieren Sie in hochwertige Taschen und Koffer, denn ihr Geburtstag prädestiniert Sie geradezu fürs Reisen (das gilt übrigens auch für die an einem 9. Geborenen). Da Sie das Leben lieben und stets auf der Suche nach neuen Erfahrungen und Veränderungen sind, sollten Sie sich nicht zu sehr binden oder einschränken. Folgen Sie vertrauensvoll Ihrem Gefühl, denn Sie besitzen einen gesunden Spielerinstinkt. Falls Sie keinen Partner finden, dem seine Freiheit ebenso wichtig ist, werden Sie ständig versuchen, aus Ihrer Beziehung auszubrechen.

Beruflich können Sie überall dort erfolgreich sein, wo Sie im Rampenlicht der Öffentlichkeit stehen und Gelegenheit haben, viel herumzukommen – beispielsweise als Verleger, Analytiker, Reisender oder Schriftsteller. Auch als Immobilienmakler, als öffentlicher Redner oder Versicherungsagent wären Sie geeignet. Sie besitzen gesunden Pioniergeist und denken stets fortschrittlich. Abwechslung ist das Salz in Ihrem Leben.

5 Tageszahl: Addieren Sie die Zahlen Ihres Geburtstags

Ihr Geburtstag fällt auf einen 14.

Diese Tageszahl kann sich destruktiv oder konstruktiv auswirken – je nachdem, wie Sie mit Ihren Energien umgehen. Wie alle 5er lieben Sie Vielfalt und Abwechslung, Reisen und Ihre Freiheit – allerdings haben Sie höhere geistige Ambitionen als die meisten anderen 5er. Sie besitzen eine magnetische Anziehungskraft und können recht keck sein – Menschen mit der Tageszahl 14 schlagen eher mal über die Stränge als andere 5er. Dank Ihrer geistigen Flexibilität kommen Sie aber fast mit jedermann wunderbar aus.

Sie sind gegensätzlich in Ihrem Wesen, haben zugleich eine rationale und eine prophetische Seite. Mal sind Sie charmant und wortgewandt, dann wieder sehr spitzzüngig. Sie besitzen eine überaus schnelle Auffassungsgabe, gepaart mit viel Impulsivität, die Sie vielleicht manchmal besser im Zaum halten sollten. Sie interessieren sich für alles Neue, sind stets up to date und probieren mit Begeisterung die modernsten technischen Spielereien aus. Sie lassen sich begeistert auf alles Ungewöhnliche ein und verfügen über den typischen Spielerinstinkt der 5er – bei allzu überstürztem Handeln können die Dinge allerdings leicht aus dem Ruder laufen.

Lassen Sie sich möglichst nicht auf Beziehungen ein, die einzig und allein auf körperlicher Anziehung beruhen oder, wenn Sie's nicht lassen können, wecken Sie bei Ihrem Partner wenigstens keine falschen Hoffnungen für die Zukunft. Sie zeigen sich zwar in der Liebe sehr idealistisch, aber manchmal stehen Wort und Tat bei Ihnen nicht so ganz in Einklang. Eine beständige, liebevolle Partnerschaft bietet Ihnen die beste Möglichkeit, eine stabile Mitte zu finden und könnte Sie von Ihrer Leichtfertigkeit abbringen.

Sie sind eher für den geschäftlichen als für den künstlerischen Bereich geeignet – umso mehr, als Sie als selbstständiger Unternehmer auf jedem Gebiet Hervorragendes leisten können. Hüten Sie sich vor sexuellen Ausschweifungen und übermäßigem Trinken. Sie könnten erfolgreich sein als Händler, Reisender, PR-Fachmann, Reiseleiter, Makler oder Journalist – auch im Marketing wären Sie gut aufgehoben. Im künstlerischen Bereich wäre die Musik der Schauspielerei vorzuziehen. Meiden Sie unter allen Umständen Arbeitsumfelder, in denen Sie sich eingeschränkt fühlen oder Ihr Ideenreichtum nicht zum Zuge kommen kann.

Ihr Geburtstag fällt auf einen 23.

Die Bedürfnisse anderer Menschen haben einen hohen Stellenwert für Sie. Sie sind intellektuell und praktisch veranlagt, schlagfertig und energiegeladen und können rasch reagieren. Immer bereit, sich auf Veränderungen und Unerwartetes einzustellen, können Sie sich auch problemlos anderen Menschen und Situationen anpassen. Sie sind gerne und viel auf Achse – Reisen dürften in Ihrem Leben und möglicherweise auch in Ihrem Beruf stets eine große Rolle spielen.

Sie wirken charismatisch und sehr sympathisch und verstehen sich ausgezeichnet mit dem anderen Geschlecht. Als der geborene Erfolgsmensch sollten Sie hohe Ziele anstreben, damit Sie mit Stolz auf das Erreichte zurückblicken können. Sie stehen oft etwas unter Strom, Ihre impulsive Art könnte Sie gelegentlich in die Bredouille bringen – aber Sie sind jemand, dem man nicht lange böse sein kann. Im Großen und Ganzen sind Sie sehr großzügig, voller guter Motivation und wissen jeden aufzurichten, der sich niedergeschlagen fühlt. Sie wirken dann wie eine Vitaminpille oder ein Stärkungsmittel, das einem nach einer Pechsträhne wieder auf die Beine hilft.

Als eine sehr körperorientierte, sinnliche Person wissen Sie sexuell genau, was Sie wollen, und sind auf diesem Gebiet ebenso abenteuerlustig wie flatterhaft. Sie brauchen einen Partner, der aus ähnlichem Holz geschnitzt ist und sich von Ihnen nicht an die Wand gedrängt fühlt. Ihr Liebespartner muss Ihr Spielkamerad sein und einen ausgeprägten Sinn für Humor sowie einen Schuss Wagemut mitbringen.

Gelegentlich tändeln Sie ganz gerne herum oder spielen mit Situationen. Sie haben ein sicheres Gespür dafür, was anderen gefällt, und verstehen es, nahezu jeden zu fast allem zu überreden. Am allerwichtigsten ist Ihnen jedoch die Freiheit, die Dinge auf Ihre Art zu tun – ob am Arbeitsplatz oder daheim. Sie schaffen es nicht, lange tatenlos herumzusitzen.

Beruflich könnten Menschen mit dieser Tageszahl in all jenen Berufen Erfolg haben, in denen Eigenmotivation, Reisen und aktives Handeln gefragt sind. Das Filmgeschäft könnte Ihnen glänzende Möglichkeiten bieten, denn in Ihnen steckt garantiert etwas von einem Schauspieler oder einem Produzenten (Shakespeare soll übrigens am 23. April geboren worden sein). Auch eine Tätigkeit, die mit Lehren, Schreiben, Reisen, Verkauf und Werbung zu tun hat, käme für Sie in Frage. Was immer Sie in Angriff nehmen – langweilig wird es sicher nie.

Lebenszahl 5

Ihre Lebenszahl unterscheidet sich von der Tageszahl darin, dass sie sich aus sämtlichen Ziffern Ihres Geburtstages errechnet (also Tag, Monat und Geburtsjahr) und ihr Einfluss erst nach etlichen Jahren deutlich wird. Sie lässt die innersten Facetten Ihres Wesens erst im Laufe vieler persönlicher Erfahrungen hervortreten.

Ihre Lebenszahl (oder auch Lebensaufgabenzahl) steht für Veränderung, die Sie – ob auf familiärer, örtlicher oder auf gesellschaftlicher Ebene – im Laufe der Jahre selbst in die Wege leiten werden. Ein 5er hat generell ein starkes Bedürfnis nach persönlicher Freiheit und Abwechslung – nichts ist Ihnen verhasster, als jahrein, jahraus im gleichen Trott leben zu müssen. Ihre Begeisterung für jedwede Unternehmungen wird erheblich nachlassen, sobald Sie sich darin eingeschränkt fühlen – im Idealfall üben Sie eine Tätigkeit aus, in der Sie ständig in Bewegung und auf Achse sein können. Stellen Sie sich herausfordernden Situationen, aus denen Sie Neues lernen können, denn Ihr Geist will ständig stimuliert sein und sich weiterentwickeln.

Die 5 ist eine sehr körperbezogene Zahl und steht für starke Sinnlichkeit. Eine Beziehung, in der Sie sich sexuell nicht ausleben können, wird Ihnen auf Dauer nicht gerecht werden, denn Leidenschaft und Aktivität sind ein wesentlicher Teil Ihres Lebens, ohne den Ihr wunderbarer Humor und Ihre Vitalität verkümmern würden.

Sie sind ein witziger Unterhalter, ein eifriger Leser und geistreicher Gesprächspartner. Sie werden im Laufe der Zeit immer unabhängiger in Ihrem Urteil und sind immer weniger geneigt, Ratschläge anderer anzunehmen. Ihre angeborene Liebenswürdigkeit wird Sie jedoch vor den meisten Schwierigkeiten bewahren.

Sie müssen Ihre Talente auf unterschiedlichste Weise ausleben – möglicherweise betreiben Sie zwei Geschäfte parallel. Wenn Sie sich einer Sache nach Ihrer Meinung zu lange gewidmet haben, dürfte sich in Ihnen Ungeduld breit machen. Mit Hilfe Ihres außergewöhnlichen Einfallsreichtums werden Sie jedoch lernen, die Dinge am Laufen zu halten und Wege zu finden, um Ihr Interesse wach zu halten.

Häufiges Reisen und neue Horizonte halten Sie körperlich und geistig fit, so dass Sie sich selbst in älteren Jahren noch großer Vitalität und Jugendlichkeit erfreuen – Ihre geistige Beweglichkeit wird Ihnen jedenfalls immer erhalten bleiben. Sie wollen das Leben bis zum letzten Atemzug voll auskosten. Selbst im hohen Alter werden Sie Ihr Wissen ständig erweitern und sich stets auf dem Laufenden halten.

Sie sind besonders zum Verkäufer, Reisenden und für alle Berufe prädestiniert, in denen Sie in Kontakt mit der Öffentlichkeit treten. Das Filmgeschäft dürfte Ihnen die gewünschte Abwechslung bieten, ebenso wie das Schreiben und alles, was mit Werbung zu tun hat. Da die 5 Ihre Lebenszahl ist, sollten Sie sich keine Gedanken darüber machen, wenn Sie diese Tätigkeiten nicht als erstes gewählt haben – Sie können auf Ihrem Weg dorthin durchaus eine Zeit lang etwas anderes ausüben, denn schließlich ist keine andere Zahl für einen Richtungswechsel oder einen vollkommen neuen Beginn so aufgeschlossen wie ein 5er.

Zu den negativen Aspekten der 5 zählt eine gewisse Oberflächlichkeit und das Versäumnis, Ihre zahlreichen Talente gezielt zu pflegen, so dass Sie schließlich „von allem ein bisschen, aber von nichts sehr viel" verstehen. Manchmal können Sie mit Ihrem überanalytischen, scharfen Verstand auf andere unsympathisch wirken. Die meisten dürften allerdings zu der Überzeugung gelangen, dass die Welt ohne Sie ziemlich eintönig wäre, so dass Sie bei Partys, Veranstaltungen und Bürofesten immer ein sehr gern gesehener Gast sind.

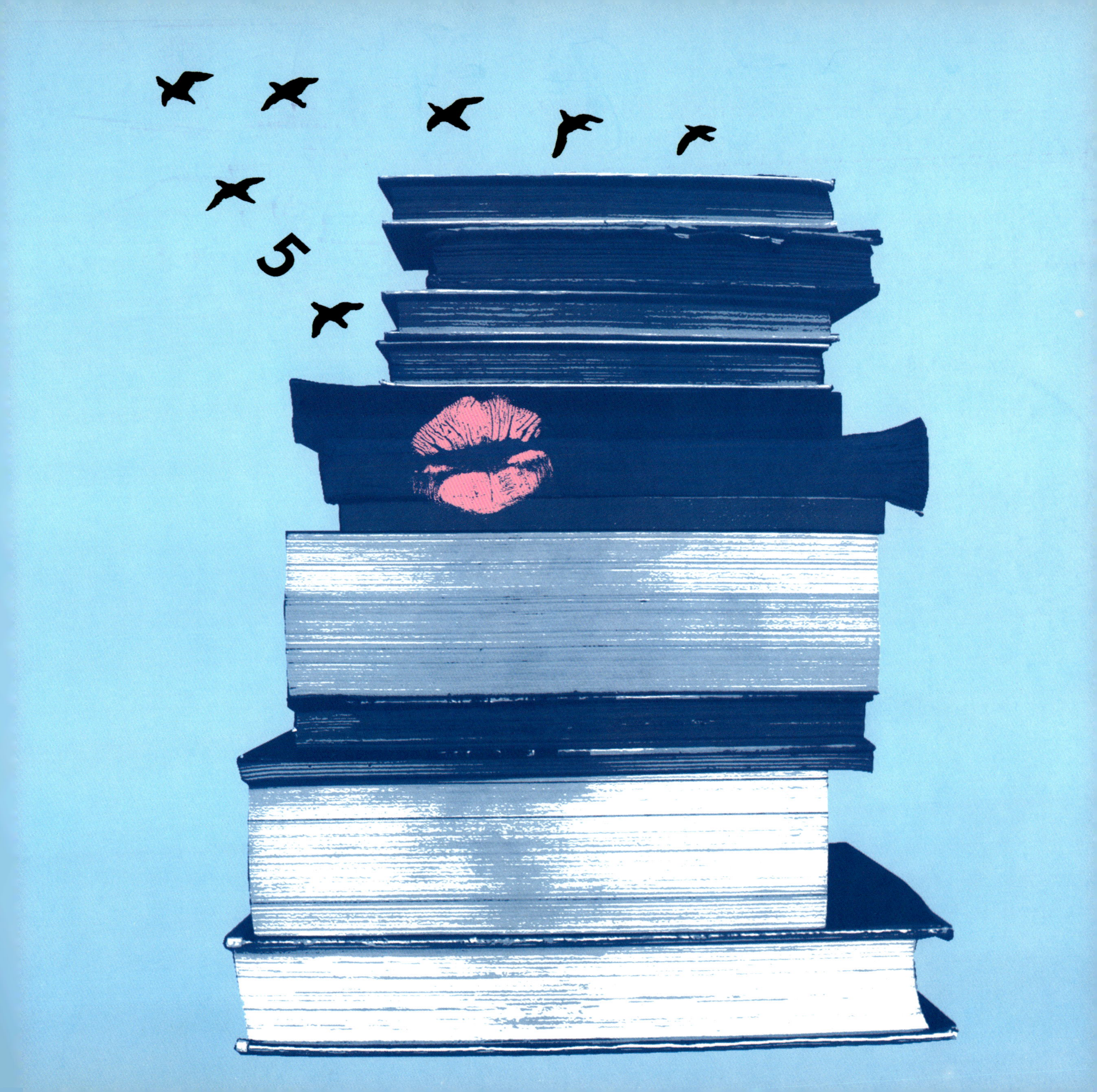
5

5 Lebenspartner

5 als Lebenspartner

Etwas Besseres könnte Ihnen in Sachen Sex gar nicht passieren – Ihr charismatischer, amüsanter 5er-Partner ist der faszinierendste Tänzer im Ballsaal, und jeder kann nachvollziehen, was Sie an ihm so anzieht – wenn er lacht, redet oder sein charmantes Lächeln aufsetzt, kann ihm keiner das Wasser reichen. Sie müssen nur aufpassen, dass die anderen ihre Hände von ihm oder ihr lassen.

Wenn Sie sein Herz gewonnen haben, werden Sie umworben, dass Ihnen Hören und Sehen vergeht. Hoffentlich lieben Sie die internationale Küche, denn er wird Sie wohl jeden Abend in ein anderes Restaurant führen. Und daheim können Sie ihm dabei zuschauen, wie er versiert mit Wok oder Couscous-Topf hantiert, um Sie mit den köstlichsten Speisen zu verwöhnen, die Magen und Seele gleichermaßen ansprechen. Oder er packt für Sie beide einen Picknickkorb mit leckeren Delikatessen voll, die Sie dann am Rande eines romantischen Waldes oder auf der Jacht eines Freundes genießen. Einem 5er mangelt es niemals an Einfällen, Sie zu verwöhnen.

Ihr Liebespartner hat auch einen sehr modernen Geschmack. Seine Wohnung ist in den Farben gehalten, die momentan „in" sind, die Möbel sind stets ästhetisch ansprechend. Oder er versteht Alt und Neu ebenso gekonnt wie verblüffend zu kombinieren. Auch die Küche ist meistens optimal ausgestattet und das Badezimmer voller sinnlicher Kleinigkeiten – Massageöle, herrlich duftende Duschgels – nun, und das Schlafzimmer bietet alle Voraussetzungen für erotische Freuden. Ein 5er ist ein wunderbarer, fantasievoller Liebhaber, mit dem es auch immer etwas zu lachen gibt!

5er lieben es, sich ausgefallen zu kleiden – Stil und Farben spiegeln ihr sprühendes Wesen wider, ohne jemals ins Geschmacklose abzugleiten. Sie können Ihren Partner jederzeit Designer-Kleidung schenken, so lange diese eine eigene Note aufweist – ein 5er verabscheut es, wie jeder andere auszusehen. Und wenn sein Kleiderschrank schon rappelvoll ist – schenken Sie ihm einfach einen schicken Tennisschläger oder ein Paar neue Joggingschuhe: 5er sind in allen Sportarten gut.

Gibt es auch etwas Negatives zu berichten? Nun, da Ihr Partner sehr sexy ist und eine unglaubliche Ausstrahlung besitzt, wird ihm das andere Geschlecht nicht nur zahlreich, sondern zahllos nachsteigen. Und da ein 5er nichts so sehr liebt wie Abwechslung, könnten seine Beziehungen oftmals sehr kurzlebig sein. Wenn Sie ihn nicht so rasch verlieren wollen, müssen Sie imstande sein, in die unterschiedlichsten Rollen zu schlüpfen und seine unvermeidlichen Flirts zu tolerieren, ohne jedesmal in Verzweiflung zu fallen. Aber wenn Sie Reisen, Lachen, Sex und vielleicht sogar das Risiko lieben, dann sind Sie bei ihm genau richtig.

5 als Kind

Ein 5er-Kind wird Sie ständig in Trab halten. Die wissenschaftlichen Errungenschaften von gestern, die Technologien von vorgestern, die Nummer 1 in den Charts von letzter Woche? Vergessen Sie's – was Ideen und Informationen anbelangt, interessiert sich Ihr 5er-Kind immer nur für den allerneuesten Stand. Sie werden hart arbeiten müssen, um sich bei einem solchen Kind ein gutes Image zu verschaffen.

In der Jugend tut sich ein 5er vor allem in Sport und im Theater hervor – generell bei allen Beschäftigungen, die viel Begeisterung und Elan voraussetzen. In der Schule ist Ihr Kind bei allen sehr beliebt; sein Witz und seine Intelligenz wird auch seine Lehrer beeindrucken. Melden Sie Ihr Kind für Sprach- und Tanzkurse an (auch die Jungs!), und kümmern Sie sich frühzeitig um einen Platz für einen Studienaufenthalt im Ausland. Ihr 5er-Kind wird es zu schätzen wissen, dass Sie sein Bedürfnis nach Freiheit und Abenteuer so gut verstehen.

Oh, und geben Sie Ihrem Kind auch freie Hand in der Küche: 5er sind zwar nicht ganz so begnadete Köche wie die 6er und (bis zu einem gewissen Grad) 7er, aber sie lieben exotische Gerichte und probieren für ihr Leben gern Rezepte aus. Wenn es Sie nicht stört, dass sämtliche Pfannen im Hause benutzt werden, kaufen Sie Ihm eine Schürze und ein Kochbuch, und schauen Sie einfach zu. Sein Geplauder über diese und jene Zutaten wird Sie genauso beeindrucken wie das Endergebnis. Kurz, ein 5er-Kind ist ideal für Eltern, deren Leben ohnehin auf der Überholspur stattfindet.

5 Varianten

5 als Vorgesetzter

Es kann gut sein, dass sich ein 5er-Chef nie an seinem Schreibtisch befindet, sondern ständig irgendwo unterwegs ist – ob auf Geschäftsreise, in einer anderen Niederlassung oder auch nur in einem anderen Stockwerk. Sie haben also alle Hände voll zu tun, um seinen Erwartungen gerecht zu werden. Auf der anderen Seite genießen Sie dadurch viel Freiheit, können ihn vertreten und die Dinge eigenverantwortlich am Laufen halten. Zudem ist ein 5er-Boss großzügig, humorvoll und weiß Ihren Einsatz zu schätzen (wozu manchmal auch gehört, dass Sie ihn decken). Achten Sie auf Ihre Kleidung – 5er-Menschen legen großen Wert auf ein stilvolles Äußeres.

5 als Mitarbeiter

Eine hilfsbereite Seele, die gute Laune verbreitet! Abgesehen von gelegentlichen Zusammenbrüchen aufgrund von Erschöpfung oder privater Liebesdramen erfüllt ein 5er-Mitarbeiter Ihr Arbeitsumfeld mit viel Schwung, Dynamik und Gelächter. Geben Sie ihm genaue Anweisungen, und lassen Sie ihn dann selbst herausfinden, wie man am besten zum Ziel kommt, aber Vorsicht: Möglicherweise wären Sie selbst einen ganz anderen Weg gegangen. Ein 5er wird mit der ihm eigenen Energie und Entschlusskraft stets Ergebnisse erzielen und sein Umfeld dabei stets positiv beeinflussen.

5 als Hausnummer

Dieses Haus wird oft leer stehen – seine Bewohner sind ständig in Bewegung, oftmals wird es untervermietet oder wechselt häufig den Besitzer. Wenn Sie eine Immobilie zum Investieren suchen: Perfekt! Als Spekulationsobjekt erfordert es möglicherweise viel Kapital, Zeit und Energie, um das Beste aus ihm zu machen. Als gemütliches Heim für eine Familie ist es weniger geeignet; für ein junges Paar im Taumel der ersten Leidenschaft wäre es allerdings ideal.

5 als Buchstaben

Der Zahl 5 zugeordnet sind die Buchstaben E, N und W. Wenn einer davon mehrmals in Ihrem Namen vorkommt oder mit einer Ihrer Initialen übereinstimmt, werden einige der dynamischen Wesensmerkmale dieser Zahl bei Ihnen zum Tragen kommen. Um das Fähigkeitspotenzial und die Stärken dieser Zahl voll auszuschöpfen, sollten Sie als 5er wenigstens einen der oben genannten Buchstaben in Ihrem Namen führen. Das E verleiht Ihnen einen kernigen Humor, das N steht für eine gute Vorstellungsgabe, und das W verstärkt Ihre magnetische Anziehungskraft. Sollten Sie als 5er keinen einzigen dieser Buchstaben in Ihrem Namen haben, könnten Sie sich ab und zu nervös und ruhelos fühlen.

5 als Haustier

Auch ohne sein Geburtsdatum zu kennen, erkennt man ein 5er-Tier sofort daran, dass es einfach nicht stillsitzen oder -stehen kann. Als Hund kommt es ständig mit der Leine im Maul daher, als Katze springt es unversehens irgendwo hinauf, und als Pferd ist ihm die Gangart „Schritt" unbekannt. Wenn Sie einen Hausgenossen suchen, der Sie stets auf Trab hält, sind Sie mit einem 5er-Tier bestens bedient. Faul zusammengerollt vor dem Kamin zu liegen ist nicht seine Art. Achten Sie auf eine abwechslungsreiche Ernährung.

Was geschieht in einem 5er-Jahr?

Wenn Sie die Ziffern Ihres Geburtstags und -monats zur jetzigen Jahreszahl addieren, dann die Quersumme bilden und sich eine 5 ergibt, stehen die kommenden 12 Monate ab Ihrem Geburtstag dieses Jahres unter dem Einfluss dieser Zahl.

Ein 5er-Jahr ist geprägt von außergewöhnlichen Ereignissen und dem Impuls, die Dinge voranzutreiben; vermutlich spielen auch Leidenschaft, Reisen, neue Freiheiten und eine Veränderung des Lebensstils eine Rolle.

Stimmungen und Gefühle treten intensiver hervor als sonst. Vielleicht geraten Sie unversehens in eine spannende Romanze – jedenfalls birgt dieses Jahr viel Erfüllung und Zufriedenheit. Sie strahlen rundherum Glück aus, fühlen sich begehrenswert und innerlich im Einklang mit sich selbst. Alles um Sie herum erscheint Ihnen in einem ganz neuen Licht, Sie entdecken überall Schönheit und Lebenskraft, empfinden die magnetische Anziehungskraft von Menschen und Dingen, derer Sie sich vorher nie bewusst waren. Diese positiven Schwingungen verheißen Genuß, Ausschweifungen und ... Fruchtbarkeit.

All diese positiven Momente sind die magische, universale „Anerkennung" für das, was Sie in der Vergangenheit geleistet haben. Sie ernten jetzt die Früchte Ihrer Bemühungen in punkto Laufbahn und Beruf und empfinden ein nie gekanntes Vertrauen in Ihre eigenen Fähigkeiten und Ihr Urteilsvermögen – was es Ihnen ermöglicht, sich gewissermaßen von Gipfel zu Gipfel zu schwingen. Die ehrliche Anerkennung und Bewunderung Ihrer Freunde und Kollegen ist Ihnen gewiss. Sie sehen hinreißend aus, sprühen vor Tatendrang und wirken auf andere stark inspirierend. Sie sind sexy und schelmisch, jeder ist von Ihnen wie verzaubert.

Hier sind schöpferische Kräfte am Werk, die Ihnen den Weg weisen. Sie haben den Mut, sich mit Ihren künstlerischen Ambitionen weiter voranzuwagen als je zuvor. Sie sind wie ausgewechselt: Ihre Erlebnisse werden lebhafter, Ihre Beobachtungsgabe und Ihre Körperlichkeit intensiver. Falls Sie schon seit einiger Zeit alleine leben, könnte in einem 5er-Jahr eine wunderbare Romanze oder die Liebe Ihres Lebens ins Haus stehen, oder ein Verflossener kreuzt ganz unerwartet wieder Ihren Weg – und womöglich sind Sie aufgrund der veränderten Gegebenheiten füreinander empfänglicher als früher ...

Die romantische Schwingung dieser Phase wirkt sich auch auf bestehende Beziehungen aus. Jetzt könnte der richtige Zeitpunkt sein, um Nägel mit Köpfen zu machen – ein Heiratsantrag scheint auf einmal gar nicht mehr so abwegig, jedenfalls gewinnt Ihre Liebe eine tiefere Bedeutung. Vielleicht haben Sie beide gelernt, was selbstlose Liebe bedeutet. In dieser von Spaß und Leidenschaft geprägten Zeit steigt auch die Fruchtbarkeit, so dass eine Schwangerschaft nicht ausgeschlossen ist. Wenn Sie dazu noch nicht bereit sind, sollten Sie aufpassen.

Ein 5er-Zyklus wirkt sich jedoch nicht nur im privaten Bereich, sondern auch im beruflichen Bereich günstig aus – in Form von ungeahnten Chancen und günstigen Konditionen. Wählen Sie Ihren Weg jedoch mit Bedacht, denn was Sie jetzt festlegen, wird sich auf Jahre auswirken. Überstürzen Sie nichts, und treffen Sie keine übereilten Entscheidungen, sonst könnten Sie geschäftliche Verluste riskieren. Die Tage eines 5er-Zyklus sind wie die angenehmen, dahingleitenden, von Zufriedenheit erfüllten Tage eines Sommerurlaubs – entspannen Sie sich und genießen Sie sie. Wenn Sie weise handeln und Ihr kreatives Potenzial wohlüberlegt nutzen, könnten sich in dieser Zeit einige Ihrer wildesten Träume erfüllen.

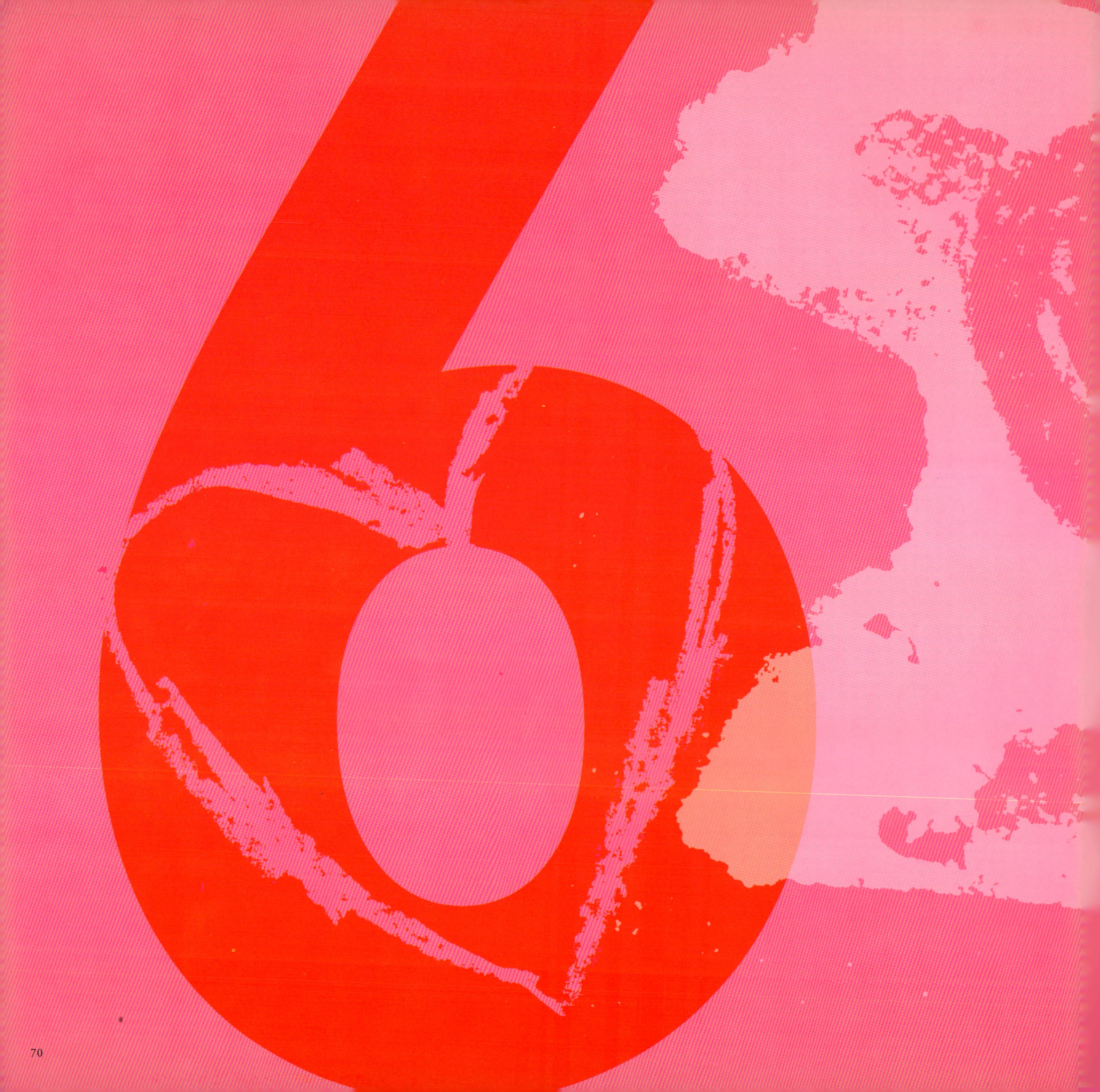

Sechs

Diese Zahl steht für Aufopferung, Liebe und sanfte Friedfertigkeit. Die 6 verheisst Idealismus, Mitgefühl, Selbstlosigkeit und Harmonie. Keine andere Zahl ist so leicht an ihren charakteristischen Zügen erkennbar: Begegnen Sie jemanden, gleich welchen Geschlechts, mit einem tiefen, liebevollen Wesen, der sich zu Kunst und Musik hingezogen fühlt, ein hervorragender Koch und Gastgeber ist und zumeist auch gut aussieht, dann haben Sie es höchstwahrscheinlich mit einem 6er-Menschen zu tun.

Diese Zahl denkt und fühlt mit dem Herzen: Die Seele eines 6er-Typus strömt ständig vor Gefühlen über. Er wird alles mit dem Herzen beurteilen und dabei viel Menschenkenntnis beweisen. Er möchte Schönheit mit Nützlichkeit vereinen und Realist und Träumer zugleich sein. Alle Sinne dieser empfindsamen Seele sind sehr emotionall geladen. Verhalten Sie sich einem 6er-Menschen gegenüber daher immer liebevoll, und verletzen Sie niemals seine überbordenden Gefühle. Im Gegenzug wird er Ihre Umgebung aufs Angenehmste gestalten, Frieden und Zuneigung in Ihr Leben bringen und der liebenswürdigste Mensch auf Erden sein.

Der 6 zugeordnet sind die Buchstaben F, O und X; als Farben sind Rosarot, Hellrosa, Scharlachrot und Heliotrop [Blauviolett] und als Düfte Minze, Kiefer, Pfeffer (gegen übermässige Bindung und für Klarheit der Gefühle), Lavendel und Geranie (für liebende Umarmung) zu nennen. Das astrologische Gegenstück zu dieser Zahl ist die Waage.

Tageszahl 6

Die Tageszahl entspricht Ihrem Geburtstag und ist unabhängig von Monat und Jahr. Ihre Tageszahl ist also die 6, wenn Sie am 6., 15. oder 24. eines Monats geboren sind. Sie beeinflusst Ihr Denken, Fühlen und Handeln tagtäglich in vielerlei Hinsicht.

Gilt für alle 6er-Geburtstage

Eine solche Tageszahl ist ein Geschenk des Himmels. Sie haben eine wunderbare Lebenseinstellung und erwarten von allen Menschen stets nur das Beste. Sie sind klug und vernünftig und leben nach Ihren eigenen moralischen Prinzipien. Um anderen viel Fürsorge und Liebe angedeihen lassen zu können, was Ihnen ein Bedürfnis ist, brauchen Sie eine friedliche, harmonische Umgebung. Ihre Hilfsbereitschaft – die manchmal schon an Selbstaufopferung grenzt – ist sehr ausgeprägt; im Gegenzug erwarten Sie von anderen Redlichkeit Ihnen gegenüber.

Als 6er legen Sie größten Wert auf Harmonie. Sie haben ein hoch entwickeltes Gespür für Ästhetik und gestalten Ihre Umgebung stets ansprechend und harmonisch. Ihr Geschmack ist zwar manchmal eher konservativ als hochmodern, aber Sie verstehen es, Gegenstände, Farben und Stile so zu kombinieren, dass sie wunderbar zueinander passen und sich jeder dadurch erbaut und wohl fühlt.

Das gilt in besonderem Maße, wenn Sie Freunde zum Essen einladen – Ihr Tisch bietet nicht nur Gaumenfreuden, sondern ist auch stets eine Augenweide. In der Küche walten Sie mit untrüglichem Instinkt (viele der besten Köche sind 6er). Sie möchten, dass sich Ihre Gäste bei Ihnen wohl fühlen und sparen an nichts.

Die 6 ist nicht nur die Zahl der Liebe, sondern auch der Musik. Menschen mit dieser Tageszahl besitzen meistens nicht nur eine angenehme Sprechstimme, sondern können auch sehr gut singen. Sie lieben es, sich überall mit Musik zu umgeben. Als 6er wissen Sie sie auch nutzbringend einzusetzen: Vermutlich spielen Sie selbst ein Instrument oder wissen instinktiv, welche Töne Ihrer Seele gut tun – egal, ob Sie gerade die ganze Welt umarmen könnten oder ausgepowert sind. Musik ist für Sie eine Art Kokon, in den Sie sich einhüllen können; sie verstärkt Ihre Hochs und lindert Ihre seelischen Tiefs.

Trotz Ihres ästhetischen Feinsinns und Ihres sanften Wesens sind Sie körperlich recht kräftig und können stundenlang hart arbeiten. Wenn Sie erst einmal etwas angepackt haben, möchten Sie es am liebsten auf einen Schlag durchziehen. Diese unerschöpfliche Energie, die zumeist einem guten Zweck dient, befähigt Sie in besonderem Maße dazu, Kinder zu unterrichten oder im Bereich der Inneneinrichtung oder Malerei tätig zu werden.

Die Liebe ist für Sie so wichtig wie die Luft zum Atmen. Sie können tiefe Gefühle entwickeln und brauchen die Sicherheit, dass auch sie geliebt werden. Von Kindesbeinen an werden Sie unterschwellig von emotionalen Erlebnissen geprägt, und zu den glücklichsten 6er zählen diejenigen, die ein unbeschwertes, liebevolles Zuhause hatten.

Eine zerbrochene Liebesbeziehung kann einem 6er jahrelang schwer zu schaffen machen, und trotz seiner außergewöhnlichen künstlerischen Begabungen und seiner ausgeprägten Fürsorglichkeit gegenüber anderen Menschen wird ein 6er in einer angeknacksten oder unerfüllten Partnerschaft weder innere Zufriedenheit finden, noch sein wahres Wesen ausleben können.

Als 6er sollten Sie nicht der Neigung nachgeben, andere zu idealisieren und auf ein Podest zu stellen, weil das unweigerlich in Enttäuschung und Schmerz endet. Bemühen Sie sich, andere nicht mit Ihrer Liebe zu erdrücken – aber bis Sie das lernen, wird es einige Jahre dauern.

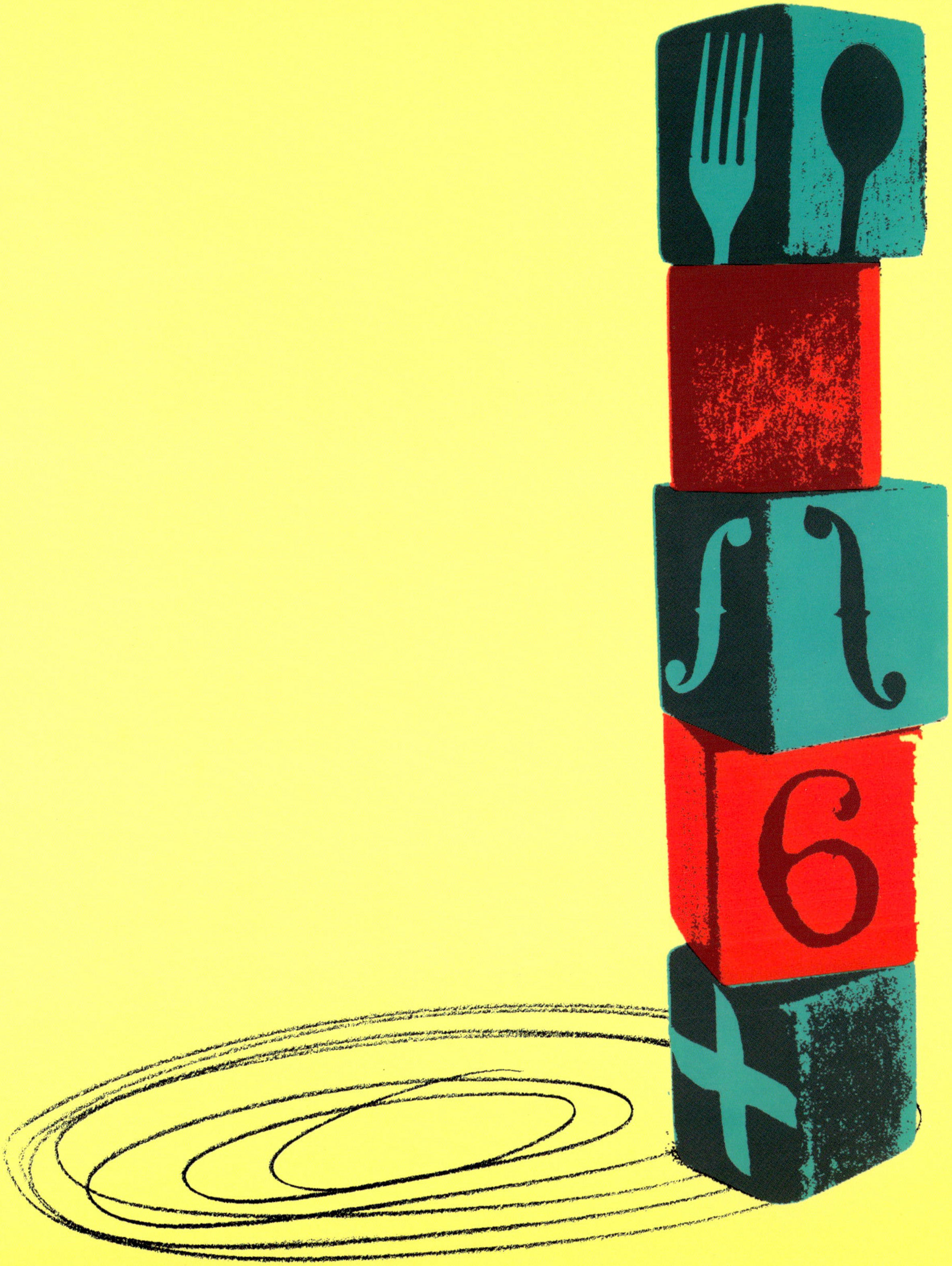

6 Tageszahl: Addieren Sie die Zahlen Ihres Geburtstags

Ihr Geburtstag fällt auf einen 6.

Sie empfinden eine tiefe Liebe für die Natur, Ihr Heim, Ihre Familie und Freunde – die menschenfreundliche Gesinnung liegt Ihnen gewissermaßen im Blut. Sie möchten lieben und geliebt werden und sehnen sich nach Lob und Anerkennung, ob seitens Ihrer Familie, Ihres Liebespartners oder Ihrer Arbeitskollegen. Sie leiden darunter, wenn Sie sich nicht geschätzt oder vernachlässigt fühlen.

Diese „pure" 6er-Tageszahl bedeutet meist, dass Sie ein besonderes Talent zum Kochen haben und sich nicht sklavenhaft an Rezepte halten müssen. Sie besitzen viel Fantasie, Kreativität und Intuition und schaffen gerne eine Umgebung, in der sich Schönheit und Harmonie mit Bequemlichkeit verbinden. Sie kommen sehr gut mit Kindern aus und können bei Bedarf gut in deren Rolle schlüpfen.

Manche an einem 6. Geborene können streitlustig und stur sein, fangen sich aber rasch und sind dann wieder die Sanftmut in Person. 6er sind meistens musikalisch begabt und haben eine angenehme Stimme.

Wer an einem 6. Geburtstag hat, hat das Bedürfnis, der Gemeinschaft zu dienen und andere durch schwierige Zeiten zu begleiten. Wahrscheinlich sind Sie ein sehr guter Zuhörer. Beruflich sind Sie für alle Bereiche geeignet, in denen es auf künstlerisches Gespür und einen Sinn für Schönheit ankommt – wobei Sie anderen das Gefühl vermitteln, dass sie in guten Händen sind. Wahrscheinlich interessieren Sie sich für Themen wie Gesundheit und Ernährung und sind auf diesen Gebieten bereits mit viel Elan tätig. Ihre Stärken liegen in den Bereichen Musik, Innenarchitektur, Grafikdesign, Mode, Kunst, Gastronomie und in allen Berufen, in denen es auf eine enge Zusammenarbeit mit und für Frauen ankommt. Auch für Geldangelegenheiten dürften Sie ein Händchen haben.

Ihr Geburtstag fällt auf einen 15.

Wer an einem 15. geboren ist, ist von warmer, liebevoller Art und jenen, die Ihnen am nächsten stehen, ein treuer Freund und hilfsbereiter Partner. Sie sind kompetent und eigenständig, finden aber stets die Zeit, für andere da zu sein: Wenn Sie jemanden aus einer schwierigen oder misslichen Lage heraushelfen können, vermittelt Ihnen das ein echtes Erfolgserlebnis, und andere empfinden Sie zu Recht als mitfühlend und einfühlsam.

Wenn jemandem ein Fehler unterläuft, tragen Sie ihm das nicht lange nach, weil Sie wissen, dass die Dinge eben manchmal nicht ganz so funktionieren, wie Sie sich das vielleicht gewünscht hätten.

Wie die an einem 6. Geborenen sind vermutlich auch Sie ein begnadeter Koch, obwohl Ihre Ambitionen möglicherweise in eine andere Richtung gehen. Ihr Zuhause liegt Ihnen sehr am Herzen, und Sie fühlen sich am wohlsten, wenn daheim alles wie am Schnürchen läuft. Achten Sie darauf, dass Sie Ihr liebevolles, romantisches Wesen voll ausleben können. Sie sind gerade zu prädestiniert zum Lehrer oder für die Vater- oder Mutterrolle und haben viel Fortüne mit guten Freunden, unerwarteten Geschenken und überraschenden Gelegenheiten.

Sie sind ein guter Menschenbeobachter und nutzen diese Fähigkeit dazu, Fakten in sich aufzunehmen und Wissen anzusammeln: Ihre Lebenseinstellung basiert vermutlich eher auf persönlichen Wahrnehmungen und Erfahrungen als auf angelesenem Wissen oder einem Studium. Sie verfügen über eine unerschöpfliche Energie und Vitalität und sind ein wunderbarer Wegbegleiter.

Es wäre sehr erstaunlich, wenn Sie keine künstlerisch-schöpferische Ader hätten oder kein feines Ohr für Musik – vermutlich haben Sie eine ausgesprochen angenehme Sprech- und Singstimme. Alles, was intellektuelle oder künstlerische Fähigkeiten erfordert, wäre beruflich für Sie geeignet – darunter die Bereiche Mode, Raumgestaltung, Verlagswesen, Medizin, Gastronomie, Musik, Singen, Kostümdesign oder Schönheitspflege.

Ihr Geburtstag fällt auf einen 24.

Dieser Geburtstag steht üblicherweise für ein langes Leben. Sie haben gute Chancen, finanziell großen Erfolg zu haben – vorausgesetzt, Sie verwirklichen Ihre Ideen und träumen nicht nur immer davon, was Sie alles tun möchten.

Die Familie wird in Ihrem Leben eine sehr wichtige Rolle spielen – das betrifft sowohl Ihr Elternhaus als auch später Ihre eigene Familie. Sie genießen Ihre Häuslichkeit und schaffen sich ein Heim, das einladend wirkt und in dem sich alle wohl fühlen. Das Kochen liegt Ihnen gewissermaßen im Blut; Sie brauchen keine Rezeptbücher. Da Sie mit älteren Menschen gut umgehen können (übrigens auch mit Kindern), werden Sie manchmal die Pflege älterer Familienangehöriger übernehmen.

Zu Ihren negativen Zügen gehören Eigensinn, Eifersucht, die Neigung, sich zu viele Sorgen zu machen und immer an anderen etwas zu bemängeln. Setzen Sie Ihre Energien weise ein, und bleiben Sie aktiv, dann stehen Ihnen alle Türen offen.

Mode, Design sowie Musik, Kunst und Schriftstellerei liegen Ihnen besonders. Vielleicht wählen Sie auch den Beruf des Schauspielers. Sie können auch sehr gut Vorträge und Ansprachen halten und wären bei gesellschaftlichen Anlässen der geborene Conférencier.

Darüber hinaus könnten Sie auch im Bankwesen, in der Medizin und in der Kosmetik sowie als Lehrer, Gastronom, Arzt, Krankenpfleger oder Therapeut erfolgreich sein. Wenn Sie Ihre Kräfte konzentrieren, werden Sie nie an Geldmangel leiden. Da Sie redegewandt sind, sollten Sie Ihre Angelegenheiten statt auf schriftlichem Wege besser persönlich oder per Telefon erledigen: Mit Ihrer charmanten, verbindlichen Art können Sie andere meist leicht dazu überreden, Ihnen entgegenzukommen.

Sonderbarerweise stehen Sie sich in der Liebe manchmal selbst im Weg und lassen Ihre eigenen Gefühle nicht zu oder trauen anderen nicht zu, dass sie die Intensität der Gefühle aufbringen können, die Sie brauchen, um glücklich zu sein. Sehen Sie die Dinge nicht allzu verstandesmäßig – lernen Sie, Ihren Gefühlen zu folgen. Und hüten Sie sich davor, allzu viel in die „Vervollkommnung" eines anderen zu investieren: Sie müssen den Menschen selbst lieben können, nicht Ihr persönliches Traumbild von ihm oder ihr.

Lebenszahl 6

Sie errechnen Ihre Lebenszahl, indem Sie aus der Summe aller Ziffern Ihres Geburtsdatums – Tag, Monat und Jahr – die Quersumme bilden, bis nur noch eine einzige Zahl übrig bleibt (Ausnahme: Die Zahl 33, die als eine Art Meisterzahl der 6 nicht weiter reduziert wird; Näheres darüber siehe Seite 140). Die mit Ihrer Lebenszahl verbundenen Stärken und Schwächen werden Sie erst nach und nach in sich entdecken.

Ihre Lebensaufgabe wird darin bestehen, Ihre Gefühle auszudrücken, wahrhaft tiefe Liebe zu empfinden und Ihre schöpferischen Fähigkeiten bestmöglich einzusetzen. Sie werden sich zu religiösen oder philosophischen Themen hingezogen fühlen und stets von einem starken Pflichtgefühl beseelt sein. Ihr Bedürfnis, anderen Menschen zu dienen, wird mit der Zeit immer stärker hervortreten. Sie werden lernen, die emotionalen Bedürfnisse Ihrer Liebsten zu erspüren – obwohl Ihnen das anfangs nicht leicht fallen wird. Sie werden sich und Ihrer Familie ein trautes Heim schaffen.

Meistens werden Sie erst im Verlauf vieler Jahre in Ihre soziale Verantwortung hineinwachsen; zeitweilig kann es Ihnen sogar auferlegt sein, den Ihnen am nächsten stehenden Menschen unterstützen zu müssen. Sie stehen nur selten im Mittelpunkt; womöglich ist es sogar Ihr Karma, hinter Ihrem Lebensgefährten zu stehen. Dies ist jedoch typisch für die Selbstlosigkeit, die 6er-Menschen häufig abverlangt wird. Sie müssen lernen zu geben – und dieses Geben kann vielerlei Gestalt annehmen.

Sie werden im Laufe der Jahre immer größere Weisheit erlangen. Diese drückt sich teilweise in der Sanftmut und Gutherzigkeit aus, mit der Sie anderen Menschen begegnen: Sie erreichen Ihre eigenen Vorhaben nicht mit Gewalt, sondern in beständiger, liebenswürdiger Zusammenarbeit. Es liegt in Ihrer Natur, zu lehren, zu helfen und zu heilen; dies wird auch Ihren beruflichen Werdegang beeinflussen. In Ihnen könnte letztlich ein Philosoph, Lehrer, Minister, Historiker oder Schriftsteller stecken, aber auch als Arzt, Therapeut oder Sozialarbeiter könnten Sie Erfolg haben. Möglicherweise drängen auch Ihre künstlerischen Talente zur Entfaltung, so dass für Sie auch Maler, Musiker oder Raumgestalter in Frage käme.

Sie könnten ein exzellenter Koch, Gastgeber oder Weinkenner werden und häufiger Freunde zu Tisch bitten, als Ihrem Geldbeutel gut tut. Aber die Götter sind mit Ihnen: Finanziell landen 6er immer wieder auf den Füßen. Wenn Sie das nötige Geld nicht selbst verdienen, fällt es Ihnen durch einen glücklichen Zufall zu.

Letztendlich ist Ihnen ein harmonisches Familienleben oder eine Liebesbeziehung wichtiger als materieller Erfolg. Sobald Sie jemanden gefunden haben, mit dem Sie gemeinsam durchs Leben gehen können, stehen die Chancen gut, dass alles bestens verläuft. Sie neigen nicht zu leidenschaftlichen Zornausbrüchen und begreifen, dass es in einer Partnerschaft auf Geduld und Kompromissbereitschaft ankommt. Aber sie brauchen das Gefühl, geliebt zu werden. Wenn eine Liebesbeziehung zur Routine wird und Sie jemandem begegnen, der Ihre Gefühle neu entfacht, dann besteht durchaus die Gefahr, dass Sie diesen Gefühlen folgen. Auf lange Sicht wäre dies für Ihre Gesundheit und Ihr seelisches Wohlbefinden vielleicht das Beste, denn ohne Wärme und Zuneigung können Sie nicht leben.

Übergroße Anhänglichkeit an einem Elternteil oder eine frühe Enttäuschung in der Liebe hat manchmal zur Folge, dass ein 6er niemals heiratet. Trotzdem wird Ihnen in Ihrem späteren Leben echte Liebe zuteil werden – als Belohnung für die Liebe und Fürsorge, die Sie anderen im Verlauf der Jahre angedeihen ließen. Mit der Zeit wird man erkennen, dass Sie ein Herz aus Gold und viele Talente haben – und trotzdem leider niemals große Lobreden oder öffentliche Bewunderung erheischen.

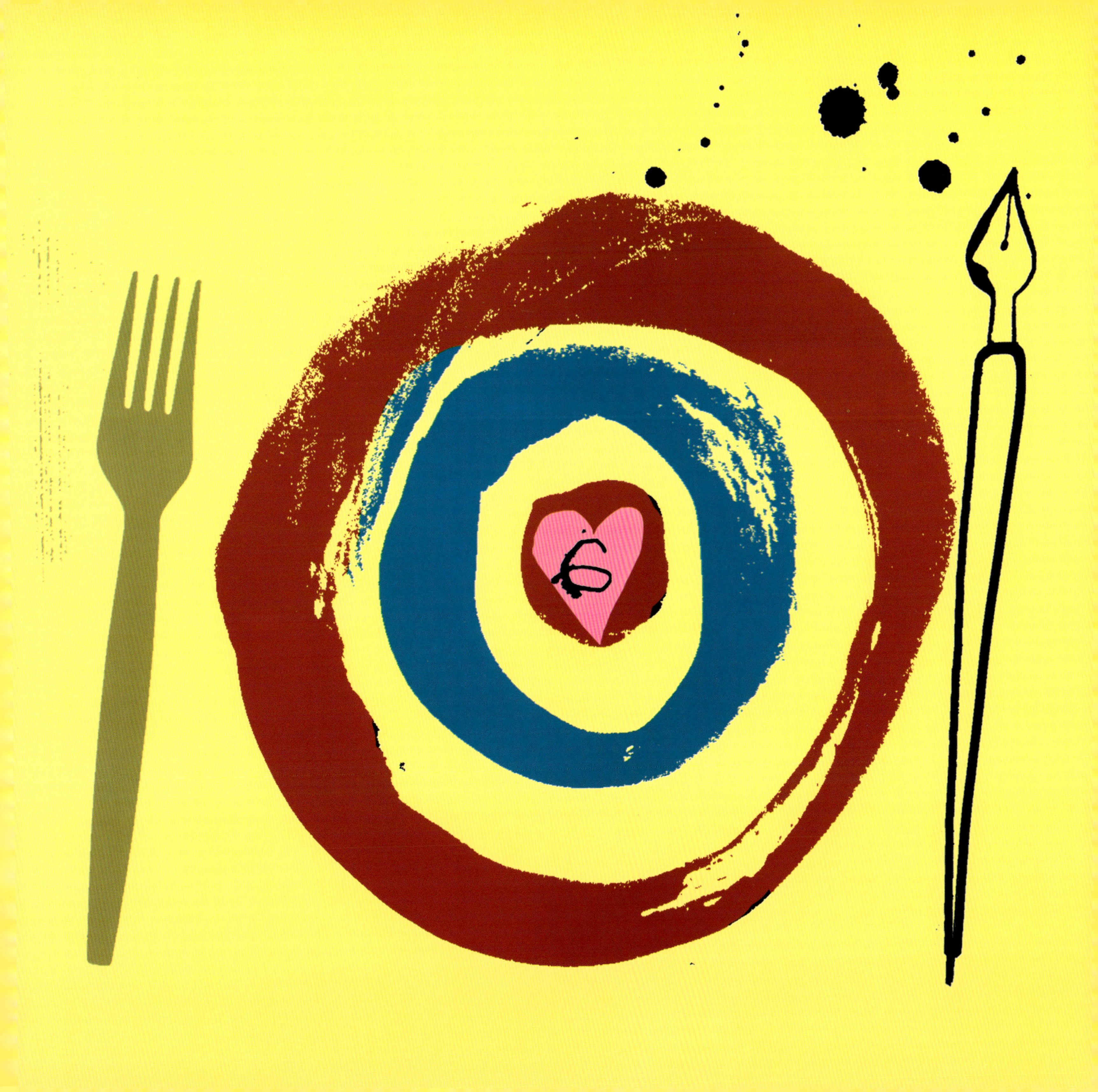
6

6 als Lebenspartner

Wenn Sie keine ungewöhnlich hohen Ansprüche stellen, müssten Sie mit einem 6er-Partner eigentlich sehr glücklich sein – er ist treu und zärtlich und will nichts mehr, als dass Sie rundum glücklich sind und ihn an Ihrem Leben teilhaben lassen. 6er gehören zu den Romantikern, und Sie sollten versuchen, diese empfindsame Seele nicht vor den Kopf zu stoßen.

Ihr 6er-Partner wird Sie nach Strich und Faden verwöhnen, Ihnen alle lästigen Aufgaben abnehmen und sich mit all den kleinen Alltäglichkeiten abgeben, die zu einem gesicherten Leben gehören. Er kann wunderbar kochen, daher eine Warnung an alle, die mit einem 6er liiert sind: Achten Sie auf Ihr Gewicht!

Ein verliebter 6er setzt alles daran, seine Umgebung zu verschönern: harmonische Schlafzimmereinrichtung, erlesene CD-Sammlung, Konzerte und Theater. Nach einer Abendvorstellung weiß Ihr Partner genau das richtige Restaurant, um die romantische, verzauberte Stimmung nach dem Kunstgenuss sanft ausklingen zu lassen. 6er sind nicht ganz so sinnlich veranlagt wie 5er, verfügen aber über große Finesse: Sie merken sich insgeheim, was Ihnen gefällt, und werden es nicht mehr vergessen.

Ihr Partner hat eine tiefe Seele, kann zu Tränen gerührt werden und vertraut Ihnen bis zur Selbstaufgabe. Er reagiert ausgesprochen positiv auf Ihre Bemühungen, Ihr Zusammenleben und Ihr Heim möglichst schön und harmonisch zu gestalten. Manchmal schießt er vielleicht etwas über das Ziel hinaus und erdrückt Sie förmlich mit seiner Liebe und Hilfsbereitschaft. Wenn es Ihnen zuviel wird, lassen Sie es ihn wissen – aber so, dass er sich nicht zurückgestoßen, bedroht oder allein gelassen vorkommt. Bedenken Sie, dass die meisten Schwächen eines 6ers seinem tief verwurzelten Bedürfnis nach liebender Fürsorge entspringen.

Ein 6er wird von anderen oft um Rat in Liebesangelegenheiten gefragt und spendet gerne Trost und Wärme. Darin liegt aber keine Gefahr für Ihre Beziehung – 6er sind in der Regel ausgesprochen treue Partner, solange sie daheim all die Liebe und Zuneigung bekommen, die sie brauchen. Ihr Zuhause ist der Dreh- und Angelpunkt ihres seelischen Wohlbefindens, Heim und Familie haben bei ihnen absolute Priorität.

Der Liebe räumt ein 6er einen hohen Stellenwert ein, und er wird sich sorgfältig überlegen, wie er Sie umwerben kann. Bei seiner Kleidung lässt er eine persönliche Note und guten Geschmack erkennen und achtet auf eine ausgewogene Stil- und Farbkombination. Ein 6er folgt nicht sklavisch der jeweils neuesten Mode, sieht aber immer flott aus und legt Wert auf weiche, fließende Stoffe, um seine künstlerische, vielleicht eine Spur altmodische Vorliebe für klassische Schönheit zum Ausdruck zu bringen. Sie können sicher sein, dass Ihr 6er-Partner es stets bemerkt und zu schätzen weiß, wenn Sie sich besonders hübsch gemacht haben.

Und die negativen Seiten? Nun, ein 6er kann ziemlich stur sein, oder auch allzu unterwürfig. Manchmal kann er regelrecht zum Fußabtreter seines Partners oder seiner Familie werden. Hier liegt vieles in Ihrer Hand: Reden Sie Ihrem 6er-Partner sein Selbstmitleid auf humorvolle Weise aus, und bitten Sie ihn um eine „Auszeit", bevor Sie sich von ihm erdrückt fühlen, nach dem Motto: „Wie kann ich dich vermissen, wenn du nie weggehst?" Aber alles in allem ist das ein geringer Preis für einen wahrhaft liebevollen, fürsorglichen und angenehmen Menschen, mit dem Sie einen guten Fang gemacht haben.

6 als Kind

Gehen Sie mit Ihrem 6er-Kind von der Wiege an sehr behutsam und gefühlvoll um. Jeder Streit zerrt an seiner empfindsamen Seele, denn es braucht dringend familiäre Geborgenheit. Es will geherzt und geknuddelt werden und ist das süßeste, ehrlichste und bravste Kind, das man sich denken kann. Fördern Sie seine angeborene Musikalität, lauschen Sie seinen „Konzerten", zeigen Sie Verständnis für seine „Erwachsenen-Probleme" und nehmen Sie die herrenlosen Tiere auf, die er ins Haus schleppt.

Ein 6er-Kind ist intelligent und künstlerisch begabt und liebt es, sein eigenes Zimmer dekorativ zu gestalten. So schafft es sich sein eigenes kleines Reich, das ihm einen seelischen Ruhepunkt bietet. Sie werden feststellen, dass Ihr Kind in der Regel von Natur aus ordentlich ist und auch diszipliniert arbeiten kann. Manchmal scheint es vielleicht etwas träge – aber nur dann, wenn es nicht ausreichend motiviert ist. Auf der anderen Seite wird es Ihr Vertrauen nie missbrauchen – also lassen Sie es getrost in der Küche hantieren, ihre Gäste unterhalten oder häusliche Arbeiten verrichten. Ihr 6er-Kind ist ein großartiger Ratgeber, ein treuer Freund und ein liebenswürdiges Wesen. Schenken Sie ihm in seiner Kindheit viel Liebe, und vermitteln Sie ihm Schönheit und Anregungen, damit es später seine positivsten und wertvollsten Wesensmerkmale entfalten kann. Sie dürfen als Eltern stolz auf Ihr Kind sein.

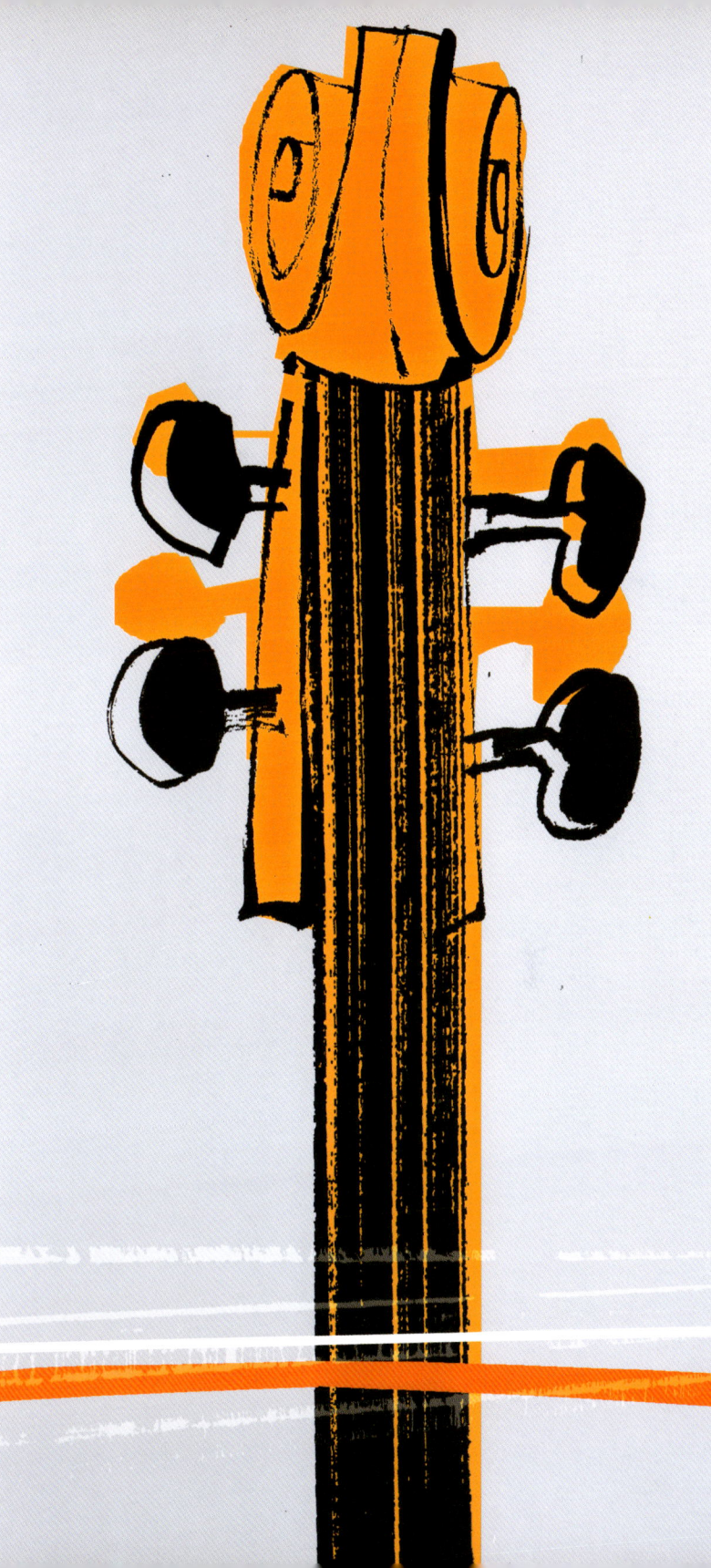

6 Varianten

6 als Vorgesetzter
Ein solcher Chef ist zahm wie ein Kätzchen – selbst wenn er vorhat, „energisch durchzugreifen", klappt das nicht richtig. Als Vorgesetzter ist ein 6er ein durch und durch vernünftiger Mensch, der Ihre Loyalität und Ihre Arbeit zu schätzen weiß. Er wird nie mehr von Ihnen verlangen, als er selbst zu geben bereit ist. Obendrein werden Sie vermutlich in einer angenehm gestalteten Arbeitsumgebung tätig sein – mit einem ausgezeichneten Mittagstisch. Aber lassen Sie sich nicht täuschen: Ihr 6er-Boss ist pflichtbewusst und erwartet, dass die Dinge pünktlich erledigt werden – egal, wie menschenfreundlich er sein mag. Wenn Sie ihm viel geben, bekommen Sie viel zurück.

6 als Mitarbeiter
Das ganze Büro ist hellauf begeistert von diesem stets gut gekleideten Kollegen mit der angenehmen Stimme, der immer so leckere Sachen mitbringt und bereitwillig mit allen teilt. Ein 6er kann hart und gut arbeiten, ist erfrischend offen und liebt es, im Büro eine angenehme Atmosphäre zu schaffen, von der alle etwas haben. Er ist derjenige, der frische Blumen mitbringt und nie den Geburtstag seiner Kollegen vergisst. Er mag vielleicht eine Spur altmodisch sein, aber vielleicht ist Ihnen das ja ganz recht.

6 als Hausnummer
Ein wahrer Hort der Liebe und Sicherheit! In diesem stets schön gestalteten Heim ist das Eheglück zu Hause; es bietet Ihren Kindern eine friedliche Umgebung und schirmt seine Bewohner wie eine Oase vor der Hektik der Außenwelt ab. Seine früheren oder jetzigen Besitzer haben sicherlich eine wundervolle Küche einbauen lassen. Dieses Haus dürfte auch eine ganz gute Investition sein – falls Sie sich jemals davon trennen können.

6 als Buchstabe
Wenn in Ihrem Namen die Buchstaben F, O und X vorherrschen, besitzen Sie in hohem Maße die liebevolle Art und die künstlerische Ader, die der Zahl 6 innewohnt. Beginnt Ihr Vorname mit einem dieser Buchstaben, sind Sie ausgesprochen liebesbedürftig, können aber auch selbst sehr viel Zärtlichkeit schenken. Diese Buchstaben verleihen Charme und gutes gesellschaftliches Auftreten und das Bedürfnis, das eigene Heim schön zu gestalten. Fehlt einer der Buchstaben, kann dies Ängste und einen Hang zum Einsiedlertum zur Folge haben. Enthält Ihr Name einen Buchstaben mehr als dreimal, sollten Sie sich vor übertriebener Fürsorglichkeit hüten.

6 als Haustier
Dieses Tier möchte ständig gestreichelt, bewundert und getröstet werden. Selbst wenn es ein Pferd ist, scheint es sich nach einer Kuscheldecke vor dem Kaminfeuer zu sehnen! Ein 6er-Tier ist liebenswert, sanft und häuslich – und es hat einen gesegneten Appetit, also achten Sie darauf, dass Ihr Liebling nicht zu dick wird.

Was geschieht in einem 6er-Jahr?

Sie errechnen Ihr persönliches Jahr, indem Sie die Ziffern Ihres Geburtstages und -monats und die momentane Jahreszahl addieren und vom Ergebnis die Quersumme bilden, bis nur noch eine Zahl übrig bleibt. Wenn es eine 6 ist, stehen Ihnen 12 Monate voller Liebe, Glück und emotionaler Sicherheit bevor.

Nach dem aufreibenden 5er-Jahr treten Sie nun in eine ruhigere Phase ein, die von romantischen Gedanken, einer Heirat oder den schönen Künsten geprägt ist, für die Ihr Interesse neu entfacht. Ein 6er-Jahr ist von Glück erfüllt und verheißt Wärme, Herzlichkeit und Wohlbefinden. Sie sind mit sich und der Welt zufrieden, und Ihr häusliches Leben wird nun sehr wichtig für Sie.

In diesem Zyklus kümmern Sie sich mehr als üblich um Ihr Äußeres und fühlen sich hübsch, sexy und unwiderstehlich. Dieses Jahr verleiht Ihnen eine ganz besondere Ausstrahlung, so dass Sie an Selbstvertrauen gewinnen und optimistischer werden.

In der kommenden Periode können alle Ihre Unternehmungen blühen und gedeihen. Einflussreiche Personen greifen Ihnen finanziell unter die Arme, und Sie werden vielen Menschen begegnen, die von Ihnen hingerissen sind. Ihre Aktien steigen, und in Gelddingen ebenso wie mit Freundschaften, Ihrem Zuhause und in Herzensdingen läuft alles wie geschmiert. Sie können sich gut in die Denkweise anderer Menschen hineinversetzen, und alles, was Sie unternehmen, tun Sie auf eine angenehm gelassene Art – keine Spur mehr von der Rastlosigkeit und dem enormen Ehrgeiz, der Ihr Tun und Handeln im letzen Zyklus geprägt hat.

Die Zahl 6 ist stets mit der Liebe verknüpft. Dazu gehört das Bedürfnis, mit jemandem, dem Sie begegnen, zu harmonieren. Sie werden nicht umhin können, liebende Gefühle zu empfinden und können sich Ihres Charmes und Ihrer äußeren Erscheinung so gewiss sein wie nie zuvor. Es sind vermutlich Ihre eher verborgenen Charaktereigenschaften, die diesen „Jemand" in diesem Jahr anziehen werden, aber mit Äußerlichkeiten wie Schönheit und Mode stärken Sie Ihr eigenes Selbstverständnis. Da die 6 auch für Heirat steht, könnte auch solch eine Entscheidung zur Diskussion stehen. Aber auch Ihre Familie ist Ihnen nun sehr wichtig und in dieser für Sie so positiven Periode strahlt viel von Ihrem Glück auf sie ab.

Ihr Zuhause als Mittelpunkt Ihres Lebens wird für Sie eine neue Bedeutung erlangen. Sie empfinden nun, wie befriedigend es ist, einen Ort zu haben, an dem man sich geborgen fühlt. Daher könnte in diesem Jahr wahrscheinlich auch eine Renovierung oder ein Umzug anstehen. Sie werden dabei eine glückliche Hand haben und dürften genau das finden, was Sie sich vorgestellt hatten.

Was immer Sie in der Vergangenheit gesät haben – jetzt ernten Sie die Früchte. Finanzieller Gewinn winkt, und Ihre geschäftlichen Aktivitäten stehen unter einem günstigen Stern. Sie haben Verpflichtungen und müssen Ihre Energien selbstlos einsetzen, aber Sie werden für Ihre Dienste entlohnt werden.

Auch das Thema Kunst spielt in diesem Zyklus eine gewisse Rolle. Vielleicht beginnen Sie, Musikstunden zu nehmen oder treten mit Ihrem Talent endlich an die Öffentlichkeit. Ihre künstlerische Ader tritt jedenfalls deutlich in Erscheinung, Sie bewältigen alles, was Sie anpacken besser als Sie sich vorzustellen gewagt hätten.

Im Zeichen der Zahl 6 stehen auch Emotionen, und wenn Sie Ihre Gefühle in Ihre Unternehmungen einbringen – ob auf sozialer, schöpferischer, geschäftlicher oder familiärer Ebene – werden Sie tiefe Befriedigung erlangen und ungeahnte Talente in sich entdecken.

In diesem Jahr können Sie Atem schöpfen und es sich gut gehen lassen. Und vergessen Sie nicht Ihre Fähigkeit, sich in die Herzensnöte anderer hineinzufühlen und Ihnen mit Rat und Tat zur Seite zu stehen – diese Aufgabe müssen Sie erfüllen, um Ihren Verpflichtungen als 6er gerecht zu werden.

Sieben

Die Sieben steht für Mystik und Perfektion und nimmt in der Numerologie einen fast geheimnisvollen Status ein: Denken Sie an die sieben Wochentage, die sieben Weltmeere, die sieben Farben des Regenbogens, die sieben sagenhaften Könige von Rom, die sieben Weisen und – nach der Legende – der grösste Prophet aller Zeiten, das siebte Kind eines siebten Kindes.

Wenn die 7 eine Ihrer Zahlen ist oder wenn sie mit einem 7er zusammenleben, dann setzen Sie sich in Ihrem Leben hohe Massstäbe. Die 7 steht für Gesundheit, Sauberkeit, geistiges Streben, tiefes Denken, unkonventionelle Vorstellungen über Religion und eher für Nachdenken als Handeln. Hier werden Sie erfahren, warum 7er-Menschen oft einsam sind und manchmal missverstanden werden, warum sie so viel von sich selbst und Ihren Partnern verlangen – und es niemals über sich bringen, ihre Zahnbürste zu verleihen!

Wenn Ihre Tages- oder Lebenszahl die 7 ist, sollten Sie in Ihrem Namen die Buchstaben G, P oder Y führen, um aus Ihrer Zahl möglichst viel von der ihr innewohnenden Stärke, der analytischen Fähigkeit und Intelligenz herauszuholen. Als 7er-Farbe gilt Ziegelrot, und zu den Düften zählen Geranie, Lorbeer, Weihrauch und Sandelholz. Die astrologische Entsprechung der Zahl 7 ist das Sternzeichen Jungfrau.

Tageszahl 7

Ihre Tageszahl ist die 7, wenn Sie am 7., 16. oder 25. irgendeines Monats geboren sind. Diese Zahl beeinflusst Sie am offenkundigsten und in vielerlei Hinsicht. Ihre Freunde werden Sie in erster Linie anhand der Wesensmerkmale Ihrer Tageszahl wahrnehmen. Die Tageszahl bestimmt auch, wie Sie spontan auf Ereignisse reagieren.

Gilt für alle 7er-Geburtstage

Die 7 ist die vielleicht vielschichtigste, rätselhafteste und herausforderndste aller Tageszahlen. Als 7er sind Sie sich selbst Ihr bester Freund und gleichzeitig Ihr schlimmster Feind. Die 7 ist die Zahl der Perfektion, das manifestiert sich in der Bürde der hoch gesteckten Erwartungen, die Sie an sich selbst und andere stellen, und diese Erwartungen können Enttäuschung und Versagensgefühle mit sich bringen.

Sie sind ein messerscharfer Denker und wägen die Dinge sorgfältig ab. In der 7 steckt eine große geistige Kraft und die Fähigkeit, alles von allen Seiten zu betrachten. Sie haben einen wunderbar trockenen Humor, viel Charme und außergewöhnliche Begabungen, die Ihnen ein interessantes und lohnendes Berufs- oder Privatleben bescheren dürften. Sie lieben es, allein zu arbeiten und haben Freude an Tätigkeiten, bei denen Sie recherchieren und tief in ein Thema eintauchen können. In einer Gruppe sind Sie weit weniger leistungsfähig und arbeiten dann bevorzugt mit Menschen zusammen, die Ihnen ähnlich sind und sowohl Ihren Humor als auch Ihre selbstständige Vorgehensweise verstehen. Trotz Ihres angenehmen Auftretens erwarten Sie viel von sich und anderen. Sie müssen mit denen, die Ihnen am meisten am Herzen liegen, erst eine gute Beziehung aufbauen. Sie sind nicht so flatterhaft und auf Veränderungen aus wie die 5er, sondern investieren in starke, dauerhafte Verbindungen, die Sie ein Leben lang begleiten.

Sie sind vermutlich ein sehr guter Koch, wobei Sie sich auf ein oder zwei Dinge spezialisieren, die Sie aus dem Effeff beherrschen (im Gegensatz zu einem 6er, der ständig etwas Neues ausprobiert). Ähnlich verhält es sich mit Wein – da kennen Sie sich nicht nur mit der Qualität, sondern auch mit den Jahrgängen aus. Sie betreiben die Dinge nicht dilettantisch, sondern lieber professionell. Halbwissen finden Sie immer frustrierend, deshalb werden Sie im Laufe Ihres Lebens immer wieder Kurse belegen und sich weiterbilden.

Sie lieben Musik, aber auch hier sind Sie sehr wählerisch. Intellektuell veranlagte 7er sind aufmerksame Zuhörer, die sich mit verschiedenen Aufnahmen, Künstlern oder Aufführungen vertieft befassen und dabei sammeln, vergleichen und bewerten. Ihr kritischer Verstand veranlasst sie häufig zu spitzen Bemerkungen über Filme, Theateraufführungen, Konzerte usw. Sie picken treffsicher die Schwächen heraus, was allerdings leicht in Sarkasmus ausarten kann!

Sie besitzen eine ausgesprochen feine Nase und erkennen sofort jedes Parfum, jeden Essensduft und jeden Wein. Viele 7er nutzen diese Begabung sogar beruflich. Leider lässt sich ein guter Geruchssinn nicht abschalten – und so werden Sie einen Liebespartner, der es mit der Körperhygiene nicht so genau nimmt, nicht lange in Ihrer Umgebung dulden. Wenn Ihr Leben sehr geschäftig verläuft, sollten Sie regelmäßig eine Reinigungsfrau kommen lassen. Im Extremfall sind Sie ein Sauberkeitsfanatiker.

Sie sollten daran arbeiten, Ihren Emotionen besser Ausdruck zu verleihen. Sie reden nicht gerne über das, was Sie insgeheim denken und fühlen, und Ihre Lebensgefährten sind oft verblüfft über Ihre wahren Bedürfnisse. Dies und der ernsthafte Wunsch nach Alleinsein kann Ihr Liebesleben ziemlich durcheinanderbringen – Ihr Partner weiß zum Schluss nicht mehr, ob Ihr Herz eigentlich noch wirklich an ihm hängt, da Sie so gut allein zurechtzukommen scheinen. Sie mögen zärtliche Gedanken hegen, können sich aber nur selten dazu durchringen, sie auch zu artikulieren. Denken Sie daran: Loben Sie andere, bedanken Sie sich, und zeigen Sie Ihre Zuneigung, wann immer Sie können.

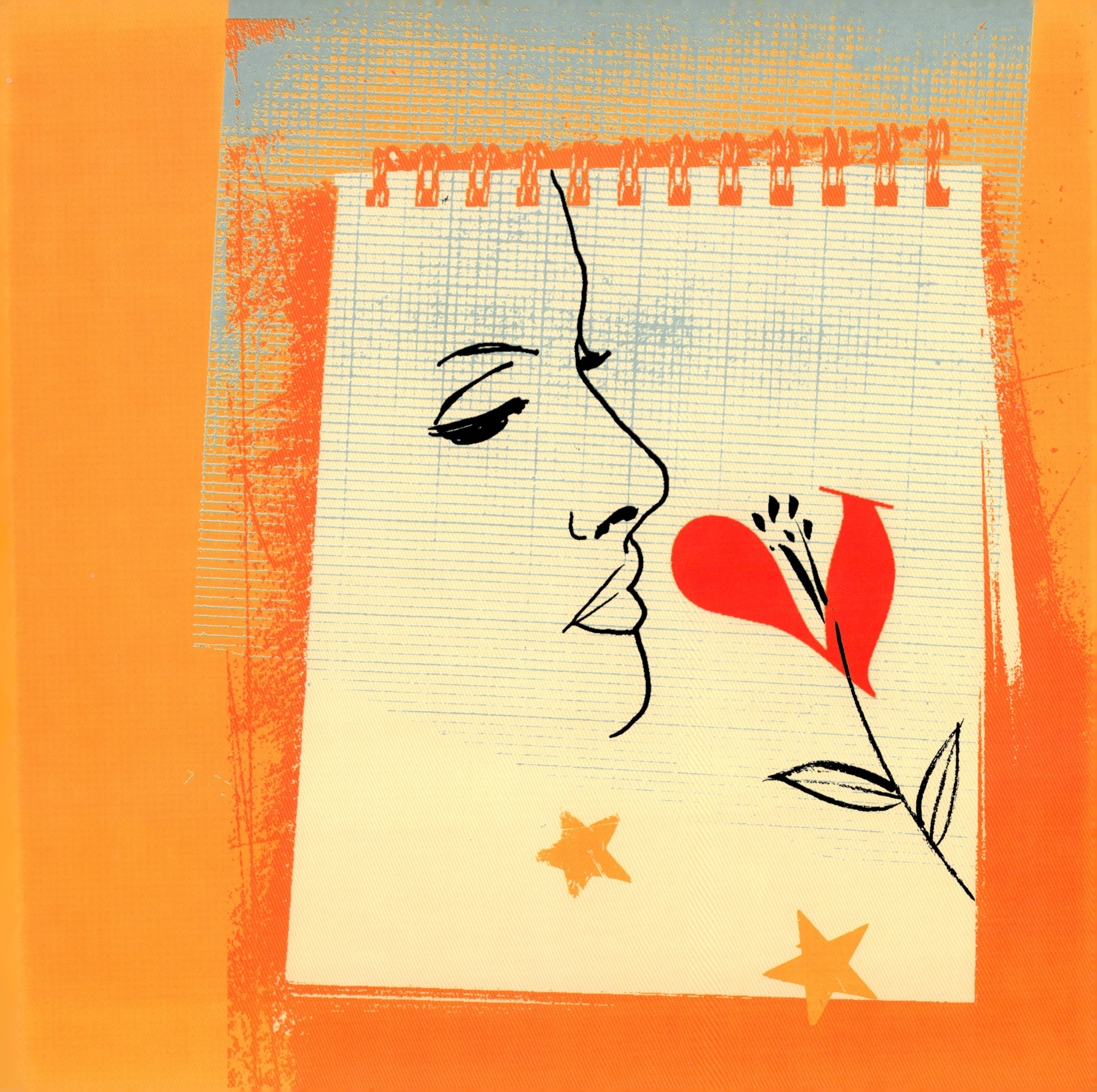

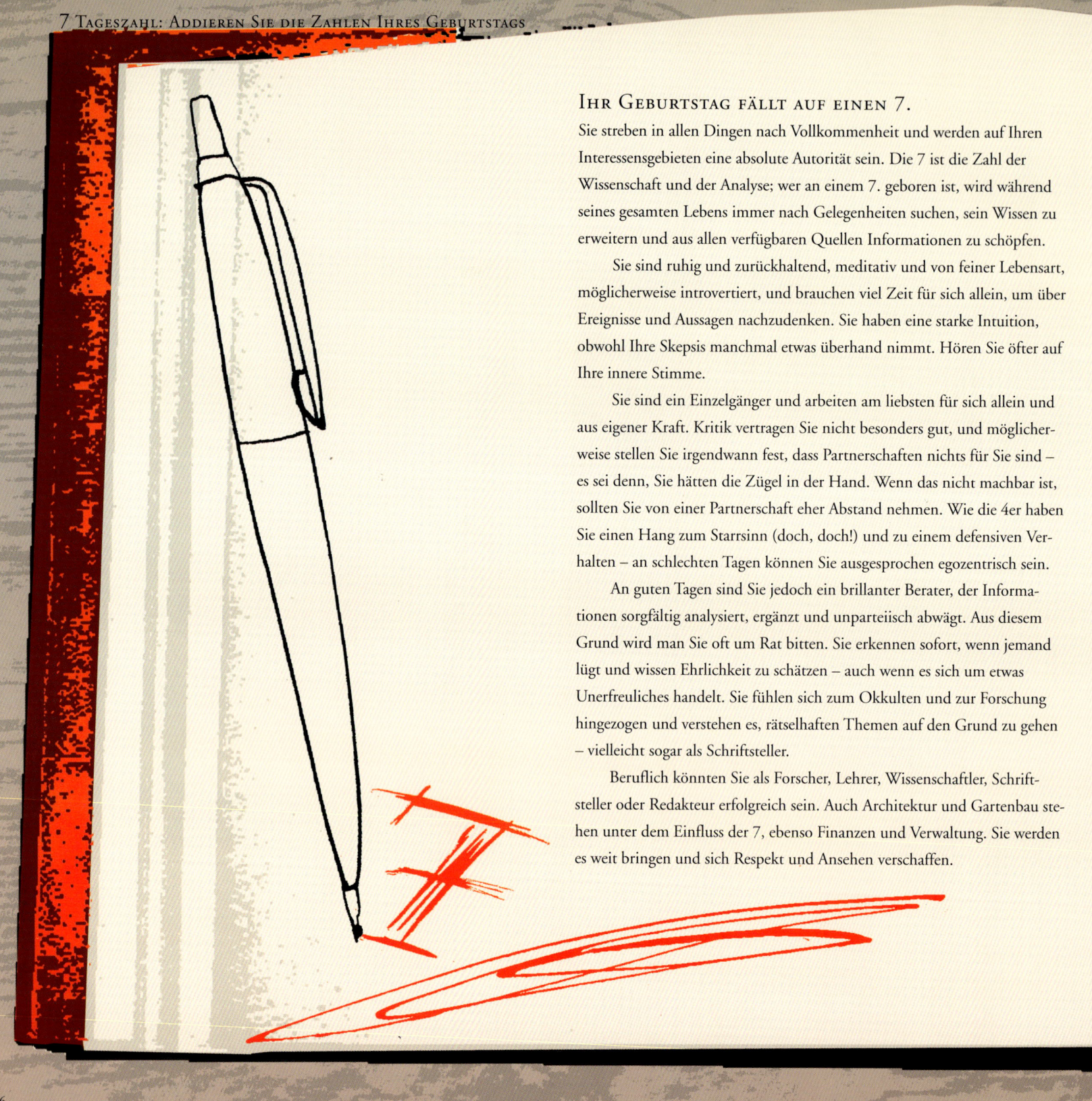

7 Tageszahl: Addieren Sie die Zahlen Ihres Geburtstags

Ihr Geburtstag fällt auf einen 7.

Sie streben in allen Dingen nach Vollkommenheit und werden auf Ihren Interessensgebieten eine absolute Autorität sein. Die 7 ist die Zahl der Wissenschaft und der Analyse; wer an einem 7. geboren ist, wird während seines gesamten Lebens immer nach Gelegenheiten suchen, sein Wissen zu erweitern und aus allen verfügbaren Quellen Informationen zu schöpfen.

Sie sind ruhig und zurückhaltend, meditativ und von feiner Lebensart, möglicherweise introvertiert, und brauchen viel Zeit für sich allein, um über Ereignisse und Aussagen nachzudenken. Sie haben eine starke Intuition, obwohl Ihre Skepsis manchmal etwas überhand nimmt. Hören Sie öfter auf Ihre innere Stimme.

Sie sind ein Einzelgänger und arbeiten am liebsten für sich allein und aus eigener Kraft. Kritik vertragen Sie nicht besonders gut, und möglicherweise stellen Sie irgendwann fest, dass Partnerschaften nichts für Sie sind – es sei denn, Sie hätten die Zügel in der Hand. Wenn das nicht machbar ist, sollten Sie von einer Partnerschaft eher Abstand nehmen. Wie die 4er haben Sie einen Hang zum Starrsinn (doch, doch!) und zu einem defensiven Verhalten – an schlechten Tagen können Sie ausgesprochen egozentrisch sein.

An guten Tagen sind Sie jedoch ein brillanter Berater, der Informationen sorgfältig analysiert, ergänzt und unparteiisch abwägt. Aus diesem Grund wird man Sie oft um Rat bitten. Sie erkennen sofort, wenn jemand lügt und wissen Ehrlichkeit zu schätzen – auch wenn es sich um etwas Unerfreuliches handelt. Sie fühlen sich zum Okkulten und zur Forschung hingezogen und verstehen es, rätselhaften Themen auf den Grund zu gehen – vielleicht sogar als Schriftsteller.

Beruflich könnten Sie als Forscher, Lehrer, Wissenschaftler, Schriftsteller oder Redakteur erfolgreich sein. Auch Architektur und Gartenbau stehen unter dem Einfluss der 7, ebenso Finanzen und Verwaltung. Sie werden es weit bringen und sich Respekt und Ansehen verschaffen.

Ihr Geburtstag fällt auf einen 16.

Auch diese Tageszahl verheißt Perfektionismus. Darüber hinaus haben Sie eine Art sechsten Sinn und sollten Ihren Ahnungen folgen – trotz Ihrer Neigung, alles immer und immer wieder zu analysieren. Wenn Sie Ihren Instinkten folgen, werden Sie herausfinden, dass Sie weit häufiger richtig als falsch liegen. Ihre ersten spontanen Eindrücke von Menschen und Situationen sind meistens verblüffend zutreffend.

Versuchen Sie, nicht über Vergangenes nachzugrübeln, das vielleicht nicht ganz so gut geklappt hat, wie Sie sich das gewünscht hätten: Die Tageszahl 16 bringt häufig negative Erlebnisse mit sich, anhand derer Sie lernen sollten, Ihren Geist und Ihre Fähigkeiten bestmöglich einzusetzen (ein schwacher Trost, ich weiß, aber vergessen Sie nicht, dass man nur durch Veränderung sich geistig weiterentwickelt). Das könnte zu übersteigerter Selbstkritik führen – aber Sie können Geschehenes ja nun einmal nicht rückgängig machen. Machen Sie jeden Tag einen neuen Anfang, und stehen Sie sich nicht selbst im Weg. Sie neigen zur Nervosität, können launisch und reizbar sein und ziehen sich von Zeit zu Zeit in Ihr Schneckenhaus zurück. Sie brauchen Momente der Ruhe, weg von anderen Menschen, am besten auf dem Land oder am Meer.

Sie können zuweilen recht abweisend und distanziert sein und hassen es, wenn andere sich in Ihre Pläne einmischen. Vielleicht führen Sie deshalb ein recht zurückgezogenes Leben, was schade wäre, denn aufgrund Ihrer hervorragenden analytischen Fähigkeiten können Sie anderen sehr gut helfen. Wenn Sie im Einklang mit sich und der Welt sind, haben Sie oft prophetische Träume oder Visionen; Sie wissen dann intuitiv, wie die Dinge für andere ausgehen werden. In Ihren eigenen Angelegenheiten sind Sie meist zu befangen und schaffen keine so treffsicheren Voraussagen.

Beruflich könnten Sie dort erfolgreich sein, wo Spezialisierung und Detailarbeit erforderlich sind, etwa als Schriftsteller, Lehrer, Anwalt, Analytiker oder Forscher.

Ihr Geburtstag fällt auf einen 25.

Von allen 7er-Tageszahlen verheißt diese die größte Intuition. Lernen Sie, auf Ihre innere Stimme zu lauschen. Sie haben eine reiche Gefühlswelt und sind starken Stimmungsschwankungen unterworfen, neigen aber dazu, Ihre wahren Gefühle zu verbergen und scheuen sich, Ihre Bedürfnisse auszudrücken – mit dem Ergebnis, dass Sie häufig missverstanden werden.

Bevor Sie etwas sagen, denken Sie lange und gründlich nach. Sie sind wahrscheinlich ein hervorragender Beobachter. Überschwängliche Gefühlsaufwallungen beeinträchtigen Ihre Gesundheit und Ihre Konzentration – lernen Sie also, sich zu entspannen und Abstand von Ihren Problemen zu finden. Sie streben in allem nach Perfektion; vielleicht stellen Sie deshalb auch so übergroße Ansprüche an sich selbst. Dadurch sind Sie sich selbst gegenüber und denen, die Ihnen am nächsten stehen, unglaublich kritisch. Eine Ihrer Schwächen ist, dass Sie sich selbst zu wenig zutrauen. Wenn Sie erst einmal etwas anpacken, werden Sie über Ihre eigenen Fähigkeiten immer wieder erstaunt sein.

Höchstwahrscheinlich lieben Sie Musik, haben eine schöne Singstimme oder spielen ein Instrument. Konzentrieren Sie Ihre Begabungen, und vermeiden Sie, in Schwermut, Missmut, Trägheit und Launenhaftigkeit zu verfallen. Dies sind die Fallstricke Ihrer Tageszahl, wenn Ihr Leben keinen positiven Grundton hat.

Ein einfaches Leben an einem einfachen, beschaulichen Ort – nur umgeben von Büchern, guter Musik und im Kontakt mit der Natur – kann für Sie genau das Richtige sein.

Sie werden auf jedem Gebiet Erfolg haben, das geistige Herausforderungen stellt und auf dem Sie Ihren Hang zur Perfektion ausleben können – z.B. Kunst, Architektur, Computer, Lehre, Malerei, Holzschnitzerei, Schreiben und Forschung. Aufgrund Ihres feinen Geruchssinns können Sie sich beruflich mit Wein, Parfüm oder Nahrungsmitteln befassen.

Lebenszahl 7

Die Lebenszahl kommt in Ihrem täglichen Denken und Handeln nicht so deutlich zum Ausdruck wie die Tageszahl. Die 7 wird Ihre Erfahrungen, Ihre Verhaltensweisen und Ihre Lebensauffassung erst im Laufe der Jahre prägen und zutage treten lassen.

Sie werden sich im Laufe der Jahre immer mehr die Fähigkeit zum Durchdenken und Analysieren aneignen und zu einem scharfen Beobachter werden, der sich nicht vom ersten Eindruck blenden lässt, sondern tiefere Beweggründe und Motivationen ergründet. Ihr Geist ebenso wie Ihre Geduld und Konzentrationsfähigkeit werden mit der Zeit immer wacher und stärker. Dank dieser Kombination aus Wissen und Intuition werden Sie in selbstständigen Tätigkeiten ebenso erfolgreich sein wie beim Studieren, Schreiben und Forschen.

Sie werden irgendwann erkennen, dass Sie in Ihrem Wesen sehr zurückhaltend sind, was anderen oft rätselhaft erscheint. Sie neigen dazu, Freunde sehr sorgfältig auszuwählen und lassen sich nicht mit allen und jedem ein. Öffentlich zu sprechen liegt Ihnen überhaupt nicht, aber in Ihren vier Wänden sind Sie ein wahrer Quell fesselnder Informationen und ein sehr amüsanter Erzähler. Sie haben eine ruhige magnetische Anziehungskraft, die anderen viel Respekt abnötigt und Ihnen in beruflichen wie in privaten Beziehungen viele Bewunderer verschafft.

Sie brauchen häufig Zeit für sich allein und genießen klösterliche Abgeschiedenheit, in der Sie Ihre geistigen Batterien wieder aufladen können. In Ihrer Lebenszahl schwingen die freie Natur und das Wasser, so dass Sie Aufenthalte fern von den Menschenmassen auf dem Land oder am Meer mit der Zeit immer mehr zu schätzen wissen (vielleicht in Gesellschaft eines anderen, ähnlich gelagerten Menschen). Lesen und Studieren wird zur Stimulierung Ihres rastlosen Geistes immer wichtiger.

Sie wachen eifersüchtig über Ihr Privatleben und verabscheuen es, darüber geradeheraus befragt zu werden. Gleichermaßen reagieren Sie auf dumme oder aufdringliche Fragen oder Bemerkungen mit beißender Ironie. Sie werden mit der Zeit lernen, die Ruhe zu bewahren – und so manche Ihrer schlagfertigen Erwiderungen wird ohnehin ins Leere gehen, weil Sie sich gerne etwas kryptisch ausdrücken.

Da die 7 für Gesundheit und Sauberkeit steht, dürften Sie sich im Laufe der Zeit verstärkt für Kochen und Ernährung interessieren. Sie bevorzugen dabei leichte, unkomplizierte Gerichte, aber gekonnt zubereitet. Auch Ihre Tischdekoration wird immer minimalistischer, ebenso wie Ihr Einrichtungsstil. Sie hassen unnützen Kram und bevorzugen solide gefertigte, klassische Dinge. Das dürfte auch auf Ihre Kleidung zutreffen: einfache Linien, Designerstil, klare Töne, nicht zu viel Farbe. Man bewundert Ihre schlichte Eleganz.

Sie arbeiten am liebsten alleine und können niemanden brauchen, der Sie bei Ihrer geistigen Arbeit vorantreiben will. Sie könnten Erfolg haben als Lehrer, Schriftsteller, Anwalt oder Historiker. Da ein 7er den Dingen gerne auf den Grund geht, könnten Sie die traditionellen Glaubensrichtungen irgendwann hinterfragen, wenn sie Ihnen auf falschen Prämissen zu beruhen scheinen. Ihr Interesse an Gesundheitsthemen könnte Ihnen auch eine Laufbahn auf dem Gebiet der Medizin oder der alternativen Heilmethoden eröffnen; auch von Joga und anderen Formen meditativer Übungen können Sie profitieren. Musik spielt in Ihrem Leben eine wichtige Rolle – ohne sie würden Sie sich nach einer Weile fühlen wie ein Fisch ohne Wasser.

Zu den negativen Seiten Ihres Wesens, mit denen Sie im Laufe Ihres Lebens immer wieder zu kämpfen haben, gehört die unschöne Angewohnheit, allem und allen gegenüber misstrauisch zu sein (obwohl Sie manchmal durchaus Grund dazu haben), und an Lebensgefährten und Kollegen übertrieben hohe Ansprüche zu stellen. Hüten Sie sich auch davor, die Dinge zu Tode zu analysieren und überhaupt nichts mehr in gutem Glauben zu akzeptieren. Versuchen Sie, weniger hirngesteuert zu reagieren.

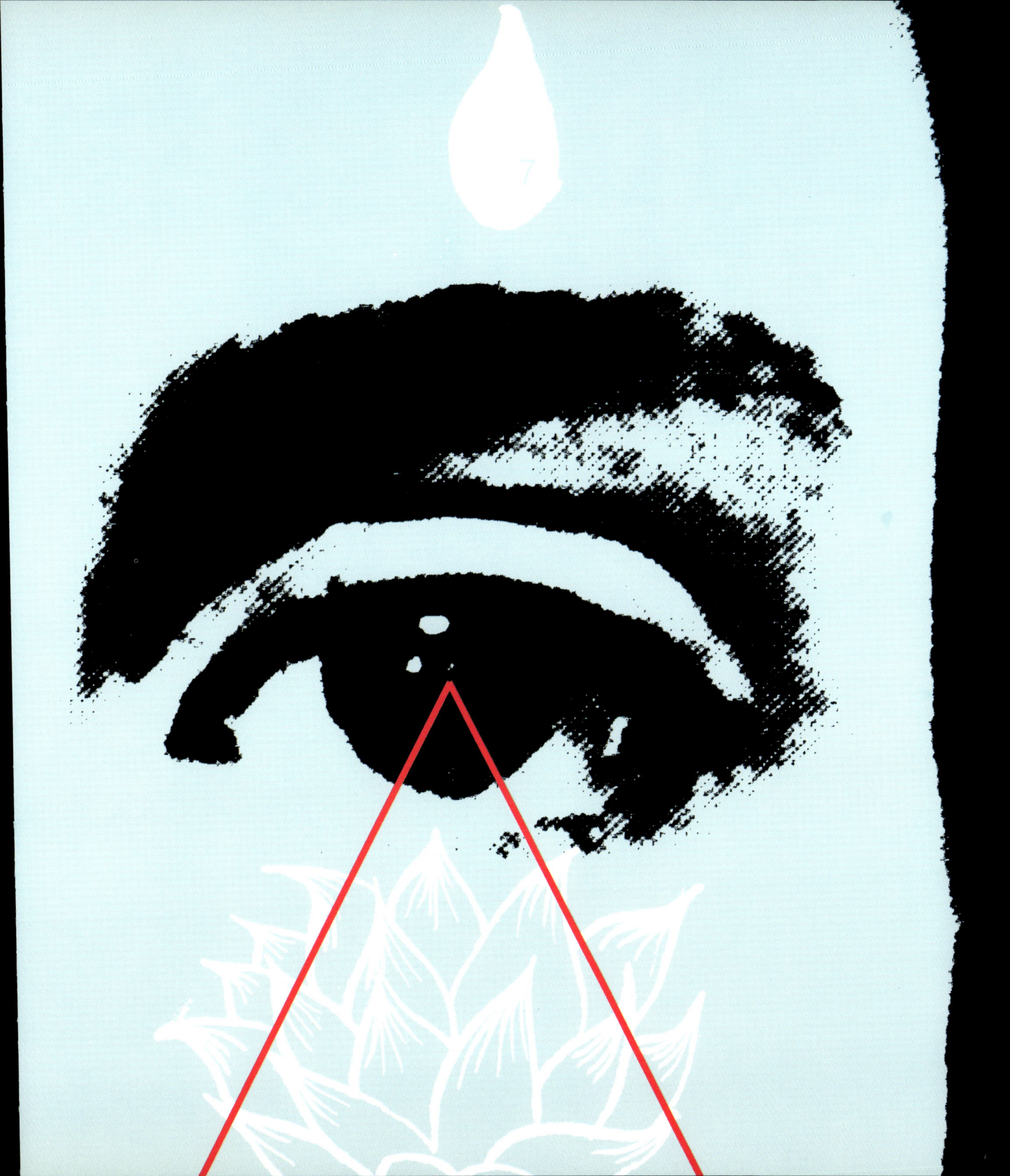

7 als Lebenspartner

Zwischen Ihnen beiden spielt sich ein faszinierendes geistiges Duell ab. Der wunderbar ironische Humor, der klassische Stil und Geschmack Ihres Partners zieht Sie magisch an – womöglich finden Sie es spannend, nicht zu wissen, wo Sie von einem Tag auf den anderen in dieser Beziehung stehen. Ein 7er als Partner ist zweifellos eine Herausforderung.

Er ist ein intelligenter Träumer und Philosoph – jemand, der viel Zeit darauf verbringt, im Geiste die Probleme der Welt zu lösen. Ihr 7er ist nicht materialistisch, aber wenn er Geld ausgibt, dann nur für perfekt gestaltete und angefertigte Dinge. Er besitzt ein beneidenswert gutes Gedächtnis und ist sehr belesen, wahrscheinlich auch musikalisch, und verfügt über ein breites Wissen auf den Gebieten der Kunst und der Wissenschaften. Er kann Ihr Interesse an Themen wecken, von denen Sie vorher keine Ahnung hatten.

Was Sie an Ihrem 7er ebenfalls faszinieren dürfte, ist sein kritisches Urteilsvermögen, und dass er die Spielchen anderer nicht mitmacht: Irgendwie hat ein 7er etwas ungekünstelt Aristokratisches an sich. Er ist auch ein wenig einzelgängerisch, was auch sehr reizvoll sein kann – wird er einem auf seiner einsamen Insel ein Plätzchen einräumen? Es verleiht der Beziehung ein mystisches Element, hat aber natürlich auch seine Nachteile: Wenn Sie emotionale Sicherheit brauchen, sind Sie mit einem 7er schlecht beraten, denn Sie werden sich nie so ganz sicher sein, wie sehr er Sie wirklich liebt, was zu Missverständnissen und Spannungen führen kann. Wenn Ihr 7er sich wieder einmal in seine eigene innere Welt zurückzieht, können Sie sich oft sehr ausgeschlossen fühlen, denn dieses Wesen aus seinem Schneckenhaus herauszulocken ist aussichtslos. Der beste Rat ist hier, nichts auf sich selbst zu beziehen. Sie müssen viel Selbstvertrauen aufbringen, um es mit ihm auszuhalten.

Hat ein 7er sein Herz verloren, wirbt er um den geliebten Menschen wie kein anderer. Dank seiner wunderbaren Beobachtungsgabe hat er rasch erfasst, was Sie mögen und womit er Sie überraschen und erfreuen kann. Führt er Sie aus, dann wird er Sie glänzend unterhalten. Da 7er über ungeheuer viele interessante Dinge zu reden wissen und Sie damit vermutlich nie werden mithalten können, zeigen Sie sich am besten liebenswürdig beeindruckt. Zu einem Rendezvous wird er in makelloser Designerkleidung (oder einer gekonnten Nachahmung) erscheinen, sonnengebräunt und frisch duftend. 7er ziehen ein Treffen unter vier Augen jeder Promiparty vor.

Wenn Sie Ihrem Partner gelegentlich viel Freiraum zum Alleinsein geben, die Laken häufiger wechseln, als Sie jemals für notwendig gehalten hätten und stets eine frische Zahnbürste parat haben, könnte Ihre Beziehung klappen. Hier noch eine Warnung: Wenn Sie versuchen zu verstehen, was diesen hochanalytischen Geist gerade beschäftigt – vergessen Sie's.

7 Kind

7 als Kind

Vielleicht sind Sie etwas besorgt, dass sich dieses Kind viel zu sehr selbst unter Druck setzt, alles perfekt hinzubekommen, aber lassen Sie es einfach seinen eigenen Weg finden. Fast vom ersten Atemzug an scheint ein 7er-Kind über alles tief nachzudenken. Es wird Fakten stets hinterfragen und Beweise dafür verlangen. Es braucht viel Zuneigung, allerdings sollten Sie stets wissen, wann es dafür offen ist, und wann es Zärtlichkeiten als Eindringen in seine Privatsphäre empfindet.

Ihr Kind wird sich mit Musik befassen, ohne dass Sie es dazu antreiben müssen und Französisch mit makellosem Akzent sprechen – alles wird bis zur Perfektion erlernt. Lehrer, Eltern, Freunde werden gerne kritisiert, dieser Wesenszug kann sich zwar beruflich später einmal als nützlich erweisen, macht aber das Zusammenleben manchmal ziemlich anstrengend. Ihr 7er-Kind wird nie zwischen verschiedenen Tätigkeiten oder Hobbys hin und her hüpfen, sondern wohl überlegt etwas auswählen und sich dann voll dahinterklemmen. Ob das nun Malen, Quantenphysik oder Gartenbau ist – unterstützen Sie Ihr Kind dabei nach besten Möglichkeiten.

Von Freunden wird es häufig missverstanden – es kommt offenbar so gut alleine zurecht, dass sich andere überflüssig oder abgewiesen vorkommen. Ein 7er kann seine Zuneigung nur schlecht verbalisieren und hasst es, viel Getue zu machen. In einem humorvollen, aber hartnäckigen Freund oder Bewunderer, der emotional so stark ist, dass er sich von seinem kühlen, eigenbrötlerischen Verhalten nicht abschrecken lässt, würde Ihr 7er seinen Meister finden. Er ist die Personifizierung des Sprichwortes „Stille Wasser sind tief" und seine Intelligenz und seine Willenskraft werden Sie immer mit Stolz erfüllen.

7 Varianten

7 als Vorgesetzter

Ein 7er-Chef arbeitet sehr hart und erwartet dies auch von seinen Mitarbeitern. Er ist selbstkritisch und betrachtet ebenso kritisch alles, was Sie tun. Sie müssen deshalb genügend Selbstvertrauen aufbringen, um zu wissen, dass Ihre Arbeit geschätzt wird, denn Komplimente sind für einen 7er-Vorgesetzten unnötiger Schnickschnack. Da er selbst niemanden braucht, der ihm anerkennend auf die Schulter klopft, vergisst er das auch meist bei seinen Untergebenen. Lernen Sie sein verhaltenes Lächeln richtig zu interpretieren oder, wenn er etwas von sich gibt, zwischen den Zeilen zu lesen. Auf der anderen Seite arbeiten Sie immerhin für jemand, der geistig kultiviert und intelligent ist, Ihnen gerne die Zeit einräumt, die Sie brauchen, um Ihre Aufgaben perfekt zu erledigen und der mit Ihnen zusammenarbeitet, um Bestleistungen zu erbringen. Und wenn er Sie zum Essen einlädt, können Sie sich stets auf eine erlesene Mahlzeit freuen. Ein 7er-Vorgesetzter hält Sie zwar auf Trab, aber er wird stets aufrichtig zu Ihnen sein und Ihnen nicht ständig prüfend über die Schulter schauen, weil er das selbst nicht ertragen könnte – insgesamt eine auf gegenseitigem Vertrauen beruhende Partnerschaft.

7 als Mitarbeiter

Wenn Sie ihn einfach machen lassen, wird er Sie durch seine Leistungen kontinuierlich positiv beeindrucken. Übertragen Sie ihm herausfordernde Aufgaben – er wird sich stets von alleine ans Werk machen. Er ist angenehm im Umgang und sehr ehrlich, Sie können von ihm stets perfekte Arbeit erwarten – und unermüdliche Einsatzbereitschaft, wenn es um knifflige Fachprobleme geht. Er ist immer makellos gekleidet; herablassendes Gebaren liegt ihm fern, das schätzt er auch bei anderen nicht.

7 als Hausnummer

Ein Haus für Kenner: Hier kann man verschwenderisch seine Antiquitäten zur Schau stellen und eine kultivierte Atmosphäre schaffen – am besten mit einer gut bestückten Bibliothek und einem eigenen Musikzimmer. Wenn Ihre Liebsten verreist sind, werden Sie es oft auch allein bewohnen; dieses Haus bietet Ruhe und Meditation. Übrigens, lassen Sie vor dem Kauf zur Sicherheit einen Klempner nachschauen: 7er-Häuser sind berüchtigt für Wasserrohrprobleme.

7 als Buchstaben

Als 7er sollte Ihr Name einen der Buchstaben G, P oder Y enthalten, die alle der 7 zugeordnet sind und viele der Wesensmerkmale dieser Zahl verkörpern. Dies wird es Ihnen ermöglichen, Ihre geistige Kraft und Konzentrationsfähigkeit bestmöglich zu nutzen und Ihren etwas zurückhaltenden Charme zu verstärken. Ist einer dieser Buchstaben der Anfangsbuchstabe Ihres Namens oder tauchen die Buchstaben gleich mehrmals darin auf, werden Sie sich kritisches Denken aneignen sowie das Bedürfnis, erst einmal gründlich nachzudenken, bevor Sie den Mund auftun – aber auch die Unfähigkeit, mit Dummköpfen Geduld zu haben (geschweige denn sie zu tolerieren). Fehlen diese Buchstaben ganz in Ihrem Namen, sind Sie sich Ihrer geistigen Kräfte noch unsicher oder haben stets das Gefühl, nur eine unzulängliche Ausbildung genossen zu haben – egal, wie lange Sie studiert haben.

7 als Haustier

Wenn Sie ein solches Tier für dumme Spielchen begeistern wollen, scheint es sich hochnäsig von Ihnen abzuwenden und sich insgeheim über Sie lustig zu machen – ein aristokratischer Vierbeiner, der eher Sie ausgewählt zu haben scheint als umgekehrt. Auf der anderen Seite gibt es wohl kein Haustier, das Sie bereitwilliger in Ruhe nachdenken oder lesen lässt; wahrscheinlich tut es ein paar Schritte von Ihrem Sessel entfernt ungefähr das Gleiche. Ein solches Tier sollte man nicht allzu überschwänglich herzen und liebkosen – es braucht seinen Freiraum.

Was geschieht in einem 7er-Jahr?

Kommt beim Ausrechnen Ihres persönlichen Jahreszyklus' (Sie erinnern sich – Geburtstag plus Monatszahl plus die derzeitige Jahreszahl) die 7 heraus, dann stehen die 12 Monate zwischen Ihrem Geburtstag in diesem und im nächsten Jahr unter dem Einfluss dieser Zahl.

Dieses wichtige Jahr bedeutet für Sie in gewisser Hinsicht eine Art Auszeit, andererseits müssen Sie ständig auf Ihre enormen persönlichen Reserven zurückgreifen. An Ihre mentalen wie organisatorischen Fähigkeiten werden zahlreiche Ansprüche gestellt. Sie fordern von sich selbst sehr viel und versuchen Tag für Tag herauszufinden, was Sie eigentlich wollen. Qualität und Perfektion bekommen plötzlich eine übergroße Bedeutung. Ein 7er-Jahr ist häufig – aber nicht immer – mit Alleinsein und viel Nachdenken verbunden. Unter Umständen sind Sie auch sehr rastlos und wollen unbedingt etwas tun ... aber was?

Wenn Sie sich dazu entschlossen haben, etwas in Angriff zu nehmen, tauchen auf einmal Situationen auf, die Sie dazu zwingen, dies nochmals zu überdenken. Menschen, auf die Sie sich normalerweise glauben verlassen zu können und die Sie eigentlich für zuverlässig halten, lassen Sie hängen – zwar nur in kleinen Dingen, aber spürbar. An jeder Biegung des von Ihnen eingeschlagenen Weges werden Sie auf die Probe gestellt und müssen Ihren Kurs doppelt und dreifach überprüfen. Das zehrt an Ihren Kräften, und obwohl Sie in diesem Jahr Ihre Ziele erreichen, wird Ihnen wahrlich nichts geschenkt. Sie werden das nur mit harter Arbeit und beharrlicher Ausdauer schaffen.

Versuchen Sie dieses Jahr als eine Zeit zu betrachten, in der Sie Ihre Ziele festlegen, sich den Erfolg am Ende des Weges ausmalen und unbeirrt darauf hinarbeiten. Wenn Sie Ihr Ziel aus dem Auge verlieren, wird Chaos ausbrechen. Womöglich werden Sie in Versuchung kommen, sich mal hierhin, mal dorthin zu orientieren, von Klatsch oder Verleumdungen anderer abgelenkt oder gar von Menschen angegriffen werden, die Ihnen nahe stehen, aber nicht begreifen, was Sie da eigentlich tun.

Versuchen Sie, einen kühlen Kopf zu bewahren. Lassen Sie sich nicht provozieren, und hüten Sie sich vor überstürzten Handlungen und voreiligen Entscheidungen. Das beste Mittel gegen Unruhe und Verwirrung sind Ruhe und Gelassenheit. Möglicherweise müssen Sie in dieser Phase unvorbereitet die Wohnung wechseln, aber versuchen Sie, mit der Situation fertig zu werden, und treffen Sie bei der Auswahl Ihres neuen Heims eine wohl überlegte Entscheidung. Auch eine Reise könnte anstehen, die Sie mit sorgfältiger Vorplanung und ohne Zeitdruck unternehmen sollten.

Häufig spielen jetzt rechtliche Fragen eine Rolle. Diese können geschäftliche Dinge betreffen, wahrscheinlicher aber Investitionen und Immobilien. Ziehen Sie einen versierten Berater hinzu, bis Sie das Gefühl haben, dass alles gut bedacht ist und Sie die Sache zuversichtlich vorantreiben können. Nachdem Sie alle Fakten und Einzelheiten in Betracht gezogen haben, rückt Ihr Ziel in erreichbare Nähe.

Achten Sie auf Ihre Gesundheit, denn die 7 scheint damit im Guten wie im Schlechten verknüpft zu sein: Möglicherweise entscheiden Sie sich zu einem gesunden Fitnesstraining – oder werden von vielen kleinen Unpässlichkeiten heimgesucht. Jetzt ist die richtige Zeit für einen geistigen, spirituellen und körperlichen Hausputz, aber auch für Ruhe und Erholung: Machen Sie Urlaub auf dem Lande, wo Sie in Ruhe nachdenken können. Lassen Sie sich nicht von anderen aus dem Konzept bringen. Vielleicht brauchen Sie viel Geduld, aber wenn Sie unbeirrt Ihrer Intuition folgen, wird sich der Erfolg einstellen. Dieses Jahr ist auch wie geschaffen zum Studieren, Forschen, Schreiben und Lesen – und es ist ideal, um Ihr Leben von allerlei Ballast zu befreien.

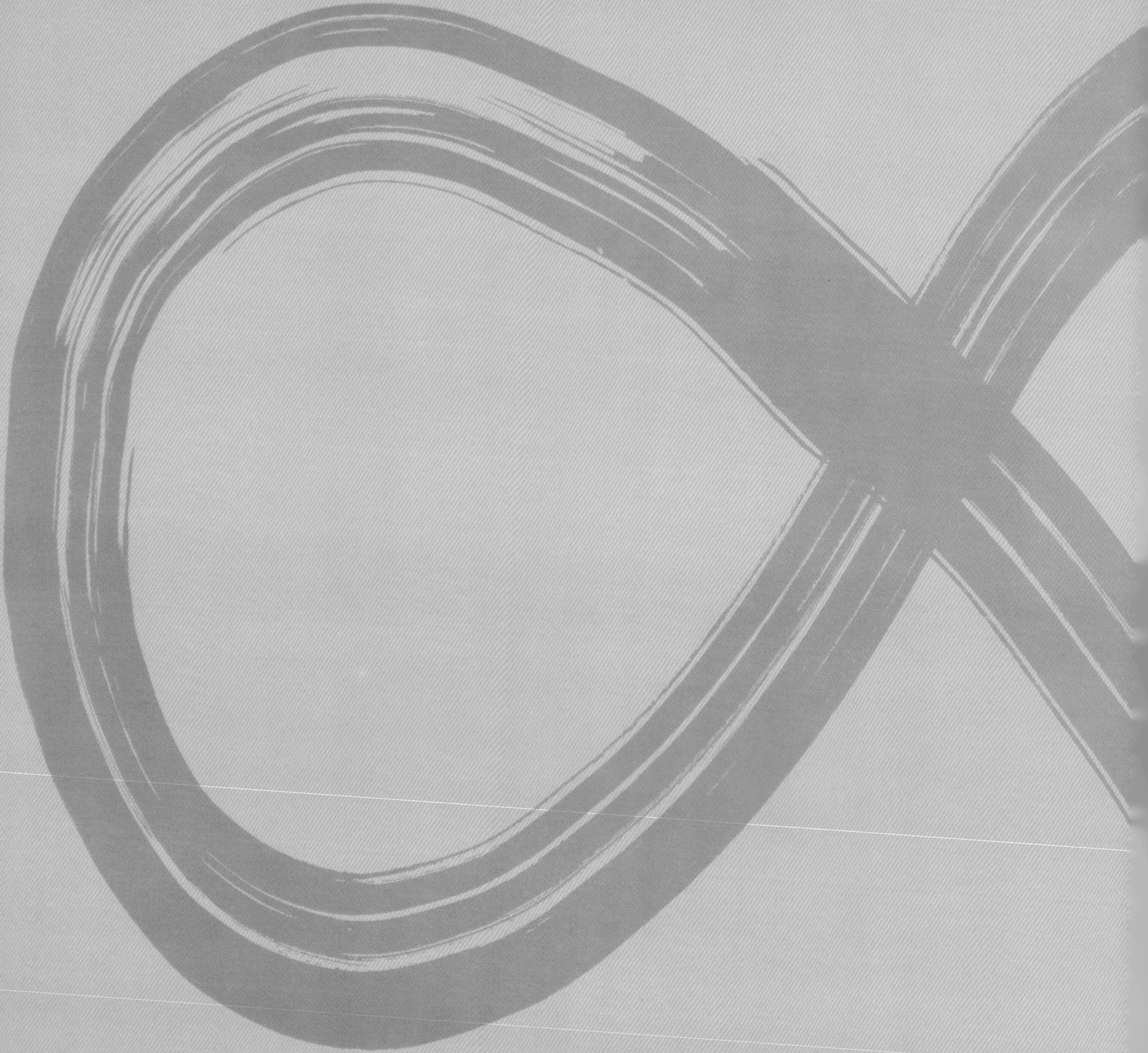

Acht

Die Acht ist eine besondere Zahl: Von der Seite betrachtet verwandelt sie sich in das Symbol für Unendlichkeit; die Zahl selbst steht für Macht. Sie wird mit Religion, Gesetz und Urteil verbunden, wohl aufgrund ihrer Form, die symbolisch an die Waagschale der Justitia erinnert. Die 8 verheisst sowohl die Welt des Geistes und der Philosophie, als auch die Welt der Körperlichkeit und des Materialismus. Manchmal wird sie auch als „Zahl des Geldes" bezeichnet.

8er-Menschen verfügen über grosse innere Stärke, sind brillante Denker und ausnehmend grosszügig – vielleicht nur etwas ungeduldig gegenüber anderen Menschen, die etwas langsamer sind als sie. Wenn Sie mit einem 8er zusammenleben, wird sicherlich nie Geld zum Fenster hinausgeworfen. Eine negative 8 ist prunksüchtig und stellt ihren Wohlstand oberflächlich zur Schau, aber die meisten 8er verfolgen ruhig und souverän ihre Ziele und befassen sich gerne mit komplexen Dingen.

Der 8 sind die Buchstaben H, Q und Z zugeordnet. Typische 8er-Farben sind Gelbbraun, Bronze und Opalweiss; an Düften werden Benzoe (religiöses Denken), Tuberose (Balance) und Zedernholz (Stärke, Würde und Macht) mit dieser Zahl in Verbindung gebracht. Die astrologische Entsprechung ist das Sternbild Skorpion.

Tageszahl 8

Ihre Tageszahl entspricht dem Tag Ihres Geburtstages – Sie sind also eine 8, wenn Sie an einem 8., 17. oder 26. geboren sind. Diese Zahl beeinflusst am offenkundigsten Ihre persönlichen Wesensmerkmale und Reaktionen im Alltag.

Gilt für alle 8er-Geburtstage

Als 8er sind Sie ein hochgesinnter Mensch, der persönliche Macht ausstrahlt. Sie fühlen sich zu den großen Mysterien des Lebens hingezogen – in Ihrem Wesen ist etwas von einem Hamlet, und die Frage „Sein oder Nichtsein" begleitet Sie Ihr ganzes Leben. Bei Problemen sehen Sie stets beide Seiten – versinnbildlicht in den beiden Kreisen, aus denen sich Ihre Zahl zusammensetzt. Sie verkörpern sowohl maskuline als auch feminine Eigenschaften, können mal passiv, mal aktiv, mal großzügig und mal geizig sein. Die Stärken Ihrer Persönlichkeit kommen am besten zum Ausdruck, wenn sich Ihre Talente im Gleichgewicht befinden.

Sie haben eine angeborene Autorität, so dass andere Sie als Leitfigur anerkennen. Ihre Fähigkeit, Situationen stets unparteiisch zu beurteilen, macht Sie zu einem hervorragenden Vermittler, und dank Ihrer Intelligenz finden Sie auch in den schwierigsten Situationen immer einen Ausweg. Sie können die Dinge ohne Vorurteile betrachten und üben sich in weiser Selbstbeherrschung. Obwohl Sie sehr ehrgeizig sind, neigen Sie nicht zu falscher Kameraderie, so dass Ihnen stets Respekt gezollt wird. Sie erwarten von anderen eine ebenso noble Gesinnung. Versuchen Sie, eine Balance zu finden zwischen Ihrem Bedürfnis, Macht zu erlangen und Dinge zu vollbringen und Ihrem inneren Gefühl moralischer Verpflichtung. Manchmal fühlen Sie sich in diesem Zusammenhang wie hin und her gerissen, wollen Sie doch beiden Seiten gerecht werden.

Geld spielt bei 8ern eine gewichtige Rolle, das Erleben aller Aspekte finanzieller Verantwortung und Macht ist Teil Ihres Schicksals. Sie können viel Reichtum erlangen, aber nur durch eigene Anstrengung. Das Schicksal hält entweder ständige Geldsorgen oder enormen Wohlstand für Sie bereit – dabei liegt es in Ihrer Hand, den Kurs zu ändern. Allem, was Sie tun, müssen Sie Ihre ungeteilte Kraft und Anstrengung widmen. Sie verfügen über herausragende Qualitäten und wissen, dass Sie Ihre Fähigkeiten selbstlos einsetzen müssen. Damit haben Sie eine schwere Bürde zu tragen, und Sie werden von Zeit zu Zeit auf die Probe gestellt werden. Vielleicht erlangen Sie ein großes Vermögen und verlieren es von einem Tag zum anderen – aber Sie werden dann nicht aufgeben. Möglicherweise müssen Sie für Ihren Partner oder ein Elternteil finanziell die Verantwortung übernehmen.

Sie lieben Musik, mehr vielleicht als jede andere Zahl. Da die 8 der Oktave entspricht, schätzen Sie eher harmonische, ausgleichende Töne. Oft haben Sie keine Gelegenheit, Ihr musikalisches Talent zu trainieren (das Familienleben einer 8 ist solchen Bestrebungen nicht immer förderlich), sollten dies aber später im Leben möglichst nachholen. Das Musizieren gibt Ihnen Gelegenheit, der quasi-religiösen Seite Ihres Wesens Ausdruck zu verleihen. Auch im Sport könnten Sie höchst erfolgreich sein; es ist möglicherweise der einzige Bereich, in dem Sie körperlich aktiv sind – sonst hat stets Ihr Kopf die Oberhand.

In Liebesdingen sind Sie großzügig, treu und ehrlich, haben aber unter Umständen einen Hang zur ungesunden Selbstbezichtigung, der von übertriebener Selbstanalyse herrührt – und Sie neigen dazu, Ihren Partner zu vernachlässigen, wenn der Arbeitsstress überhand nimmt (was häufig der Fall sein wird). Ihre Liebe ist sehr wahrhaftig – also achten Sie auch darauf, diese tiefe Verbindung von Geist und Seele zu erhalten. Dies auch insbesondere deswegen, weil die Liebe die sonst allzu streng geschäftliche und intellektuelle Seite ihres Wesens abmildern kann.

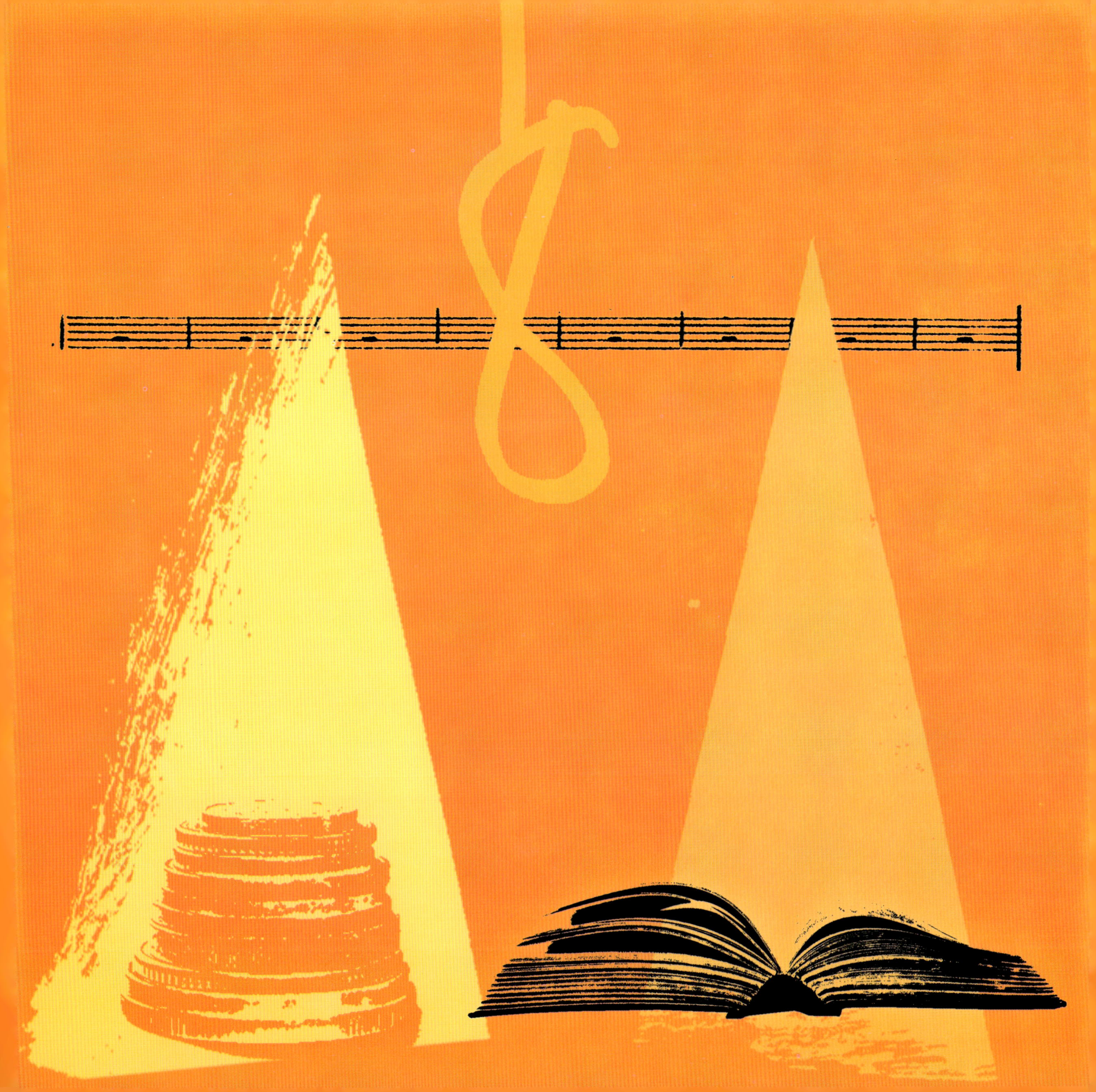

8 Tageszahl: Addieren Sie die Zahlen Ihres Geburtstags

Ihr Geburtstag fällt auf einen 8.
In dieser Tageszahl kommt der Geldaspekt in seiner reinsten Form zum Tragen. Sie sind fortschrittlich und kreativ und werden geschäftlich sehr erfolgreich sein, wenn Sie eine Ihren Begabungen entsprechende Betätigung finden. Sie besitzen gute Führungseigenschaften, ein gesundes Urteilsvermögen und wollen etwas Produktives leisten.

Dieser Geburtstag gilt als der am meisten vom Glück bedachte von allen 8er-Geburtstagen, aber um dieses Potenzial voll auszuschöpfen, müssen Sie jede Gelegenheit gut nutzen, sonst könnten Sie finanziell in Schwierigkeiten geraten. Das können Sie vermeiden, indem Sie ein positives Leben führen und darauf achten, nur dann Ihre Reserven anzugreifen, wenn es unumgänglich ist.

Sie möchten stets einen guten Eindruck auf andere machen und stellen sich gerne ein wenig zur Schau. Vermutlich haben Sie eine eindrucksvolle Sammlung von Büchern, die Sie aber nicht unbedingt alle lesen. Die Dinge, die Sie besitzen, sind von der höchsten Qualität, die Sie sich leisten können. Ihr Geist ist zu großer gedanklicher Tiefe fähig; womöglich fühlen Sie sich auch von den okkulten Seiten des Lebens angezogen und haben ein ausgewogenes Verständnis für die unterschiedlichsten religiösen Ansichten.

Beruflich könnten Sie erfolgreich sein als Anwalt oder Geschäftsführer eines Unternehmens, leitender Bilanzbuchhalter – oder Orchestermusiker: Viele Komponisten haben an einem 8. Geburtstag. Auch die Bereiche Einkauf, Bankwesen oder Personal kämen für Sie in Frage.

Ihr Geburtstag fällt auf einen 17.

Auch der 17. gilt als ein glückhafter Geburtstag, obwohl Sie im Laufe Ihres Lebens immer wieder in Situationen geraten, in denen es auf Ihre Fähigkeit ankommt, gute Miene zum bösen Spiel zu machen. Sie können in einer Minute großherzig und überraschend konservativ, in der nächsten extravagant und originell sein. Im Grunde Ihres Herzens – und außerhalb Ihres beruflichen Umfeldes – sind Sie aufrichtig und entgegenkommend, können aber in geschäftlichen Dingen sehr rücksichtslos sein.

Spirituell sind Sie eher weniger veranlagt, weil Sie immer handfeste Beweise fordern. Die 8 ist jedoch eine karmische Zahl und herrscht somit über das Okkulte: Sollten Sie also doch diesem Bereich zugeneigt sein, haben Sie ein inneres Verständnis für mystische und philosophische Dinge.

Sie schätzen Musik und kümmern sich mit viel Hingabe um das Wohl Ihrer Familie. Sie sind stolz auf die Fähigkeiten und Leistungen Ihrer Liebsten und vergessen so gut wie nie die Geburtstage nahe stehender Freunde oder Familienangehöriger. Ihre Gefühle können Sie zuweilen ins Schwanken bringen, aber alles in allem sind Sie in Ihren Gewohnheiten festgefahren. Sobald Sie sich für einen Weg entschieden haben, sind Sie nur schwer davon abzubringen.

Einige Ihrer „Zahlengenossen" sind sehr erfolgreich im Bank- und Immobilienwesen tätig. Sollten Sie sich für die Schriftstellerei entscheiden, wären Sachbücher eher auf Ihrer Linie als Romane. Eine 8 muss sich intensiv mit einem Thema befassen können. Alle 8er hegen ein starkes Interesse an Geschichte. Beruflich käme für Sie daher eine Tätigkeit in Frage, die mit Forschung oder (konstruktiver) Kritik zu tun hat oder bei der Sie anderen als Leitfigur dienen können. Auch als Schauspieler, Theaterproduzent, Verleger oder Börsenmakler könnten Sie Erfolg haben, ebenso in Astrologie, Numerologie und Parapsychologie. Mit hoher Wahrscheinlichkeit werden Sie es zu einer verantwortlichen Führungsposition bringen, und wenn Sie Geben und Nehmen ausgewogen verteilen, dürften Sie Ihren Nachkommen finanzielle Sicherheiten hinterlassen.

Ihr Geburtstag fällt auf einen 26.

Dieser Geburtstag ist mit finanziellem Erfolg und glückhaftem Gelingen verbunden. Obwohl Sie eine künstlerische Ader haben, dürften Sie auf rein geschäftlichem Gebiet weitaus mehr erreichen. Sie sind ein ausgezeichneter Organisator und brauchen ein breites Betätigungsfeld, um dieses Talent zur Entfaltung zu bringen. Falls Sie nicht der Faulheit oder negativen Einflüssen anheim fallen, brauchen Sie niemals Not zu leiden, denn wie bei allen 8ern liegt Ihr Glück in Gelddingen in Ihrer eigenen Hand.

Sie beginnen Projekte oft, ohne sie dann selbst zu Ende zu führen und sollten lernen, Ihre Energien besser zu bündeln. Wie alle 8er neigen Sie dazu, etwas zu sehr in der Vergangenheit zu leben, ja, sich sogar gegen den Fortschritt aufzulehnen – für Sie könnte das in besonderem Maße zutreffen. Entwickeln Sie mehr Optimismus, und sehen Sie der Zukunft mit mehr Tatendrang entgegen.

Sie lieben Zeremonien und große Veranstaltungen und können von einer umfassenden Bildung profitieren – ob durch Bücher, Reisen oder das Leben in fremden Ländern. In Ihrem Herzen sind Sie ein Philosoph mit einem hehren Geist und für noble Zwecke tätig. Ihr Heim und Ihre Familie werden Ihnen immer sehr nahe stehen. Sie können starken Stimmungsschwankungen unterliegen und dabei gefühlsmäßige Höhen und Tiefen durchleben. Der festigende Einfluss einer Ehe oder einer festen Partnerschaft könnte hier einen Ausgleich schaffen.

Beruflich streben Sie eine Führungsposition und ein breites Betätigungsfeld an – und Sie brauchen jemanden, an den Sie untergeordnete Aufgaben delegieren können. Sie können am erfolgreichsten sein als Anwalt, Verleger, Lehrer, Finanzberater, Musiker oder in einem Unternehmen – etwa als Konferenz-Organisator oder ähnliches. Da Sie von Natur aus eher Vorgesetzter als Angestellter sind, werden Sie in jedem Fall selbstständig oder in einer Partnerschaft arbeiten.

Lebenszahl 8

Sie errechnen Ihre Lebenszahl, indem Sie aus der Summe aller Ziffern Ihres Geburtsdatums so lange die Quersumme bilden, bis nur noch eine einzige Zahl übrig bleibt (mit Ausnahme der Meisterzahl 44, siehe Seite 141). Lesen Sie trotzdem hier weiter, denn die 44 hat viele Wesensmerkmale mit der 8 gemein.

Sie wollen alles über Rang und Macht in der materiellen Welt lernen – und haben erfahren, dass man sich mit Geld kein erfülltes Leben kaufen kann. Ihre Herausforderung ist es, die richtige Balance zwischen materiellem Streben und philosophischem Hinterfragen zu finden.

Ihre Erfahrungen verhelfen Ihnen schon zu relativ viel Reife in frühen Jahren, was das Menschsein und Dinge wie Organisation und mentale Disziplin anbelangt. Im Verlaufe vieler früherer Leben und in der Kindheit Ihres jetzigen Lebens haben Sie gelernt, Menschen in ihrer geheimsten Seele zu erfassen und jede gegebene Situationen zu ergründen. Das verschafft Ihnen ein erstaunliches Urteilsvermögen und einen untrüglichen Instinkt für Gerechtigkeit.

Die beiden Kreise, aus denen sich Ihre Lebenszahl zusammensetzt, führt Sie schließlich zu einem Verständnis der Dualität, der die Menschen unterworfen sind: männlich/weiblich, stark/schwach, fordernd/gebend, Freude/Leid. Diese Gegensätzlichkeit wohnt auch Ihrem Wesen inne, so dass Sie sich bei jeder Auseinandersetzung stets beider Seiten gleichermaßen bewusst sind.

Sie können andere führen, und dank Ihrer Tatkraft werden Dinge in einer Gruppe zustande gebracht. Ihnen werden schwere Bürden auferlegt, aber Sie erhalten Unterstützung von oben. Es ist wichtig, dass Sie nach Hilfe Ausschau halten und sie auch annehmen. Oft müssen viele Jahre vergehen, ehe Sie Ihre wahren Stärken erkennen. Es braucht seine Zeit, um in die mentale Kraft, mit der diese Zahl verbunden ist, hineinzuwachsen.

Sobald Sie erkennen, dass Ihnen Ihre außergewöhnlichen geschäftlichen und intellektuellen Talente zu materiellem Gewinn verhelfen können, sind Sie auf dem richtigen Weg, um den Einfluss und die Anerkennung zu erlangen, die Sie verdienen. Auf dem Weg dorthin werden Ihnen noch viele Prüfungen auferlegt werden, bis Sie den Wirkungsbereich gefunden haben, in dem Sie Ihre Talente voll entfalten können. Um dies zu erlangen, müssen Sie immer wieder neue Anstrengungen unternehmen, aber Sie verfügen von Geburt an über bemerkenswerte Kraftreserven, mit denen Sie allerdings lernen müssen umzugehen.

Sie sind geistigen Belastungen ausgesetzt – ebenso wie der einen oder anderen frustrierenden Phase, in der Sie sich bewähren müssen. Aber keine Sorge, Sie besitzen das nötige Rüstzeug, alles zu überstehen. Seien Sie mutig – Sie können ins tiefste Wasser springen und werden nicht untergehen. Oft werden Sie gebeten, die Bruchstücke der unerreichten Träume anderer Menschen aufzuklauben und zu einem stimmigen Ganzen zu verschmelzen. Sie genießen die Spannung, die mit der Realisierung eines schwierigen Projektes einher geht. Ihre Unparteilichkeit anderen gegenüber erzeugt Harmonie, die der Verwirklichung Ihrer Projekte förderlich ist.

Im Laufe der Jahre werden Sie in Ihrer Familie als weiser Salomon gelten. Schmerzliche Erfahrungen haben Sie nun gelehrt, dass materieller Gewinn im Leben nicht alles ist – dank der rationalen „männlichen" und der gefühlsmäßigen „weiblichen" Seite in Ihnen können Sie diese Erkenntnis erfolgreich weitergeben. Sie entwickeln anderen Menschen gegenüber eine hochherzige noble Gesinnung. Ihre Liebesbeziehungen werden unter Ihrem beruflichen Stress manchmal leiden, aber Sie werden schließlich lernen, Ihre Arbeit und Ihr Familienleben in Einklang zu bringen. Sie werden im Laufe der Jahre mehrfach gezwungen sein, Ihre Angelegenheiten selbst in den Griff zu bekommen – einem 8er wird wahrhaftig nichts geschenkt.

v

8 als Lebenspartner

Über das Liebesleben eines 8ers kursieren zwei Ansichten: Nach der einen lässt sich ein 8er bei der Wahl seines Partners mehr von einem Sicherheitsbedürfnis als von wahrer Liebe leiten und sucht in erster Linie jemand, mit dem er eine Familie und ein festes Heim gründen kann. Ich vertrete jedoch die andere Auffassung, nach der ein 8er ein tiefgründiger Denker ist, der den Ausgleich zwischen körperlicher Liebe und intellektuellen Anspruch braucht. In diesem Sinne passen Sie am ehesten zu einem 8er, wenn es Ihnen nicht in erster Linie auf Sex ankommt. Ihr Liebespartner möchte tief in Ihre Seele schauen und mit Ihnen intelligente Gespräche führen. Er möchte an Sie glauben können als jemand, für den es sich bis ans Ende der Tage zu kämpfen lohnt.

Ihr 8er-Partner hat einige Schicksalsschläge hinter sich, obwohl es nach außen hin so scheinen mag, als würde ihm der Erfolg nur so zufliegen. Er sieht in einer Beziehung weitaus mehr als ein kurzweiliges Bettvergnügen: Für ihn erfordert das Leben Beharrlichkeit und eine Liebesbeziehung viel Durchhaltevermögen.

War es gerade diese Tiefe und die philosophische Veranlagung ihres 8er-Partners, die Sie angezogen haben, dann wissen Sie besser als jeder andere, was für eine edle und großzügige Seele er ist. Er wird sich stets sorgfältig überlegen, wie sich Ihre Wünsche und Vorhaben am besten verwirklichen lassen. Sie lieben seine dynamische Persönlichkeit und empfinden ihn als einen der ethisch hoch stehendsten und unparteiischsten Menschen, dem Sie je begegnet sind.

8er-Menschen besitzen eine enorme Ausdauer und ein tiefes Verständnis für die körperlichen Bedürfnisse des Lebens – aufgrund ihrer astrologischen Verwandschaft mit dem Skorpion ist die 8 auch die Zahl der Sinnlichkeit.

Ein 8er weiß, dass man nach seinem äußeren Erscheinungsbild beurteilt wird und wird niemals etwas Billiges tragen. Manchmal behängt er sich vielleicht mit zu viel Schmuck oder legt Wert auf Designermodelle, um sich dadurch mehr Geltung zu verschaffen. In der Regel ist ein 8er aber innerlich gefestigt genug und hat das nicht nötig.

Zum Geburtstag würde Ihrem 8er zum Beispiel ein hochwertiges Kristallglas von Lalique sehr viel mehr Freude machen als ein halbes Dutzend modische Gläser aus einer Boutique. 8er wissen Qualität weitaus mehr zu schätzen als Quantität – das gilt im übertragenen Sinne auch für die Wahl ihrer Liebespartner.

Seien Sie zärtlich und liebevoll zu Ihrem 8er – und heiter und unkompliziert, wenn er wieder einmal mit beruflichem Stress zu kämpfen hat. Er möchte eben immer alles richtig machen, und wenn er Sie gelegentlich vernachlässigt, dann geschieht dieser Fehler nur, weil er im Grunde an das große Ganze denkt – seien Sie nachsichtig.

8 Kind

8 als Kind

Schon als Kind verhält sich ein 8er wie ein salomonischer Richter – nicht selten werden Familienzwistigkeiten beigelegt durch das gescheite Eingreifen eines 7-jährigen „Schiedsrichters". Zwingen Sie Ihr Kind niemals, Partei zu ergreifen, denn das würde ihm enorm zu schaffen machen, vermag es doch die Beweggründe beider zu verstehen. Diese Fähigkeit ermöglicht es Ihrem 8er-Kind auch, Freunde ganz unterschiedlicher Wesensart zusammenzuhalten, die sich sonst nie zu seiner Gruppe zusammenfänden.

Ihr 8er-Kind verfügt über eine beachtliche Intelligenz und braucht schon in frühen Jahren viel geistige Herausforderung. Da ein 8er-Kind von Natur aus ein gutes Rhythmusgefühl hat, sollten Sie es auch bald an die Musik heranführen. Vermutlich tut sich Ihr Sprössling auch im Sport hervor – gönnen Sie ihm die Zeit auf dem Spielfeld, es wird seiner Karriere später keinen Abbruch tun, auch wenn Sie ihn vielleicht lieber über den Büchern sähen. Und wer weiß, vielleicht verhilft ihm seine bemerkenswerte Selbstdisziplin zu einer lukrativen Sportlerkarriere. Ein 8er wird nie Not leiden, weil er immer Wege und Möglichkeiten findet, seinen Lebensunterhalt zu verdienen.

Fördern Sie die angeborene Großzügigkeit Ihres Kindes – wenn Sie ein Geschenk annehmen, ohne große Freude zu zeigen („Kind, du hättest doch für mich nicht so viel ausgeben dürfen ..."), könnte das seiner noblen Großmut einen Knacks versetzen, was schade wäre. Ausgemachte Verschwendungssucht sollte man natürlich etwas zügeln, aber reagieren Sie auf das großzügige Wesen Ihres Kindes immer positiv – eines Tages wird es sich all das leisten können.

Fördern Sie auch sein Interesse am Lesen: Ein 8er liebt es, seinen Geist zu beschäftigen und findet Freude an Büchern, die andere als viel zu ernsthaft oder „kopflastig" empfinden würden. Geeignete Themen wären Geschichte, Literatur und Finanzwesen. Zu den hervorstechendsten Merkmalen eines 8er-Kindes gehören Charakterstärke, erstaunliche Intelligenz und materielle Großzügigkeit.

8 Varianten

8 als Vorgesetzter

Wenn Sie für einen 8er tätig sind, befinden Sie sich beruflich bereits auf der Überholspur, denn er wird nur jemand als Mitarbeiter einstellen, den er für fähig und intelligent hält. Von einem 8er-Chef können Sie eine Menge lernen: Er besitzt einen scharfen Verstand und eine unglaubliche Selbstdisziplin. Natürlich geht er davon aus, dass auch Sie sich den Ihnen anvertrauten Aufgaben 110-prozentig widmen. Dafür zeigt sich ein 8er-Boss vermutlich als großzügiger Gastgeber bei einem Arbeitslunch, zollt Ihnen für Ihre Leistungen mehr Anerkennung als so manche andere Zahl und wird Sie auf die eine oder andere Weise stets am Gewinn teilhaben lassen.

8 als Mitarbeiter

Hier haben Sie es mit jemandem zu tun, der nur darauf wartet, sich emporzuschwingen: Irgendwann landen alle 8er an der Spitze, aber da sie auch wissen, dass sie sich vorher das nötige Rüstzeug dafür aneignen müssen, werden sie nach Kräften darauf hinarbeiten, dass ihre Lernkurve nach oben steigt. Ihr 8er-Mitarbeiter zeichnet sich vor allem durch seine geistige Beweglichkeit und seinen zähen Charakter aus: Muss nach tagelanger Arbeit an einem Projekt alles noch einmal von vorn begonnen werden, wird Ihr 8er sich ohne Murren und unbeirrt erneut ans Werk machen. Ein 8er gibt niemals auf. Verhalten Sie sich ihm gegenüber niemals wie ein Gönner – das hat ein 8er nicht nötig, er ist bereits auf dem Weg aus eigener Kraft.

8 als Buchstaben

Die der 8 zugeordneten so genannten „Geldbuchstaben" sind H, Q und Z. Beginnt Ihr Vorname mit einem dieser Buchstaben oder befinden sich in Ihrem Namen mehrere davon, dürften bei Ihnen etliche 8er-Merkmale hervortreten: Geschäftssinn, ein Händchen für Geldangelegenheiten und ein klarer Verstand. Das H zieht Geld und Erfolg an, und das Q steht für eine künstlerische Ader und das Interesse an okkulten und anderen rätselhaften Dingen. Das Z steht am stärksten für das Geistige und Philosophische, aber das damit verbundene Schicksal muss sich manchmal arg durchs Leben winden. Sollten Sie als 8er keine der oben genannten Buchstaben in Ihrem Namen führen, könnten Sie es in Ihrem Leben finanziell schwer haben oder sind vielleicht unfähig, Erarbeitetes zusammenzuhalten.

8 als Hausnummer

Ein wundervolles Investitionsobjekt – dieses Anwesen ist mehr als gewinnträchtig. Selbst wenn es Ihnen nur seine großzügigen Proportionen, seine Stattlichkeit oder seine Ausstattung angetan haben, die einen komfortablen (oder gar luxuriösen) Lebensstil und viel Sicherheit verheißen, werden Sie feststellen, dass Sie mit einem 8er-Haus finanziell nie Einbußen erleiden. Selbst als kleines Häuschen auf dem Lande hat es die Atmosphäre eines Herrensitzes. Es ist ausgesprochen solide gebaut – ein Ort, an dem Sie wieder Kräfte sammeln können, wenn Ihnen das Leben hart mitgespielt hat. Ein solches Haus verleiht Ihnen eine gewisse Autorität.

8 als Haustier

Ein wahrhaft anspruchsvolles Tier: Eine Katze, die lieber auf einem Samtkissen sitzt als auf einer simplen Matte, oder ein Hund, der lieber vor einem viktorianischen Kamin döst als vor dem Holzofen. Ihr vierbeiniger Freund liebt das gute Leben und scheint Ihnen in Gedanken irgendwie immer einen Schritt voraus zu sein. Wenn er träumt, befasst sich sein Gehirn vermutlich mit den Problemen seines Tierlebens – 8er-Tiere sind tiefgründige Denker. Wenn Sie in einer schwierigen Situation seelische Unterstützung brauchen, dann wird das Ihr 8er-Freund genau spüren und Ihnen Pfote oder Huf zum Trost reichen. Ein Tier von wahrhaft nobler Gesinnung.

Was geschieht in einem 8er-Jahr?

Dieser Zyklus, dessen Tendenzen sich mit Ihrem Geburtsdatum und der jetzigen Jahreszahl errechnen lässt, wird die 12 Monate zwischen Ihrem Geburtstag in diesem Jahr und Ihrem Geburtstag im folgenden Jahr beeinflussen.

Alle 8er-Zyklen sind karmischer Natur, aber für die 8er, die am 26. Geburtstag haben, gilt das ganz besonders: In diesem Jahr werden Sie belohnt werden für all die guten Dinge, die Sie in der Vergangenheit getan haben. Dieses Jahr ist voller guter Neuigkeiten und Liebe – Sie freuen sich auf den Briefträger und das blinkende Licht an Ihrem Anrufbeantworter. Fast alles, was Sie unter dieser Jahresschwingung erleben, ist von Freude geprägt – es sei denn, Sie waren in den vergangenen Zyklen ein rechter Geizkragen, der es nicht für nötig hielt, seinen Freunden etwas von seiner Zeit oder Energie zu schenken.

Einer der wohl erfreulichsten Aspekte dieses Zyklus ist die Möglichkeit, einem Seelenverwandten zu begegnen. Wenn Sie alleinstehend sind, dann besteht jetzt die günstigste Chance dazu. Da ein 8er-Zyklus aber immer auch mit Geld verknüpft ist, werden Sie ausgerechnet jetzt mit ungeheuer viel Arbeit überschüttet, was Ihnen nicht gerade als ein günstiger Zeitpunkt zum Knüpfen zarter Liebesbande erscheinen mag. Vielleicht geschieht es aber auch gerade deswegen – Sie wissen ja, wenn man etwas erwartet, passiert es meistens erst recht nicht. Wenn Ihre Aufmerksamkeit auf ganz andere Dinge gerichtet ist, kann dies für jemanden gerade der Grund sein, Ihnen seine Bewunderung zuteil werden zu lassen. In jedem Fall stehen die Zeichen dieser Liebesschwingung auf eine zukünftige Heirat (sollten Sie nicht auf eine Ehe abzielen, besteht zumindest die Aussicht auf eine langjährige Liebesbeziehung). In jedem Fall wird der Mensch, der jetzt in Ihr Leben tritt, in Zukunft für Sie eine wichtige Rolle spielen.

Diese Zahl ist auch mit Schwangerschaft verbunden, und in diesem Fall werden zwischen dem Kind und seinen Eltern ganz besondere, von Reinkarnation geprägte Bande bestehen. Möglicherweise verspüren Sie in dieser Periode auch das starke Bedürfnis, sich intensiv mit einem Thema zu befassen, das Ihnen irgendwie vertraut erscheint, obwohl Sie niemals zuvor damit in Berührung gekommen sind – eine Fremdsprache, etwa, die Ihnen buchstäblich zufliegt, oder eine künstlerische Tätigkeit, zu der Sie sich schon immer hingezogen fühlten, aber die Sie erst jetzt richtig anpacken, oder vielleicht auch ein Wissensgebiet, das beruflich relevant werden könnte (Geschichte, Musik, Heilen etc.). All dies könnte darauf hindeuten, dass Sie etwas in einem früheren Leben Begonnenes nun wieder aufgreifen. Ihr Geist ist enorm aufnahmefähig, und Ihre Lebensphilosophie wird sich erheblich weiterentwickeln.

Wenn Sie unter diesem Einfluss Ihr Urteilsvermögen richtig einsetzen, dürften Ihre Geschäfte und Ihre Finanzen florieren. Gehen Sie jedoch geplante Investitionen in allen Einzelheiten durch, und prüfen Sie potenzielle Partner auf Herz und Nieren. Niemand wird es Ihnen verübeln, wenn Sie besondere Vorsicht walten lassen – in dieser Periode könnten sich negative Auswirkungen (siehe oben unter „Geizkragen"!) als schlimme Neuigkeiten, unehrliche Liebhaber und betrügerische Partner manifestieren. Verträge sollten vermieden werden, und Entscheidungen zu treffen dürfte sich als schwierig erweisen.

Charakterlich gefestigten, optimistischen Menschen verheißt dieser insgesamt positive Zyklus aber eigentlich nur Gutes: Wunderbare Freundschaften, vertrauenswürdige Geschäftspartner und angenehme gesellschaftliche Ereignisse herrschen vor, und am Ende werden Sie sich wundern, wie rasch dieses Jahr verflogen ist!

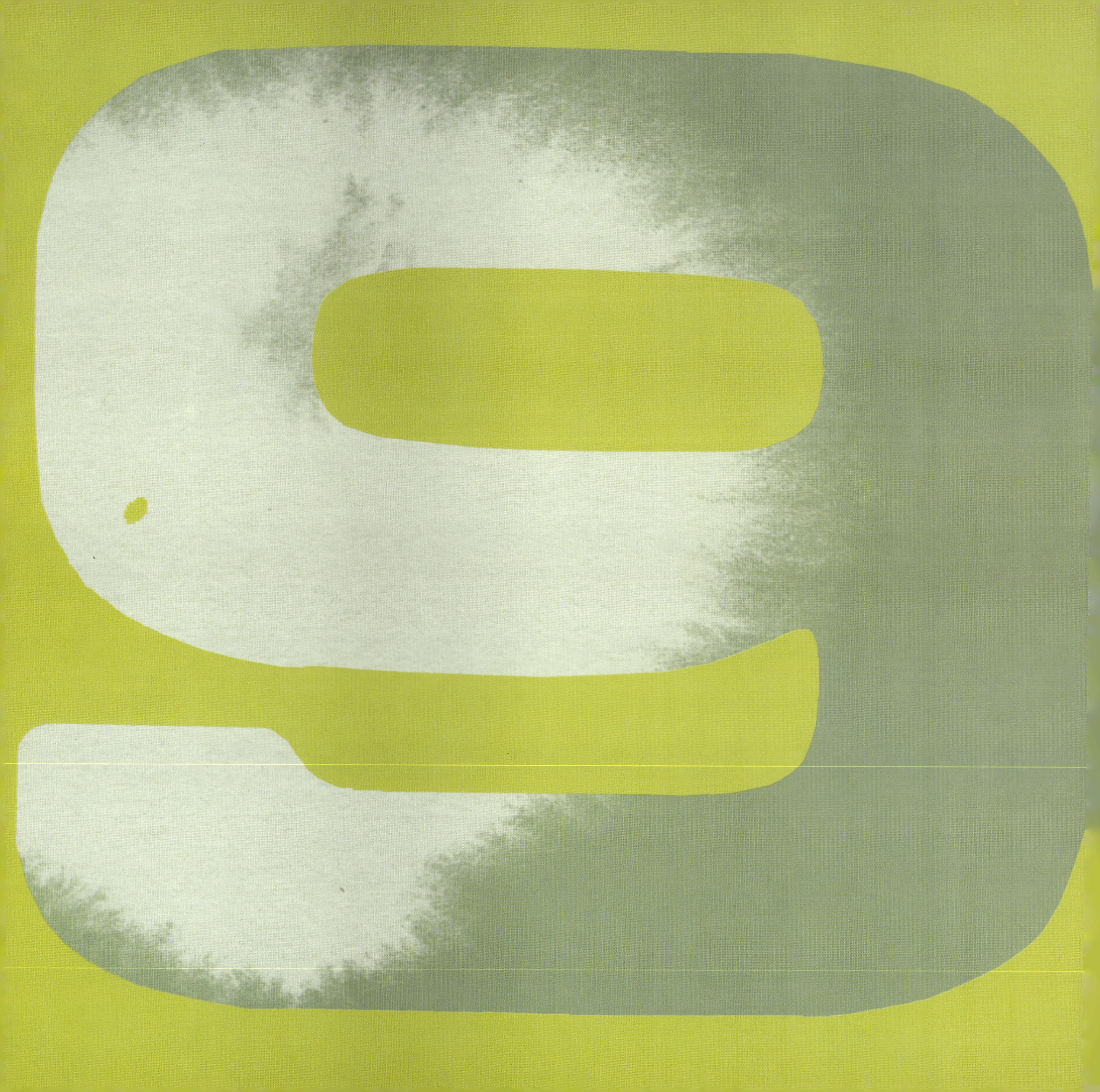
9

Neun

Diese Zahl schliesst den Zyklus ab und steht für das vollendete Schicksal und für Perfektion. Die 9 hat alle Stufen durchlebt, erlangt Weisheit und zeigt Nachsicht. Es ist gewissermassen eine Spiegelzahl, in welcher sich alle Menschen und Erfahrungen reflektieren. Daher steht sie auch für universelle Brüderlichkeit und Idealismus – manchmal aber auch für eine gewisse Traurigkeit und Verdrossenheit.

Ein 9er gibt sich oftmals als Clown oder Schauspieler, der andere gerne imitiert. Diese Menschen nehmen alles und jedes um sich herum auf, im Guten wie im Schlechten. Sie erhoffen sich von jedem Menschen das Beste, wissen aber, dass das nicht immer der Fall ist. 9er sind aussergewöhnlich freundlich und sehr belesen und fühlen sich überall auf der Welt zu Hause.

Da das Alphabet nur 26 Buchstaben umfasst, sind der Zahl 9 lediglich zwei Buchstaben zugeordnet: I und R. Als 9er-typische Düfte seien Hyazinthe (für Stimmungen), Rosenöl (Vergebung), Rosmarin und Sandelholz (für harmonischen Geist) genannt, als Farben Olivgrün, Strohgelb, Rauchgrau und Maulbeerrot. Die astrologische Entsprechung der Zahl 9 ist das Sternbild Schütze. Ein Jahr, das unter dem Einfluss der 9 steht, wird sowohl Reisen als auch tiefgreifende Veränderungen mit sich bringen, da sich damit der volle Neunjahreszyklus schliesst.

Tageszahl 9

Für Ihre Tageszahl brauchen Sie nur den Tag Ihres Geburtstages zu wissen (Monat und Jahr fallen weg). Diese Zahl hat den größten Einfluss auf Sie.

Gilt für alle 9er-Geburtstage

Wenn Ihr Geburtstag auf den 9. eines Monats fällt, sind Sie eine sehr reflektierende Person, deren Reaktionen der in vielen Leben gesammelten Erfahrung und Weisheit entspringen. Von Ihnen heißt es oft, dass Sie „schon einmal gelebt haben müssen". Dieser Geburtstag verleiht Ihnen Mitgefühl und Gelassenheit. Sie kommen mit jedermann gut aus und finden mit jedem Menschen mindestens einen gemeinsamen Anknüpfungspunkt. Sie sind in der Welt herumgekommen – ob tatsächlich auf Reisen oder im übertragenen Sinn – und haben dabei viel vom Leben gesehen und erlebt.

Um sie auf ein Leben voller Weisheit und Wohlwollen gegenüber anderen vorzubereiten, erleben 9er viele Enttäuschungen, von Kindesbeinen an weht ihnen ein scharfer Wind ins Gesicht. Das Gefühl der Sicherheit bleibt Ihnen lange versagt; häufig treten schon in frühen Jahren familiäre Veränderungen ein, die Sie zwingen sich anzupassen. Ähnliches widerfährt Ihnen auch als Erwachsener. Ihre Lebensumstände ändern sich mehrmals, aber irgendwie schaffen Sie es, damit fertig zu werden.

9er haben eine besonders innige Beziehung zu ihren Vätern. Vermutlich liegt das daran, dass diese während ihrer Kindheit häufig abwesend oder zu beschäftigt waren, so dass eine große, unerfüllte Sehnsucht entstand. Möglicherweise ist der Vater auch schon früh ganz aus Ihrem Leben verschwunden, und Sie versuchen, sich im Geiste ein Bildnis von ihm zu machen. Manchmal hat das zur Folge, dass ein 9er in bezug auf den Vater wahre Qualen leidet.

In einer 9 spiegeln sich alle anderen Zahlen wider – was immer man zur 9 addiert, das Ergebnis lässt sich stets auf die Ausgangszahl reduzieren (z.B. 5 + 9 = 14 und 1 + 4 = 5). 9er sind hellseherisch und hoch intuitiv veranlagt. Ein 9er vermag bereits im Voraus die Notwendigkeit einer Trennung oder eines Abschlusses erkennen, wo andere sich dem Unausweichlichen noch widersetzen. Ein 9er wird einen Verlust dieser Art nicht begrüßen, aber er sieht, dass es sein muss und findet sich damit ab.

Ihre ausgezeichnete Vorstellungsgabe und Ihr großes Mitgefühl befähigen Sie zum Malen, Schauspielern oder Schreiben – vor allem das Theater könnte sich als ein fruchtbares Umfeld für Sie erweisen, da dort alle ihre Talente zum Zuge kämen. Da 9er gerne auf Achse sind, sollten Sie sich einen Beruf aussuchen, der mit Reisen zu tun hat. Sollte Ihre Tätigkeit nicht direkt mit der Reisebranche zu tun haben, werden Sie in Ihrem Beruf zumindest viel herumkommen.

Hüten Sie sich davor, ein „Hansdampf in allen Gassen" zu werden – Sie besitzen sehr viele Talente und müssen zusehen, dass Sie diese vernünftig bündeln. Da jede Situation Sie aufgrund Ihres wechselhaften Charakters nach kurzer Zeit langweilt – ob im Arbeits- oder im Privatleben – sollten Sie in Ihrem Lebensumfeld auf genügend Freiraum achten. Sie wollen gerne von jedermann gemocht werden – ein Wunsch, den Sie vielleicht aufgeben müssen. Es ist kein Zeichen des Versagens, wenn es Ihnen schwer fällt, Freunde zu finden.

Aufgrund Ihres immensen Charmes sind Sie beliebt. Sie wirken auf andere sehr anziehend, da Sie schon so viel erlebt haben und Ihr Wesen sehr facettenreich ist. Ihr Partner sollte eine ausgesprochen positive Gesinnung haben, da Sie dazu neigen, die Stimmungen anderer in sich aufzunehmen – ein depressiver Partner würde Sie demnach herunterziehen. Der Nachteil bei Ihren Beziehungen besteht darin, dass Sie oft nicht umhin können, Veränderungen herbeizuführen, so dass Sie womöglich viele Anläufe brauchen, ehe Sie eine dauerhafte Verbindung eingehen.

Für Geld dürften Sie ein gutes Händchen haben, Ihre Lebensanschauung ist religiös geprägt (wenn auch nicht unbedingt im konventionellen Sinne). Wenn Sie jemanden verletzen, verhält man sich Ihnen gegenüber in der Regel sehr versöhnlich: Keiner kann Ihnen etwas lange übel nehmen, weil Sie offensichtlich keine boshafte Natur sind.

Freuen Sie sich an Ihren zahlreichen Begabungen und Ihren geistigen Einblicken, und setzen Sie Ihr Mitgefühl und Ihre Selbstlosigkeit weise ein, ohne sich dabei aufzureiben.

9

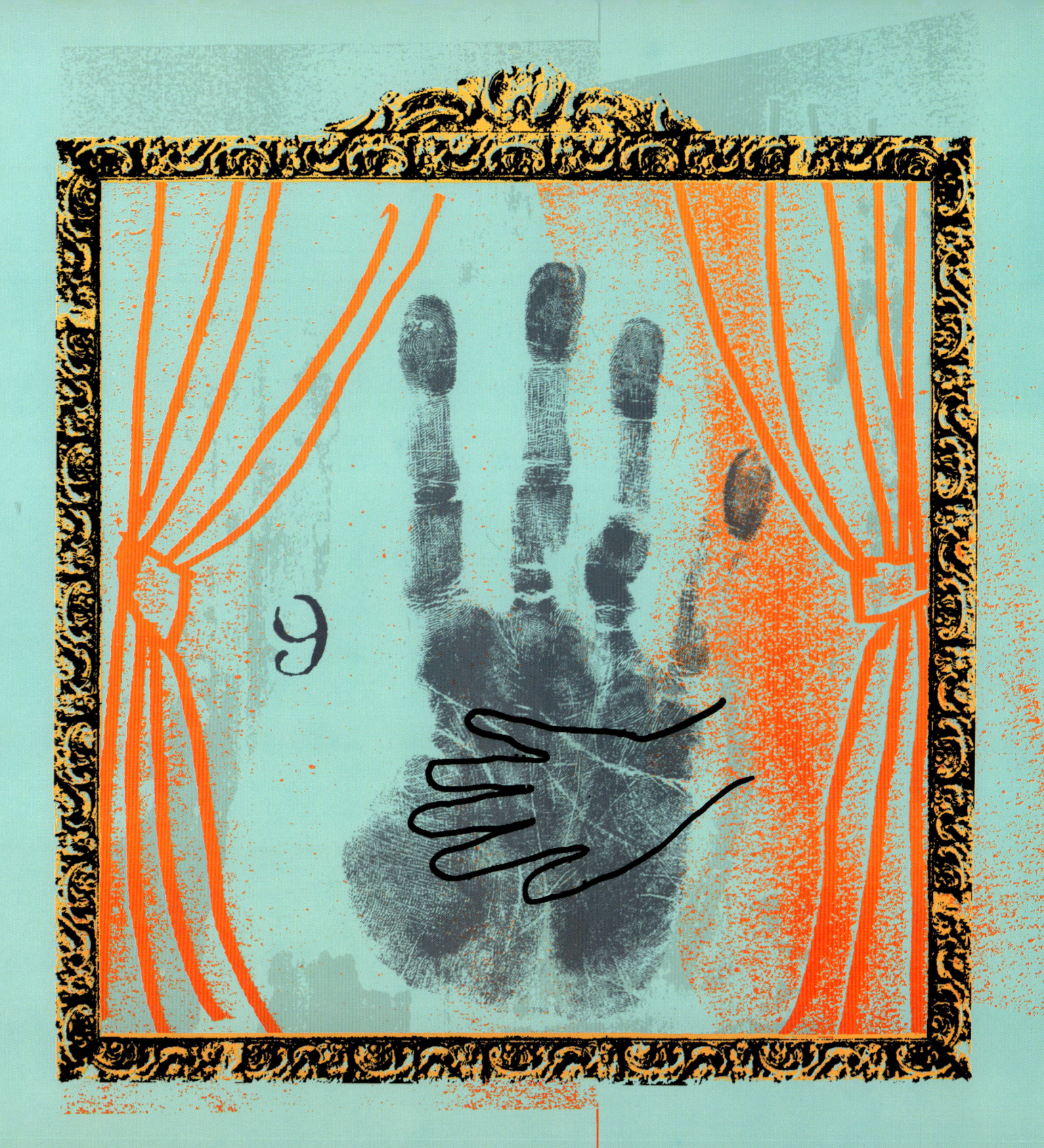

9 Tageszahl: Addieren Sie die Zahlen Ihres Geburtstags

Ihr Geburtstag fällt auf einen 9.
Wer an einem solchen Tag zur Welt kam, verfügt über hohe künstlerische und geistige Fähigkeiten, liebt die Abwechslung und zieht Vorhaben konsequent von Anfang bis Ende durch. Sie können über Ihre Emotionen beeinflusst werden und sind anderen gegenüber sehr großzügig und verständnisvoll. Man könnte Sie sogar als einen Menschenfreund bezeichnen, Sie sollten die Gelegenheit erhalten, Ihren Talenten vor Publikum Ausdruck zu verleihen.

Wann immer sich die Gelegenheit bietet, werden Sie reisen und viele Veränderungen erfahren. Möglicherweise erleben Sie im Zusammenhang mit Ihrer Familie oder Ihren Freunden Verluste und Trennungen. Wegen der vielen Reisen kann das den meisten 9ern widerfahren, aber wegen Ihres „reinen" 9er-Geburtstages müssen Sie in dieser Hinsicht möglicherweise mehr erleiden als Ihre Zahlengenossen.

Dieser Geburtstag verleiht Ihnen hellseherische Fähigkeiten; zudem dürften Sie ein guter Schauspieler und Berater sein, denn Sie haben die Gabe, die Erfahrungen vieler Menschen so in sich aufzunehmen und zu reflektieren, als wären es Ihre eigenen. Einige Leute mag das verblüffen, andere eher verstimmen.

Dank Ihrer künstlerischen Ader könnten sich insbesondere auf den Gebieten Literatur, Malerei oder Musik hervortun. Im beruflichen Bereich suchen Sie die geistige Herausforderung. Ihnen liegt alles, was mit Schauspiel, Schreiben, Reisen, Lehren, Recht, Werbung oder auswärtigen Angelegenheiten zu tun hat – aber wenn Sie inne halten und erkennen, dass Ihr wahres Glück darin liegt, anderen Menschen zu helfen, sind Ihre Erfolgsmöglichkeiten unbegrenzt.

Im Tarot entspricht die Zahl 9 der Karte des Eremiten, und davon steckt auch etwas in Ihrem Wesen. Der Eremit steht für jemanden, der sich durch Selbstlosigkeit und lange Jahre der geistigen Isolation Weisheit angeeignet hat und der Welt nun seine Dienste und Erleuchtung anbietet. Auch Sie haben zuweilen ein starkes Bedürfnis nach Alleinsein.

9 Tageszahl: Addieren Sie die Zahlen Ihres Geburtstags

Ihr Geburtstag fällt auf einen 18.

Dieser Geburtstag steht für ausgeprägte intellektuelle Fähigkeiten, für Reisen, für ein mitfühlendes und verständnisvolles Wesen – und für jemanden, der viel Abwechslung braucht. Sie lieben es zu argumentieren und schätzen Ihre persönliche Freiheit. Sie haben einen guten Draht zur Öffentlichkeit, sind ein ausgezeichneter Ratgeber und verfügen über die Beharrlichkeit, die erforderlich ist, um eine Aufgabe vollständig zu Ende zu führen.

Im geschäftlichen Bereich und in Ihrem Denken sind Sie möglicherweise eher konservativ; Sie sind sparsam und können gut mit Geld umgehen. Achten Sie darauf, an anderen nicht zu viel Kritik zu üben. Seien Sie positiv, richten Sie andere auf, und geben Sie Ihre Ratschläge einfühlsam und humorvoll anstatt ungeduldig und offensiv.

Sie lieben Musik und haben ein großes Literaturverständnis; vermutlich sind Sie gebildet und sehr belesen. Sie haben ein ausgeprägtes Gespür für das Dramatische und könnten vermutlich wunderbare Romane verfassen. In Ihrem Leben werden Sie viel reisen und ständig Veränderungen erleben. Vielleicht handelt es sich dabei nicht um wirkliche Reisen, sondern um Reisen im Geiste – sei es durch Bücher oder andere Medien oder in Form von Tagträumereien, mit denen Sie sich aus unangenehmen Situationen fortstehlen.

Beruflich haben Sie überall dort Erfolg, wo Sie ein breites Betätigungsfeld vorfinden – das betrifft insbesondere die Bereiche Politik, Kunst, Schauspielerei und Recht. Auch an der Börse oder im Immobilienbereich fahren Sie möglicherweise ganz gut. In jedem Umfeld werden Sie stets als guter Ratgeber und Zuhörer geschätzt. Ihre Grundzahl 9 steht auch für prophetische Begabung, so dass Sie mit Ihren Intuitionen und Gefühlen nur selten daneben liegen.

Ihr Geburtstag fällt auf einen 27.

Das Zusammensein mit Menschen, die an einem 27. geboren sind, ist meistens sehr angenehm, da die 2 für einen mitfühlenden, rücksichtsvollen Charakter steht, der in erster Linie an andere denkt. Sie lieben die Literatur und verfügen über Weisheit, ein angeborenes spirituelles Verständnis und ein ausgeprägtes mediales Bewusstsein. Von Natur aus sind Sie gelassen und nachdenklich und können sich so stark in die Gefühle anderer hineinversetzen, dass Sie bei deren Kummer mitleiden, als ginge es um nahe Familienangehörige. Sie mögen nach außen ruhig, aber auch sehr entschlossen und idealistisch wirken, können jedoch mitunter reizbar und nervös sein.

Sobald Sie sich für eine Vorgehensweise entschieden haben, wollen Sie keine Einwände mehr hören. Sie sind eine Führernatur und arbeiten nicht gerne für andere. Am liebsten arbeiten Sie aus eigener Kraft oder als Leiter eines Teams, da Sie andere gut motivieren können. Meiden Sie negative Menschen in Ihrem Umfeld, denn diese werden Sie beeinflussen, weil Sie dazu neigen, deren Nöte zu Ihren eigenen zu machen.

Sie haben eine hoch entwickelte musikalische, schauspielerische und literarische Begabung. Sie empfinden sehr tief, müssen sich jedoch vor Enttäuschungen in Acht nehmen, denn nicht jeder kann Ihnen seine Gefühle mit gleicher Intensität zurückgeben. Sie werden viel reisen, leben vielleicht sogar im Ausland. Wie alle 9er interessieren Sie sich für Recht, Musik, Theater, Journalismus, Medizin, Kunst und Consulting.

LEBENSZAHL 9

Sie errechnen Ihre Lebenszahl, indem Sie aus der Summe aller Ziffern Ihres Geburtsdatums so lange die Quersumme bilden, bis nur noch eine einzige Zahl übrig bleibt. Diese wird sich allerdings erst im Laufe Ihres Lebens auf Ihren Charakter auswirken.

Nach vielen Jahren gelebter Erfahrung werden sich die mit der 9 verbundenen Wesensmerkmale in vielerlei Art und Weise bemerkbar machen. Sie empfinden eine tiefe Menschlichkeit und machen sich viele Gedanken über das Weltgeschehen. Sie wollen das Leben in seiner ganzen Fülle erleben, was Ihnen gelegentlich viel Mut abfordert. Sie sind voll tiefer Gefühle, und Ihre Seele reagiert auf alle Reize höchst sensibel. Musik kann Sie ebenso stark anrühren wie meisterhafte Poesie, Literatur, ein bewegendes Theaterstück oder ein Film. Sie geben sich jedem Erlebnis ganz und gar hin und genießen die vielfältigen Emotionen und Stimmungen als Teil Ihres wachsenden Bewusstseins.

Da die Zahl 9 für die Erweiterung des Geistes steht, wird für Sie und Ihre Kinder eine umfassende Ausbildung an erster Stelle stehen. Unter älteren Studenten befinden sich viele 9er, und selbst wenn Sie bereits als junger Mensch eine solide Ausbildung genossen haben, könnten Sie in älteren Jahren nochmals den Drang verspüren, sich noch einmal mit einem ganz neuen Thema zu befassen.

Sie sind von Natur aus sehr großherzig und zeigen Freunden wie Bekannten gegenüber viel Mitgefühl. Andere leiden zu sehen macht Ihnen sehr zu schaffen, Sie werden alles daran setzen, ihren Kummer zu lindern. Dank Ihrer Redegabe können Sie Menschen, die Hilfe bedürfen, förderlich beeinflussen. Bis zu einem gewissen Grad streben Sie für sich selbst und andere die Vollkommenheit an, wissen aber, dass das nicht immer möglich ist. Trotzdem bemühen Sie sich weiter und leisten unter den gegebenen Umständen Ihr Bestes.

Sie entwickeln ein starkes Gefühl der Verantwortung für andere Menschen, was leicht zu einer Belastung werden kann. Sie sind emotional so leicht zu beeindrucken, dass Sie Leid oder Ungerechtigkeit anderen Menschen gegenüber quasi selbst empfinden. In großer Selbstlosigkeit widmen Sie sich dem Gemeinschaftsdienst an der Öffentlichkeit oder betätigen sich karitativ – nicht aus einem Schuldgefühl, sondern aus dem tief empfundenen Wunsch heraus, Menschen vor unfairer Behandlung zu bewahren. Sie können andere beraten und inspirieren, dürfen sich dabei aber nicht verausgaben.

Ein Teil Ihres Wesens ist immer optimistisch und hofft stets auf das Beste, während der andere Teil eingedenk vieler Enttäuschungen dem Frieden gerade dann, wenn alles sicher scheint, nicht mehr ganz trauen mag. Die Wechselfälle des Lebens machen Sie zunehmend philosophischer. Je mehr Prüfungen Ihnen auferlegt werden, desto mehr innere Stärke und spirituelle Kraft entwickeln Sie.

Sie begreifen Dinge, mit denen der Durchschnittsmensch nur wenig anzufangen weiß. Sie lernen loszulassen ohne Trauer und voller Verständnis. Sie sind aber kein Pessimist, sondern akzeptieren einfach die Notwendigkeit, die alte Haut abzustreifen und eine neue anzulegen.

Negative Züge können Wechselhaftigkeit, Rastlosigkeit und ein aufbrausendes Temperament sein. Manchmal wird Ihre Geduld vielleicht allzu sehr auf die Probe gestellt, oder Sie haben nach den langen Jahren erkannt, dass Sie in Ihrem beruflichen und privaten Leben mehr Freiraum benötigen.

Als Partner wäre jemand geeignet, der Ihre Stimmungen zu deuten weiß und der Sie aufheitert, wenn Sie niedergeschlagen sind – jemand, der auch für sich allein etwas unternehmen und Sie in Ruhe lassen kann, ohne sich ausgeschlossen zu fühlen.

A
B
C

9 als Lebenspartner

Es war Liebe auf den ersten Blick. Ein 9er ist enorm beliebt und hat die unterschiedlichsten Freunde – etwas, das Sie tief beeindruckt. Wo immer Sie beide hinkommen, Ihr 9er zieht Menschen magisch an und trifft überall alte Freunde. Er hat viel Lebenserfahrung, ist großzügig und hat immer wundervolle Ideen, wie und wo man die Freizeit verbringen könnte. Sie sind stolz darauf, dass er so viel weiß.

Ihr 9er zeichnet sich aus durch Selbstlosigkeit und Einfühlungsvermögen. Alle Ihre Freunde fragen ihn stets um Rat, da er alles schon einmal gehört zu haben scheint und eine Tränen überströmte Freundin oder einen gerade sitzengelassenen Bruder stets zu trösten weiß. Bisweilen müssen Sie jedoch sanft einschreiten, denn er lässt sich von jeder traurigen Geschichte vereinnahmen und neigt dann ungewollt dazu, Sie zu vernachlässigen.

Wenn Sie in manchen Situationen zu heftig reagieren, wird er es Ihnen nie nachtragen, und wenn Sie nach einem stressreichen Tag herumjammern, wird er sich das voll Mitgefühl anhören. Und wer kann schon lange schlechter Laune sein, wenn er doch so herrlich Geschichten erzählen und herumalbern kann? Auch seine zahlreichen Talente versetzen Sie immer wieder in Bewunderung: Ihr 9er kann scheinbar alles. Er kann malen, musizieren, gut erzählen, schauspielern, hat ein Händchen für Geld und lässt Sie an allem teilhaben. Er nimmt Sie zu großen Veranstaltungen oder in fremde Länder mit und konfrontiert Sie mit Situationen, die Ihren Horizont erweitern. Mit einem 9er wird es Ihnen nie langweilig.

In der Kleidung liebt er bequeme, aber interessante Stilrichtungen, vor allem Ethno-Look – schenken Sie ihm also künstlerisch angehauchte Kleidung – oder CDs, Bücher, Koffer, Taschen oder überraschende Wochenendausflüge, die seinem Bedürfnis nach Abwechslung entsprechen.

Aber (und das ist ein großes Aber!), manchmal hat Ihr 9er den Eindruck, dass Ihre Liebe nicht von Dauer sein kann, weil er schon so viele zerbrochene Beziehungen erlebt hat. Wenn es wieder einmal so weit ist, müssen Sie sein Stimmungstief einfach hinnehmen – jene Tage, an denen er schlecht drauf ist und das Schlimmste befürchtet. Vermitteln Sie ihm Sicherheit, und zeigen Sie ihm, dass Sie nicht nur ein Strohfeuer sind.

9 als Kind

Ein 9er-Baby ist ein Geschenk: Ihr 9er-Kind ist anhänglich, mitfühlend, freundlich zu anderen, romantisch, nachdenklich, aufgeweckt und von Natur aus musisch begabt. Es hat einen guten Geschmack und liest und lernt gern (Sie haben vielleicht ein Glück!). Sein Geist will schon von Kindesbeinen an trainiert werden – ob mit Museums-, Ausstellungs- oder Konzertbesuchen oder Auslandsreisen. Ein 9er-Kind erlernt rasch fremde Sprachen – eine Begabung, die Sie fördern sollten.

Es wird Ihnen gescheite Fragen über Religion und Politik stellen – speisen Sie es dann nicht mit „kindgerechten" Antworten ab, denn es vermag durchaus schon das große Ganze zu erkennen und will es wirklich wissen. Fördern Sie seine Beziehung zum Vater, denn diese wird in seinem späteren Leben eine wichtige Bedeutung haben: Sei es in Form einer innigen Verbindung oder in Form von Kummer, weil es den Vater nicht mehr gibt. Wenn zwischen den beiden keine Vertrautheit herrscht, drohen große Missverständnisse.

Machen Sie sich keine Sorgen, wenn Ihr 9er-Kind anfangs recht schüchtern ist: Das wird sich in den kommenden Jahren legen. Es braucht eben nur seine Zeit, bis es seine wunderbaren Fähigkeiten, auf Menschen einzugehen, selbst entdeckt. Sie werden feststellen, dass Ihr Kind einmal begonnene Vorhaben stets zu Ende führt.

9 Varianten

9 als Vorgesetzter

Ein ausgesprochen toleranter Mensch – Sie werden weder nach dem Image beurteilt, dass Sie sich heute gerade zugelegt haben, noch nach Ihrem Umgang. Ein 9er-Boss erwartet von Ihnen allerdings, dass Sie sich dem Arbeitsteam gegenüber fair und zuvorkommend verhalten sowie flexibel und zur Stelle sind, wenn jemand Probleme hat – nicht mehr und nicht weniger, als was er auch selbst zu tun bereit ist. Er dürfte jedoch ohnehin nicht oft im Büro sein, da er wie alle 9er viel auf Reisen ist. Ob das für Sie mit viel Freizeit verbunden ist oder nicht – Sie werden diese angenehme Person vermutlich gerne mögen.

9 als Mitarbeiter

Einfach perfekt – jemand, der bereitwillig alles tut. Routine ist einem 9er allerdings verhasst, also geben Sie ihm möglichst viele unterschiedliche Aufgaben, dann wird Sie seine Geschicklichkeit immer wieder aufs Neue verblüffen. Ein 9er kommt mit allen Kollegen gut aus und pflegt den Kontakt auch außerhalb des Arbeitsplatzes. Er ist liebenswürdig und vernünftig und hat eine pragmatische Lebensanschauung. Wenn er genügend gefordert wird, kann er sehr hart arbeiten.

9 als Hausnummer

Ein Haus, in dem Sie sich nie lange aufhalten – die Bewohner eines 9er-Hauses sind ständig auf Achse. Es hat schon viele Besitzer gehabt und viele Veränderungen erfahren. Ohne Ihnen nahe treten zu wollen, aber in diesem Haus werden Sie vermutlich nicht Ihr ganzes Leben verbringen.

9 als Buchstaben

Der 9 sind nur die Buchstaben I und R zugeordnet. Wenn Sie einen dieser Buchstaben in Ihrem Rufnamen haben, können Sie Ihre künstlerischen Fähigkeiten bestens entfalten und Schicksalsschläge gut überstehen. Ist I oder R der Anfangsbuchstabe Ihres Namens, setzen Sie einige 9er-Eigenschaften beruflich ein: Ausgezeichnete Intuition, Liebe zur Kunst und die Fähigkeit, begonnene Dinge zu Ende zu führen. Fehlen diese Buchstaben gänzlich, sind Sie Menschen gegenüber möglicherweise intolerant, oder es mangelt Ihnen an persönlichem Gespür.

9 als Haustier

Dieser Vierbeiner kommt mit jedermann gut aus und mag lange Spaziergänge, Autofahrten und selbst Wochenendausflüge und Ferienreisen. Eine wirklich weise kleine Kreatur.

… 9 Zukunft

Was geschieht in einem 9er-Jahr?

Sie errechnen Ihr persönliches Jahr, indem Sie die Ziffern Ihres Geburtstags und -monats zur gegenwärtigen Jahreszahl addieren. Mit diesem Jahr schließt sich der 9-Jahres-Zyklus – Veränderungen sind demnach unausweichlich.

Ein Jahr, in dem Sie allgemein Ordnung schaffen und viele Dinger überdenken. Sie werden erkennen, was für Ihre Zukunft wichtig ist, und sind bereit, alles Alte, das nicht zu Ihrem künftigen Leben gehört, abzuwerfen. Somit ist dieses Jahr ein Jahr der Trennungen und Abschlüsse, oft verbunden mit nachdenklichem Innehalten und mit Überlegungen, was Sie von den kommenden Lebensjahren erwarten. Viele Angelegenheiten spitzen sich nun zu, ob in Beruf oder Partnerschaft. Der Zyklus kann Sie zuweilen verstören, denn Veränderungen stehen auf der Tagesordnung, und Sie müssen mitziehen. Dabei wird Ihre Belastungsfähigkeit auf die Probe gestellt.

Nun ist die Zeit gekommen, Projekte zu beenden, die Sie in den Vorjahren begonnen haben – fangen Sie aber jetzt nichts Neues an, sondern warten Sie damit bis zum nächsten 1er-Jahr. Führen Sie Unerledigtes zu Ende und entledigen Sie sich Altlasten, bei denen Sie nur Ihre Energie verschwenden – ob dies eine Freundschaft ist, die Sie stets nur Nerven kostet, ein Job, der Sie nicht mehr befriedigt oder eine Beziehung, die nirgendwo hinführt. Wenn Sie sich lange vergebens um etwas bemüht haben, sollten Sie jetzt Bilanz ziehen und die Sache abbrechen. Falls Sie das nicht selbst tun, wird es wahrscheinlich das Schicksal für Sie übernehmen.

Das Prinzip der Vollendung, das mit dieser Zahl verknüpft ist, geht aber nicht unbedingt mit einem Verlust einher, sondern bedeutet vielleicht sogar eher das Gegenteil – Sie werden nun belohnt dafür, etwas zu Ende geführt zu haben. Womöglich ist dieses 9er-Jahr genau das, was Sie sich ersehnt haben, denn Sie erleben jetzt das Ende jahrelanger harter Arbeit, mit der Sie den Boden für Ihr künftiges Leben bereitet haben könnten. Das könnte der Abschluss eines langjährigen Studiums sein, der endlich Freiheit verheißt, die Fertigstellung eines Hauses oder die Gründung eines Unternehmens, so dass Ihr Leben künftig keine „Baustelle" mehr sein wird.

Das Leben hält in diesem Zyklus einige Hindernisse für Sie bereit, denn die 9 verlangt ein starkes und weises Verhalten, aber Sie spüren intuitiv, worauf es ankommt.

Achten Sie auf Ihre Gesundheit, und schalten Sie bei Bedarf einen Gang zurück. Sie sollten sich das ganze Jahr Zeit nehmen, um Ihr Leben von unnötigem Ballast zu befreien – schieben Sie sich währenddessen ein paar neue Ideen für das nächste Jahr unters Kopfkissen.

Die 9 steht für viel Denkarbeit, und diese wird Ihnen in der einen oder anderen Form abverlangt. Schwimmen Sie mit dem Strom – wenn Sie den Rhythmus um Sie herum zu bekämpfen versuchen, wird es Leid und Schmerzen geben. Flexibilität ist alles. Sehr rasch tauchen Veränderungen und neue Situationen auf – vielleicht will Ihr Schicksal Ihnen mitteilen, welches Projekt keine Chance hat und ausgemustert werden sollte und welches sich in den nächsten Jahren als nützlich erweisen könnte.

Unter der Zahl 9 müssen Sie Ihre eigene künftige Freiheit leben oder sie jemand anderem zugestehen, den Sie zurückhalten wollen (vielleicht ein Kind, das erstmals alleine verreisen will). Reisen heilt alle Wunden, denn es eröffnet neue Perspektiven. Es hilft Ihnen, die wertvollen Gedanken zu sortieren, welche Sie auf emotionaler wie auf beruflicher Ebene beschäftigen. Nehmen Sie also die Einladung zu Reisen an, oder machen Sie sich selbst auf den Weg, um etwas anderes zu sehen. Im Gegensatz zu den Kurztrips eines 5er-Jahres sind Reisen in einem 9er-Jahr weitaus bedeutungsvoller.

Starke Beziehungen brauchen Sie während dieses 9er-Jahres nicht zu fürchten – sie führen vielleicht sogar zu einem bindenden Versprechen, ganz im Sinne dieses Jahres, in dem bereits Begonnenes zum Abschluss kommt. Schwache Beziehungen werden sich hingegen auflösen. Möglicherweise treten alte Freunde wieder in Ihr Leben. Denken Sie daran: Wenn Sie sich Ihrer Altlasten entledigen, schaffen Sie Platz für wunderbare Dinge im nachfolgenden Jahr.

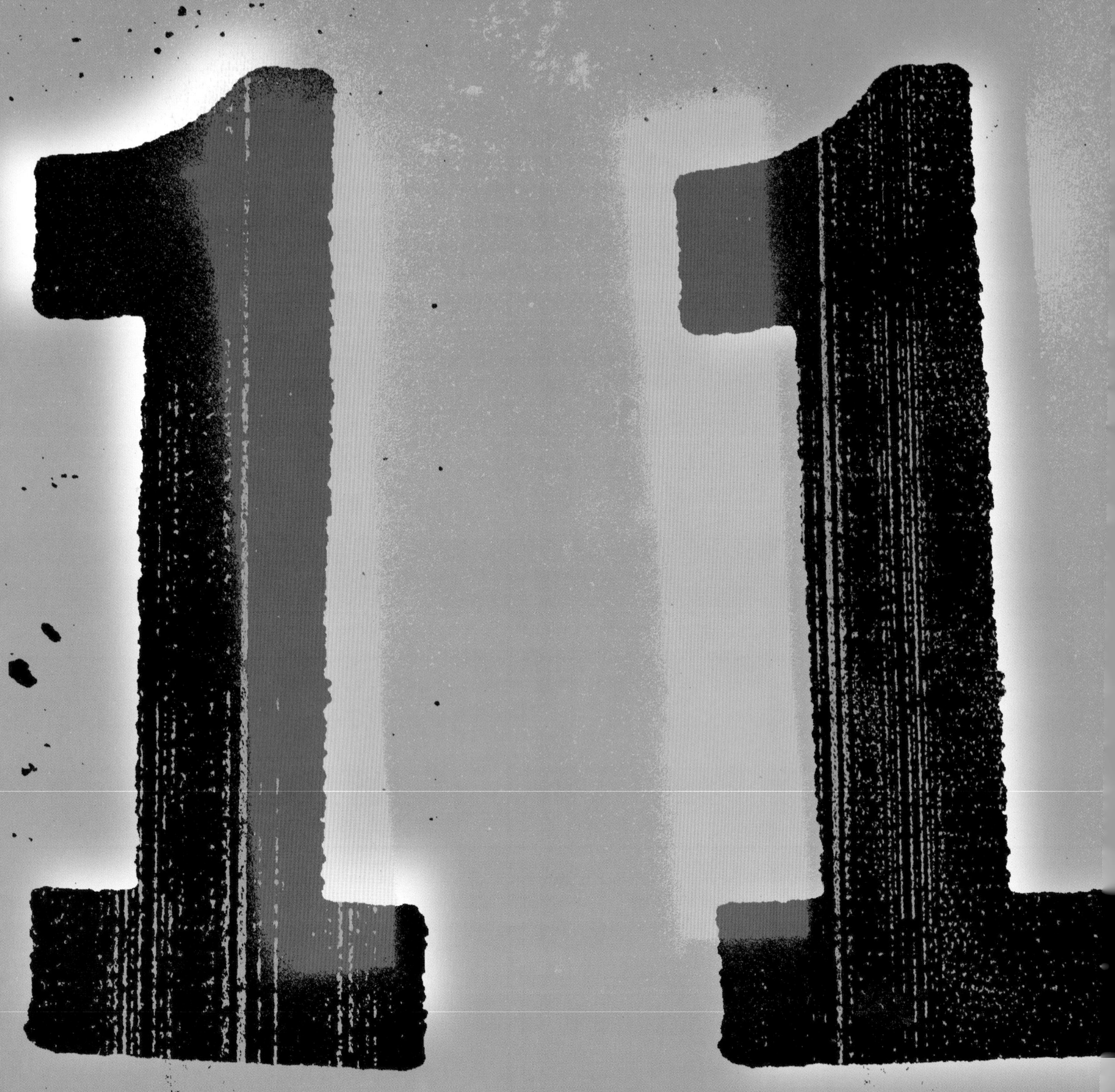

Elf

Die 11 ist unsere erste Meisterzahl: Sie wird nie auf 2 reduziert, weil die starken, dynamischen Merkmale der beiden 1en unvereinbar sind mit der sanften, passiven 2, obwohl in der 11 unterschwellig durchaus etwas von einer 2 mitschwingt. Insofern hat die 11 eine besondere Stellung – sie verkörpert die Energie der 1, hat aber auch etwas vom Geist der 2.

Die 11 erhebt sich stets über das Persönliche und Alltägliche hinaus und widmet sich der Gemeinschaft, der Welt. Es ist eine anspruchsvolle Zahl, und ihre Träger müssen lernen, mit zwei Zahlen zu leben. Die 11 verleiht in der Regel keine persönliche Stabilität und fordert enorme geistige Kräfte, Charakterstärke, manchmal auch eine philosophische Distanz zum Leben. Auf der anderen Seite verheisst sie grosse Talente, aussergewöhnliche Erkenntnisse und persönliche Ausdauer. Sie ist die Zahl der Intuition, der Weisheit und herausragender Leistungen.

Dieser Zahl ist nur ein einziger Buchstabe zugeordnet, das K. Ihre Farben sind Waldgrün, Schwarz und Silber und ihre Düfte Kamille (Frieden), Lavendel (Heilen), Grapefruit (um andere zu erheitern), Pfefferminz (Klarheit des Denkens), Hyazinthe (Erleuchtung und Ausdauer), Majoran (Mut), Jasmin (Sinnlichkeit), Patschuli (gegen Stimmungswechsel), Iris (Gemeinschaftsgefühl), Sandelholz (Meditation) und Rosenholz (gegen innere Unrast). Die astrologische Entsprechung der 11 ist der Wassermann.

Tageszahl 11

Ihre Tageszahl ist die 11, wenn Ihr Geburtstag auf den 11. oder auf den 29. irgendeines Monats fällt. Diese Zahl verlangt im täglichen Leben jedem Menschen viel ab, verheißt aber auch ein außergewöhnliches und erkenntnisreiches Leben.

Gilt für alle 11er-Geburtstage

„Unmöglich" steht nicht in Ihrem Wörterbuch. Für Sie ist die Welt eine Art Warenhaus der Träume, in dem Sie jeden (selbst in der höchsten Chefetage) ansprechen und jede Stelle oder Wohnung bekommen können, ohne darüber nachdenken zu müssen, ob sie überhaupt im Bereich des Möglichen liegt. Sie leben stark intuitiv und wissen auf einen Blick, wem Sie trauen können oder ob ein Projekt sich lohnt oder nur Zeitverschwendung ist. Sie schöpfen aus der Kreativität der 1 und führen die Dinge dann mit der Bedächtigkeit der 2 aus.

In Ihrer Gruppe oder Organisation müssen Sie die Führungsrolle übernehmen. Schon als Kind waren Ihnen andere vermutlich oft zu schwerfällig, Sie wollten so schnell wie möglich erwachsen werden. Sie sehen zwischen sich und anderen keine Klassen- oder Kapazitätsunterschiede. Sie sind zur Meisterschaft geboren – aber nur, wenn Sie Ihre Gaben voll ausschöpfen. 11er sind wie Kinder mit hohem IQ – enorm aufgeweckt, aber manchmal etwas faul. Sie brauchen die Herausforderung und müssen sich selbst vorantreiben, dann kann Ihnen alles gelingen.

Sie sind skeptisch gegenüber dem Irrationalen, gleichzeitig aber aufgeschlossen für Visionen. Sie können andere wunderbar motivieren und sind ein hervorragender Lehrer oder öffentlicher Redner, der träge Massen zu mobilisieren vermag. Vielleicht will es Ihr Schicksal, dass Sie berühmt oder zumindest weithin bekannt werden – dieser Ruhm sollte aber zum Wohle der Gemeinschaft und nicht nur zu Ihrer eigenen Ehre sein.

Sie interessieren sich für Recht und Gerechtigkeit und können bei einem Streit stets beide Standpunkte nachvollziehen. Sie fühlen sich oft genötigt, Ungerechtigkeiten verbal zu bekämpfen. Nach etlichen Jahren der Auseinandersetzung werden Sie dann weiser und wissen Ihre Ziele besser zu erreichen. Ehrlichkeit und Fairness sind für Sie unabdingbar.

Die 11 ist auch sehr emotional: Sie empfinden alles sehr unmittelbar und neigen dazu, Ihren Partner mit Gefühlen zu überschwemmen. Sie brauchen einen starken und stabilen Menschen an Ihrer Seite, der mit Ihrem hohen Energiepegel und Ihrer unerschütterlichen Entschlossenheit klar kommt und imstande ist, im Hintergrund zu bleiben und nur zuzuschauen – und der Ihnen nicht im Weg steht. In Beziehungen verhalten Sie sich häufig fast selbstzerstörisch, da Sie einfach zu viel verlangen. Wie Sie dies meistern, wird erst die Zeit zeigen.

Sie befassen sich mit allem höchst gründlich. Möglicherweise erlangen Sie mehrmals ein Vermögen, um dieses dann wieder zu verlieren und nochmals von vorne beginnen zu müssen – als eine der Proben, die das Leben für Sie bereithält. Setzen Sie Ihr Charisma und Ihren Intellekt nicht auf negative Weise ein, denn das wird letztlich auf Sie zurückfallen. Seien Sie großzügig und großherzig – je mehr Gutes Sie geben (und es wird viel von Ihnen verlangt), desto mehr bekommen Sie zurück.

Okkulte oder alternative Philosophien können Ihnen über schwierige Zeiten hinweg helfen. Andere werden Sie oft beneiden und sich neben Ihnen manchmal auch etwas unbehaglich fühlen. Ihre Aufgabe besteht darin, viel für die Gemeinschaft zu tun, ohne unbedingt eine Gegenleistung zu erwarten – aber selbstloses Dienen wird oft auf die höchste Weise belohnt.

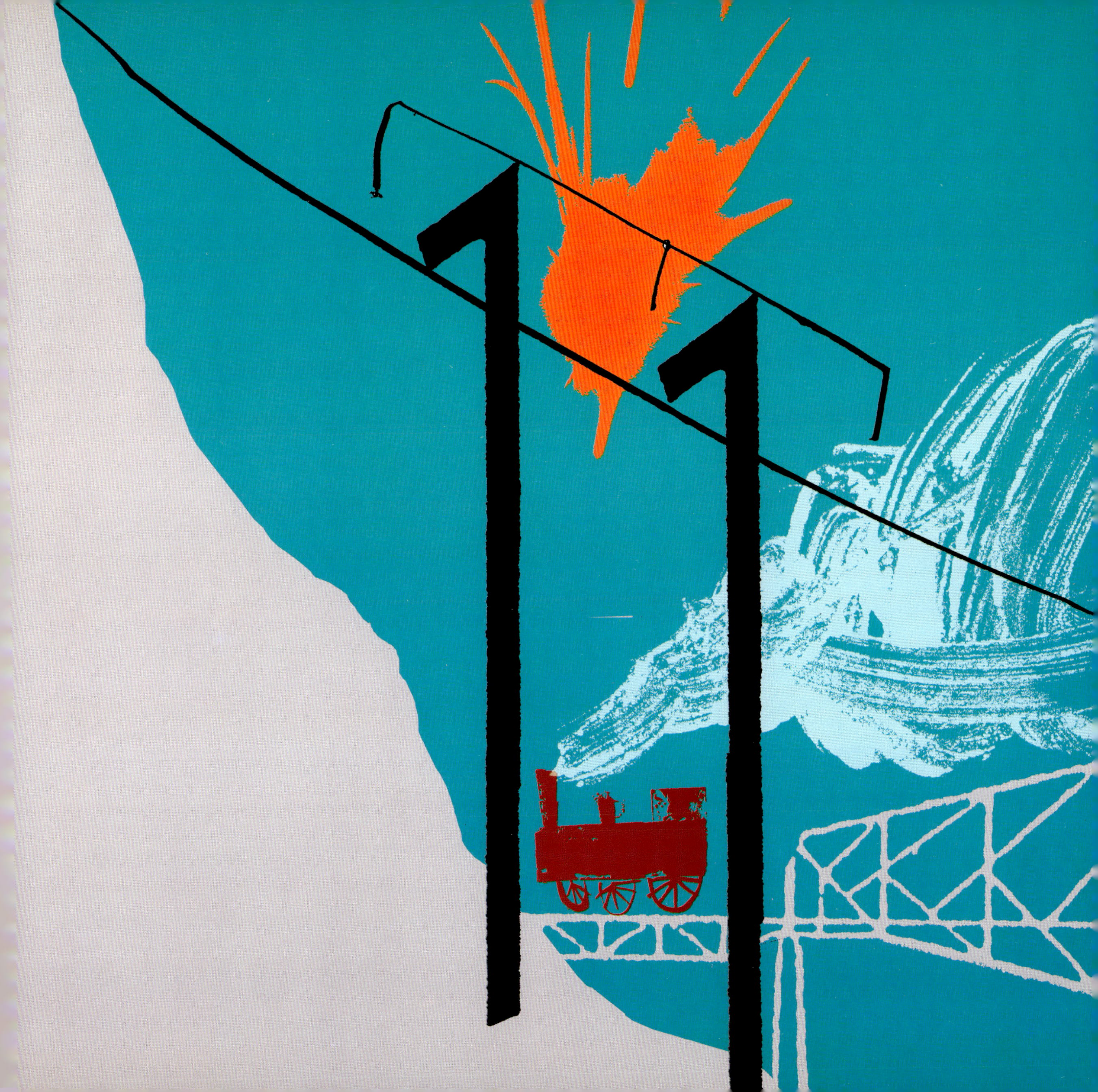

11 Tageszahl: Addieren Sie die Zahlen Ihres Geburtstags

Ihr Geburtstag fällt auf einen 11.

Mit diesem Geburtstag kommen die Merkmale der Meisterzahl 11 in ihrer reinsten Form zur Wirkung, diese Zahl bringt stets zusätzliche Verantwortung, aber auch zusätzliche Chancen mit sich.

Sie sind eine sehr entschlossene Natur, allerdings mit manchmal schwankenden Wünschen und Bedürfnissen. Sie gehören ins Rampenlicht, denn dort können Sie so richtig aus sich herausgehen. Achten Sie darauf, Ihre inspirierenden Ideen möglichst vielseitig zum Ausdruck zu bringen. Und konzentrieren Sie Ihre Energie und Aufmerksamkeit, sonst bringen Sie nichts zustande, sondern bleiben ein – wenn auch schillernder – Träumer.

Sie sind möglicherweise ein Perfektionist und neigen zu Übererregbarkeit, obwohl Sie nach außen hin ruhig und gesammelt erscheinen mögen. Sie sind stark parapsychisch veranlagt, können Dinge deutlich visualisieren und sollten Ihren Ahnungen folgen, was Menschen und Situationen betrifft. Versuchen Sie, Intellekt und Intuition in Balance zu bringen. Sie vertreten hohe moralische, vermutlich konservative Maßstäbe; hüten Sie sich davor, diese anderen allzu sehr aufzudrängen.

Sie haben eine starke Gefühlswelt und sorgen mit viel Hingabe für Ihre Liebsten. Sie üben gerne scharfe Kritik an anderen, empfinden es aber als tiefe Beleidigung, wenn irgendjemand Ihnen nahe stehende Menschen kritisiert. Sie sind ein ungewöhnlicher Mensch und besitzen eine außerordentlich starke Vorstellungskraft. Hüten Sie sich jedoch vor Selbsttäuschungen und lernen Sie, Realität und Wunschdenken voneinander zu unterscheiden. Ob etwas Wahrheit oder Illusion ist, liegt natürlich oft im Auge des Betrachters.

Sie können buchstäblich in jedem Beruf erfolgreich sein, in dem Sie an die Öffentlichkeit treten können – etwa Rundfunk, Fernsehen, Musik/Tanz/Theater, Kunst, Film, Vorträge, PR. Gleiches gilt für selbstständige Tätigkeiten. Eintönige Tätigkeiten stumpfen Sie ab und machen Sie zum Zyniker. Um Ihren großen Begabungen gerecht zu werden, müssen Sie stets etwas Außergewöhnliches anstreben.

Bedenken Sie, dass sich in Ihrer Zahl die Energie und der Mut der 1 mit der Sensibilität und der Diplomatie der 2 verbinden. Mit diesen Fähigkeiten können Sie sich in diesem Leben in der Welt einen Namen machen – sie bedeuten allerdings auch eine doppelte Verantwortung.

11 Tageszahl: Addieren Sie die Zahlen Ihres Geburtstags

Ihr Geburtstag fällt auf einen 29.

Sie können viel erreichen, aber auf Ihrem Lebensweg werden Sie tägliche Prüfungen vorfinden. Ihrer wahren Berufung nach sollten Sie in der Öffentlichkeit tätig sein. Sie sind voller Träume und Ideale und eine starke Führernatur. Vermutlich sind Sie spirituell veranlagt und besitzen eine instinktive Klugheit und Philosophie.

Wenn Sie Ihre Talente weise nutzen, kann sich die 29 sehr günstig auswirken. Jede Meisterzahl ist eng mit dem Dienst am Nächsten verbunden; folgen Sie diesem Weg und helfen Sie Freunden. Sie neigen zu Stimmungsschwankungen, Melancholie und Unrast und müssen sich in Entspannung üben. Dies gilt besonders für Herzensangelegenheiten, denn wie alle zweistelligen Zahlen haben Sie eine überreiche Gefühlswelt und können die Stimmung anderer beeinflussen. Sie müssen lernen, in der Realität zu leben – und dass Ihr Partner kein gottähnliches Wesen ist, sondern ein Mensch aus Fleisch aus Blut.

Sie neigen dazu, sich zu viele Sorgen zu machen und die Dinge zu überanalysieren und können recht eigensinnig sein. Vermeiden Sie, sich so sehr von Ihrer eigenen Welt gefangen nehmen zu lassen, dass Sie die Angelegenheiten anderer darüber vernachlässigen. Bemühen Sie sich um Gelassenheit. Sie lieben die schönen Dinge des Lebens und schätzen ein harmonisches, behagliches Heim. Sie werden viele Freunde haben. Wenn Sie es darauf anlegen, können Sie jeden überzeugen, müssen aber gegen die Intoleranz von Menschen kämpfen, die nicht alles so rasch begreifen wie Sie. Ihr Leben wird sehr erfolgreich sein, wenn Sie die Gefühle anderer mit berücksichtigen.

Beruflich sollten Sie in der Öffentlichkeit tätig sein, etwa in Politik, Musik/Theater, Verkauf, Marketing oder als Redner. Auch in den Bereichen Büromanagement, Schreiben oder Kunst könnten Sie Ihre Fähigkeiten einbringen.

Verbinden Sie die Originalität und Individualität der 1 in Ihrer Zahl mit dem Takt und der Rücksichtnahme Ihrer Grundzahl 2.

Lebenszahl 11

Sie haben die Lebenszahl 11, wenn Sie alle Ziffern Ihres Geburtsdatums addieren und nach der Bildung der Quersumme die 11 übrig bleibt. Sie werden die wahre Natur dieser Meisterzahl jedoch erst nach etlichen Jahren und einer gewissen Lebenserfahrung verstehen.

Mit dieser Lebenszahl werden Sie im Laufe der Jahre in schwirigen Situationen auf die Probe gestellt werden und tief in sich hineinhorchen müssen. Sie erwarten sehr viel von sich selbst und von anderen. Dinge langsam und bedächtig anzugehen, liegt Ihnen überhaupt nicht – wie die 1 möchten Sie schnelle Ergebnisse. Um Ihren eigenen hohen Maßstäben gerecht zu werden, müssen Sie also Geduld erlernen. Oft geraten Sie allerdings in Situationen, in denen Sie nicht lange überlegen können und wichtige Ereignisse eine spontane, intuitive Reaktion erfordern.

Möglicherweise sind Sie sich lange Jahre Ihrer Originalität und Ihrer Inspiration nicht bewusst. Bereits in Ihrer Kindheit mussten Sie philosophische Themen erfassen oder mit elterlichen Spannungen, vielen Veränderungen oder einem Übermaß an Verantwortung zurecht kommen – vielleicht, weil ein Elternteil stets abwesend war. Sie sind ausgesprochen mutig, und wenn Ihnen jemand sagt, dass Sie irgendetwas nicht tun/aushalten/überleben würden, werden Sie ihn bis ins Extrem vom Gegenteil überzeugen. Das Leben wird Sie lehren, andere zu führen und persönliche Stärke zu entwickeln. Sie werden die erstaunlichsten Talente in sich entdecken und haben sich für ein Leben entschieden, das ein hohes Maß Perfektion verlangt.

Ihre Intuitionen werden Ihnen Ihr ganzes Leben lang von Nutzen sein – lernen Sie, ihnen zu folgen. Wie die 1 wollen Sie bis zu den Grenzen der Welt vorstoßen und haben den richtigen Instinkt, um Ihren Weg in die nächste Stufe der menschlichen Entwicklung zu finden. Wenn Sie die in Ihrer Zahl verheißenen Talente bestmöglich einsetzen, werden Sie Ihre Sache – wo und was auch immer das sein mag – fördern und voran bringen. Das Problem ist, die richtige Balance zwischen Ihren physischen und materiellen Bedürfnissen einerseits und Ihren spirituellen und intellektuellen Bedürfnissen andererseits zu finden: Ihre Gefühle sind in beiden verfangen.

Auch Ihre emotionale Stabilität wird mehrfach auf die Probe gestellt werden, denn das Gleichgewicht zwischen Ihrer scharfen Ratio und Ihren emotionalen Bedürfnissen könnte sehr heikel sein. Am besten folgen Sie daher einem klar umrissenen Ziel, das Ihnen so wichtig ist, dass es Sie – wenn Emotionen aufwallen – gewissermaßen bei der Stange hält. Sobald Sie gelernt haben, Ihren außergewöhnlichen Charme, Ihren Intellekt und Ihre Originalität einzusetzen, werden Sie finden, was Sie in der Liebe suchen. Wenn Sie sich nicht von überströmenden Emotionen ablenken lassen, steht Ihnen die ganze Welt offen.

Für viele 11er ist die Verwirklichung von Träumen oder die Erreichung ehrgeiziger Ziele wertlos ohne individuelles Glück oder ohne eine spirituelle Richtung. Im Laufe der Zeit werden Sie lernen, Ihre Gefühle zu beherrschen – was Ihnen in jungen Jahren nicht immer gelingt – und insgesamt Ihr Gleichgewicht finden. Ihr Gefühlsleben wird dann befriedigender sein, Sie haben finanziell keine Probleme und können Ihre künstlerischen Talente nutzbringend ausschöpfen. Wenn Sie niedrige Bedürfnisse beiseite schieben, können Sie Ihr Leben nach reiner Inspiration leben.

Beruflich gehören Sie in die Öffentlichkeit – etwa als Schauspieler, Redner, Lehrer, Schriftsteller oder Erfinder. Eigentlich könnten Sie es als 11er auf jedem Gebiet zu etwas bringen, das Sie gerade fasziniert – aber weil Sie nach einer Weile leicht das Interesse an etwas verlieren, besteht die Gefahr, dass Sie sich verzetteln. Daran müssen Sie arbeiten, wenn Sie das Gefühl haben möchten, dass Ihr Leben einen Sinn hat. Vergessen Sie nicht, dass Sie die große Gabe haben, andere zu inspirieren; betrachten Sie dies als Ihre Aufgabe. Wenn Sie dieser gerecht werden, wird Ihr Leben sehr glücklich und ausgefüllt sein.

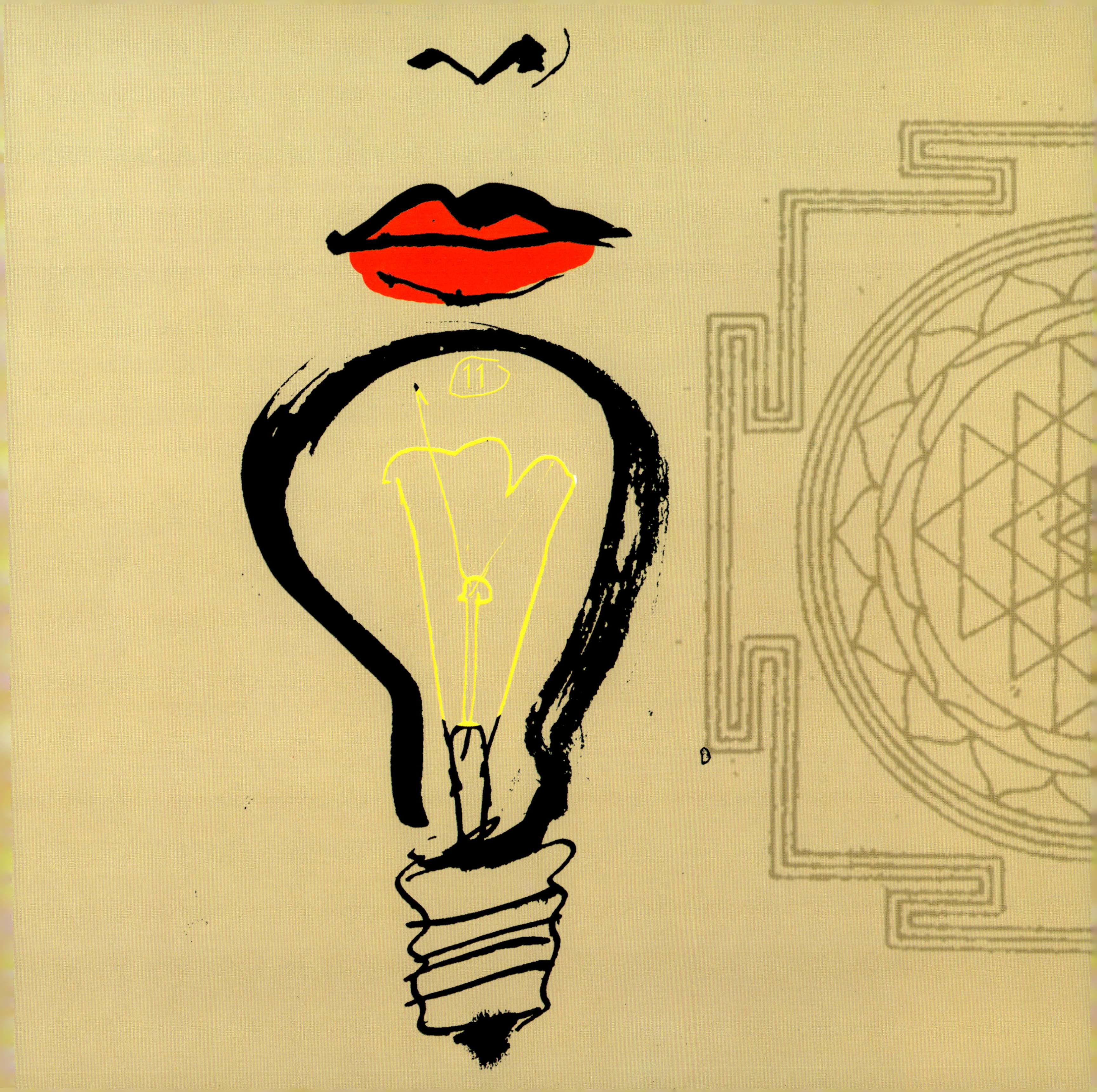
11

11 Lebenspartner

11 als Lebenspartner

Dieser Mensch hat die magnetische Anziehungskraft eines Stars – Sie haben sich sofort in ihn verliebt. Er hebt sich in allem von der breiten Masse ab, hat seinen persönlichen Stil, kleidet sich auf seine ganz eigene Weise, steht über den Regeln – ja, setzt vielmehr selbst Trends. Er ist stilvoll und inspirierend, vielseitig begabt, ein Perfektionist. Er hat einen wundervollen Humor, einen beweglichen Geist, enorme Energie und viel Charisma. Er beschäftigt sich mit anderen Dingen, denkt anders und begnügt sich nicht mit den überschaubaren Horizonten wie die übrigen Menschen.

Wenn Sie einem 11er begegnen, der vom Schicksal schon einige Male auf die Probe gestellt wurde und persönliche Stärke und Mut beweisen musste, dann haben Sie es mit einem ganz besonderen Exemplar Mensch zu tun. Vielleicht ist er bereits berühmt oder auf dem Weg dorthin und weiß, was zu tun ist, um ein erfülltes Leben zu führen. Er ist beständig auf der Suche, stets innovativ, mit grandiosen Vorstellungen von dem, was möglich ist und ist fest entschlossen zu beweisen, dass er das erreichen kann. Ihr 11er-Partner ist ein Visionär, sprühend vor Ideen und dabei liebevoll und emotional – entschlossen, im Leben etwas Bedeutendes zu erreichen.

In der Liebe ist er leidenschaftlich und individuell. Seine Gefühle sind nie lau, und wenn er um Sie wirbt, lässt er sich etwas Besonderes einfallen: Weekends in Venedig, Lunch in Paris, Picknick über den Dächern, Weihnachts-Shopping in New York – egal wo Sie leben, für jemand seines Kalibers sind solche Ausflüge selbstverständlich. Er ist ein einfallsreicher Liebhaber und immer einen Schritt voraus. Er liebt den Luxus, hat gerne Champagner und duftende Massageöle neben dem Bett. Und er ist stets perfekt gekleidet – drunter wie drüber.

Sie müssen allerdings vor seinen Stimmungsumschwüngen auf der Hut sein, von denen Sie oft nicht wissen, wodurch sie ausgelöst wurden. Ein 11er ist sehr sensibel und nicht ganz so selbstbewusst, wie Sie vielleicht glauben. Er ist sehr idealistisch und erhofft sich vielleicht zu viel von Ihnen in der Erwiderung seiner Gefühle. Wenn Sie ihn auch nur eine Spur enttäuschen, können Sie die Situation womöglich nicht mehr retten – das liegt vor allem an dem idealisierten Bild, das er sich von Ihnen macht. Seien Sie dann sehr geduldig und hoffen Sie, dass dieser außergewöhnliche Mensch schon eine reife Einstellung zur Liebe gefunden hat. Er könnte viele zerbrochene Herzen hinter sich lassen, bis er diese letzte, bleibende Liebe findet.

11 als Kind

Mit dieser Meisterzahl hat es ein Kind nicht leicht. Sie stellt so hohe Ansprüche und verleiht eine so reiche Vorstellungsgabe, dass Ihr 11er-Kind lange Jahre damit verbringen könnte, alle möglichen unwahrscheinlichen Zukunftspläne und Ideen hervorzusprudeln: Es will später einmal reich, berühmt und mächtig sein – nun, wenn es lernt sich zu konzentrieren wird ihm das auch gelingen.

Schon als Kind muss sich ein 11er mit vielen Aspekten des Erwachsenseins auseinandersetzen: Es muss lernen, seine Schwächen zu bekämpfen – etwa Langeweile, die Neigung, sich ablenken lassen, Tagträumereien nachzuhängen, Luftschlösser zu bauen. Das wird es erst im Zuge vieler und oft harter Lebenserfahrungen schaffen. Es muss bereits in jungen Jahren in einen Mantel hinein wachsen, der ihm eigentlich noch viel zu groß ist. 11er-Kinder heben sich von Gleichaltrigen ab und sind entweder sehr beliebt – oder völlig unverstanden. Sie können exzentrisch auftreten und als weltfremd gelten. Im Nachhinein mag das gar nicht zutreffen, aber für ein Kind ist es nicht einfach, als Erwachsener behandelt und ernst genommen zu werden.

Ihr 11er-Sprössling ist hochintelligent und wird sich mit banalen Aufgaben rasch langweilen. Bieten Sie ihm also Herausforderungen, fördern Sie seine Findigkeit. Wenn Ihr Kind unabhängiger wird und seine Gefühle und sein Temperament unter Kontrolle hat, wird es jeden verblüffen. Lassen Sie Ihr Kind viel lesen, reisen und mit Erwachsenen reden – und schenken Sie ihm vor allem emotionale Sicherheit. Als Eltern haben Sie Ihrem 11er-Kind gegenüber eine große Verantwortung. Bereiten Sie es auf die führende Rolle vor, die es eines Tages übernehmen wird, wenn es sein Potenzial ausschöpfen soll.

11 Varianten

11 als Vorgesetzter

Ein echter Unterhalter. Sie werden Ihren Chef zutiefst bewundern, sich von ihm inspirieren lassen oder von der scheinbar mühelosen Art, mit der er auf andere Menschen zugeht (etwa auf öffentlichen Veranstaltungen oder Konferenzen), viel lernen und feststellen, dass er eine ganz besondere, fast ätherische Qualität besitzt. Allerdings kann er auch sehr launisch sein – wenn er zum Beispiel vor wichtigen Meetings urplötzlich unter Lampenfieber leidet oder Ihnen sehr viel abverlangt. Insgesamt ist er jedoch ein äußerst großzügiger, motivierender Mensch mit weitaus mehr Plus- als Minuspunkten.

11 als Mitarbeiter

Wieder jemand, der in den Startlöchern steht: Während er noch in der zweiten Reihe steht, wartet er schon auf seine Chance, seine Fähigkeiten und Talente unter Beweis zu stellen. Womöglich ist Ihnen bereits bewusst, dass er Ihnen seine außergewöhnliche Intelligenz und seine Energie nur für begrenzte Zeit zur Verfügung stellen wird. Ein 11er ist der beste, intelligenteste und heiterste Partner, den man sich denken kann.

11 als Hausnummer

Dieses Haus fällt auf. Es besitzt etwas Besonderes, das Käufer oder Bewohner anzieht, die seine exzentrischen Merkmale schätzen. Es könnte ein hervorragendes Investitionsobjekt sein, allerdings müssen Sie eventuell erst abwarten, wie sich der Markt entwickelt. Zudem ist an diesem Haus ständig etwas zu tun, um es in gutem Zustand zu erhalten. Aber es hat ein einzigartiges Flair und eignet sich auch als Heim für ein Liebespaar, steckt doch in der 11 auch etwas von der 2.

11 als Buchstabe

Der 11 ist nur ein einziger Buchstabe zugeordnet – der elfte Buchstabe im Alphabet, das K. Es verkörpert all die Wesensmerkmale der 11 – Brillanz, Vorstellungskraft, Charisma. Beginnt Ihr Vorname mit einem K oder enthält Ihr Name gleich mehrere Ks, ziehen Sie besonders viel Wohlstand und Reichtum an. Sie haben eine magnetische Anziehungskraft, sind originell, kreativ und wollen wahrscheinlich an die Spitze. Enthält Ihr Name kein einziges K, kommen Sie mit den Anforderungen und den Erwartungen der Welt vermutlich nicht zurecht und fühlen sich in Ihrer Position unwohl. Geben Sie sich einen Spitznamen mit einem K, um sich etwas von der Vielseitigkeit und vom Idealismus dieser Zahl zu sichern.

11 als Haustier

Selbst wenn man den Geburtstag eines solchen Tieres nicht weiß – man weiß sofort, dass man es mit einem 11er zu tun hat: Es hebt sich von anderen ab, besitzt viel Ausstrahlung und führt sich auf wie eine Berühmtheit. Nicht jeder kann mit einem solchen anhänglichen Egozentriker zusammen leben.

Was geschieht in einem 11er-Jahr?

Sie errechnen Ihren persönlichen 12-Monats-Zyklus, indem Sie die Ziffern Ihres Geburtstags und -monats zur gegenwärtigen Jahreszahl addieren. Wenn dies zum Schluss eine 11 ergibt, steht Ihnen ein ebenso anstrengendes wie lohnendes Jahr bevor.

Rechnen Sie in diesem Meisterzyklus mit besonders harter Arbeit und großen Herausforderungen – aber auch mit großen Belohnungen. Die kommenden 12 Monate sind eine Zeit des Lernens. Sie müssen aufmerksam sein, um Ihre Chancen nicht zu verpassen. Ihre Erfolgsaussichten sind hervorragend, aber Sie müssen sich sehr anstrengen. Vielleicht kennen Sie Ihre Stärken und Kräfte noch nicht und sollten nun Wege finden, Ihre Talente nutzbringend einzusetzen. Problematisch könnte sein, dass Sie sich zu viele Sorgen um Dinge machen, die letztlich für Sie keine Bedeutung haben oder sich ohnehin nicht ändern lassen: Das könnte wertvolle Zeit und Energie kosten. Blicken Sie vorwärts, dann steht Ihnen alles offen.

Sie erlangen wertvolle Erkenntnisse und vermögen Chancen in Beruf und Privatleben treffsicher zu erkennen. Hören Sie auf Ihre innere Stimme – wenn Sie jetzt klug agieren, könnten Sie rasch ganz oben landen. Vielleicht eröffnet sich nun die Chance, etwas zu tun, das Sie schon immer tun wollten. Als Künstler treten Sie vielleicht endlich an die Öffentlichkeit; oder es bieten sich Fortbildungsmöglichkeiten, die bislang nicht verfügbar waren. Oder es ergibt sich beruflich die Chance, für jemanden einzuspringen, so dass Sie nun endlich zeigen können, was in Ihnen steckt.

In diesem Zyklus könnten Sie auch einen wichtigen Partner finden – ob in der Liebe oder im Beruf. Sie lernen vielleicht jemand kennen, der so ganz anders ist als alle anderen, mit denen Sie bisher zu tun hatten, was von Ihnen aber auch Anpassungsfähigkeit erfordert. Werfen Sie festgefahrene Meinungen über Bord – Flexibilität ist jetzt das Zauberwort. Sie benötigen einige Entschlusskraft, um Ihre Vorhaben zu verwirklichen, müssen aber eventuell auch unkonventionelle Wege beschreiten, um ans Ziel zu gelangen.

In der Liebe haben Sie sich vielleicht bisher immer die Falschen ausgesucht – Partner, die Ihre Ambitionen und Ihre Denkweise nicht begriffen. Verwechseln Sie Emotionen nicht mit Liebe, sonst sind Enttäuschungen vorprogrammiert. In diesem Jahr könnten Sie den richtigen Lebenspartner finden. Vielleicht haben Sie ihn sogar direkt vor Ihrer Nase – jemand, der Ihnen nie aufgefallen war, weil Sie nur auf Äußerlichkeiten geachtet hatten.

Bemühen Sie sich tiefer und genauer hinzuschauen, dann werden Sie von dem, was Sie entdecken, ebenso überrascht wie erfreut sein. Die Zahl 11 kann unter Umständen eine Zweierschwingung sein und somit eine Ehe oder auch eine romantische Liebesbeziehung verheißen.

In diesem Jahr könnten auch rechtliche und vertragliche Angelegenheiten eine Rolle spielen. Möglicherweise geht es dabei um eine Immobilie, oder Sie treten eine Erbschaft an. Seien Sie vorsichtig beim Unterzeichnen von Verträgen: Lesen Sie alles sehr sorgfältig durch, um späteren Ärger zu vermeiden. Bemühen Sie sich um eine kooperative Zusammenarbeit mit anderen.

Wenn Sie in diesem Jahr negativ leben, werden Sie von Ängsten und Zweifeln verfolgt und Freunde werden Sie fallen lassen, und Sie werden unfähig sein, Entscheidungen zu treffen. Menschen, die Ihnen Hilfe anbieten, verfolgen möglicherweise zweifelhafte Ziele, seien Sie also nicht zu vertrauensselig, und nehmen Sie nichts für bare Münze.

Wenn Sie tief in sich hineinschauen, werden Sie überrascht sein, was Sie zu leisten vermögen. Stellen Sie Ihre Fähigkeiten auf die Probe, und ziehen Sie den Nutzen daraus. In diesem Zyklus könnten Vorgesetzte oder Kollegen erkennen, was sie an Ihnen haben und Ihnen Anerkennung und Respekt zollen. Sie haben nichts zu verlieren, aber alles zu gewinnen, also seien Sie nicht schüchtern: Packen Sie's an!

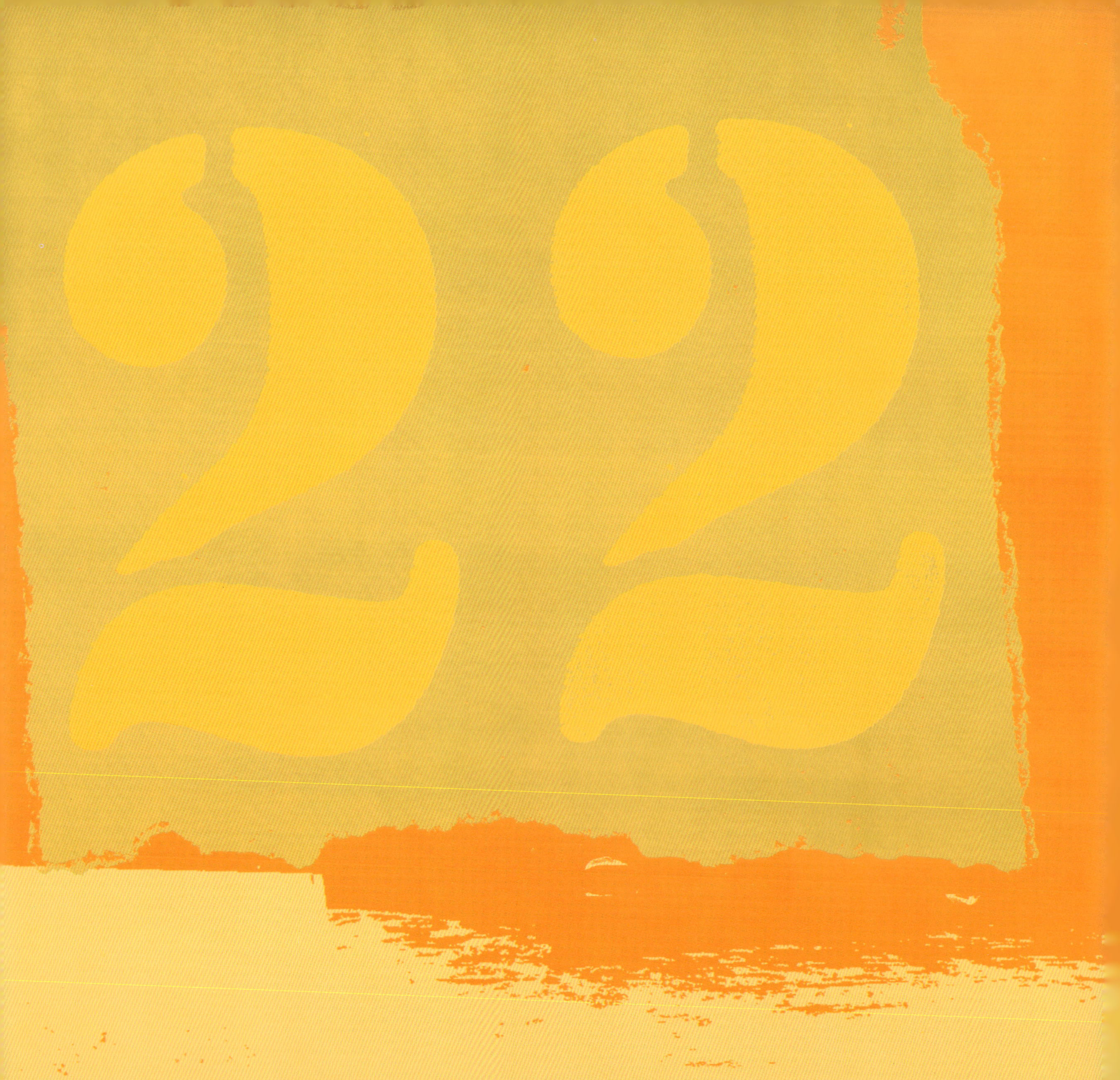
22

Zweiundzwanzig

Unser letztes Kapitel betrifft die Meisterzahl 22. Wie bei der 11 schwingen in ihr zwei Ziffern, die in diesem Fall, da es sich um zwei 2er handelt, besonders für das weibliche Element und die fruchtbare Zusammenarbeit mit anderen steht. Menschen mit dieser Zahl zeichnen sich durch eine starke Intuition und Sinn für Ästhetisches aus. Auf der anderen Seite kommen aber auch Merkmale der Grundzahl 4 zum Ausdruck – praktisches Denken, Rationalität, aufbauendes Tätigsein – welche die sanfte Zuvorkommenheit der 2 etwas relativiert. Daraus erwächst eine gewisse Zwiespältigkeit, wenn auch nicht ganz so ausgeprägt wie bei der 11. Die 22 gehört zu einer starken Persönlichkeit mit hoher Erkenntnisfähigkeit, die öffentlich auftreten kann, aber auch viel Privatleben braucht und Freunde und Angehörige manchmal überraschen kann.

Die 22 reist gerne, um Erfahrungen zu sammeln. Diese Meisterzahl entspricht im Tarot dem Narren. Vielleicht verlassen deshalb so viele 22er ihr Heim, um ihr Glück fernab vom Schutz ihres familiären Nestes in fremden Städten zu suchen. Diese Zahl wird auch „Der Baumeister" genannt, denn sie besitzt die Fähigkeit, auch die schwierigsten und kühnsten Vorhaben durchzuführen, ob auf geistiger oder materieller Ebene. Viele 22er sind angesehene Architekten oder Designer.

Der 22 zugeordnet sind die Farben Weiss und Gold und die Düfte Neroli (Erhebung und Stabilität) sowie Petitgrain (gegen geistige Erschöpfung und Starrheit), ferner der Buchstabe V. Die astrologische Entsprechung ist der Steinbock.

Am Ende dieses Kapitels finden Sie eine kurze Erläuterung zu den Zahlen 33 und 44. Auch dies sind Meisterzahlen – Varianten der 6 bzw. der 8 – allerdings sind sie nicht so weithin anerkannt wie die 11 und die 22.

Tageszahl 22

Ihre Tageszahl entspricht Ihrem Geburtstag – Monat und Jahr spielen hierbei, wie Sie inzwischen wissen, keine Rolle. Im Falle der 22 kommt hierfür nur ein einziger Tag in Frage: Der 22. irgendeines Monats.

Ihr Geburtstag fällt auf den 22.

Die 22 ist eine sehr starke Zahl. Ihr Geist nimmt beständig neues Wissen auf. Sie sind idealistisch und pragmatisch, fantasievoll und konservativ zugleich. Wie die 11 neigen Sie zu angespannter Nervosität und stehen oft „unter Strom", so dass Sie von Zeit zu Zeit Ruhe und Abgeschiedenheit brauchen. Sie müssen daran arbeiten, Ihre vielen Begabungen sinnvoll zu verbinden, was oft nicht einfach ist, da es Ihnen zuweilen an Konzentration mangelt.

Ein 22er verlässt häufig seine Heimat, um anderswo sein Glück zu finden – er braucht den Reiz des Unbekannten. Dabei ist es belanglos, ob er aus einem verschlafenen Städtchen oder einer internationalen Metropole kommt – ein Berliner kann in London sein Glück finden, ebenso wie jemand aus Hintertupfing in New York erfolgreich sein kann. Sie besitzen enorme Talente und viel persönliche Macht und Anziehungskraft: Haben Sie Geduld mit anderen, die Dinge nicht so rasch verarbeiten wie Sie. Dank Ihrer Entschlossenheit können Sie alles vollbringen, was Sie sich vornehmen. Sie sind der Baumeister, müssen sich allerdings entscheiden, in welche Richtung Sie Ihre Energien lenken wollen.

Sie fühlen sich zu humanitären Aufgaben hingezogen und sollten im großen Maßstab denken. Viele berühmte Menschen sind an einem 22. geboren, und die besten unter ihnen haben etwas zum Wohlergehen der Menschheit geleistet. Hören Sie auf Ihre Intuition, und verlassen Sie sich immer auf Ihren ersten Eindruck, denn der wird meistens zutreffen. Aufgrund der Doppelzahl wird alles, was auf Sie zu kommt, doppelt so intensiv sein – im Guten wie im Schlechten. Wenn Sie positiv leben, wird Ihnen das beste Karma widerfahren.

Wo erforderlich, sind Sie geistreich und gesprächig, was häufig über Ihre Ernsthaftigkeit und gedankliche Tiefe hinwegtäuscht. Nicht selten werden Sie daher missverstanden. Entwickeln Sie Ihr Taktgefühl und Ihr Führungstalent, und arbeiten Sie daran, andere zum Wohle der Öffentlichkeit einzusetzen. Bekämpfen Sie Ihren Hang zu Trägheit und Extravaganz.

Sie können großen Wohlstand und Macht erlangen und weit reichende Geschäftsbeziehungen aufbauen. Dabei werden Sie eher in einer internationalen Organisation tätig sein oder ein kreatives Leben mit weltweiten Kontakten führen als einen kleinen Betrieb im Hinterhof. Da Sie das rationale Denken und die kühle Objektivität Ihrer Grundzahl 4 mit dem diplomatischen Geschick und der Fähigkeit zur Zusammenarbeit mit anderen Menschen zu verbinden wissen, welche Sie den beiden 2ern in Ihrer Zahl verdanken, finden Sie für jedes Problem eine Lösung. Vielleicht suchen Sie sogar nach Möglichkeiten, die Welt zu verbessern, ob im kleineren oder im größeren Stil.

Ihre Ansichten sind recht fest gefügt und beruhen vermutlich auf langen leidvollen Erfahrungen, gedanklicher Verarbeitung und hart erworbener Weisheit. Dies prädestiniert Sie für eine politische Laufbahn oder führt zumindest zu einem starken Interesse an der Politik. Hüten Sie sich jedoch vor Überlastung: Sowohl die 2er als auch die 4er sind unermüdliche Arbeiter und die 22 somit erst recht.

Sie könnten erfolgreich sein als Schriftsteller, Diplomat, Botschafter, Architekt, Führungskraft oder Filmregisseur oder auch im Theater oder im Showbusiness, im Bauwesen und im Export. Auf Berühmtheit kommt es Ihnen dabei nicht so sehr an als vielmehr auf die Vollbringung einer großen Aufgabe, die sich zum Nutzen der Menschheit auswirkt. Versuchen Sie daher stets, wirklich Großes zu erreichen.

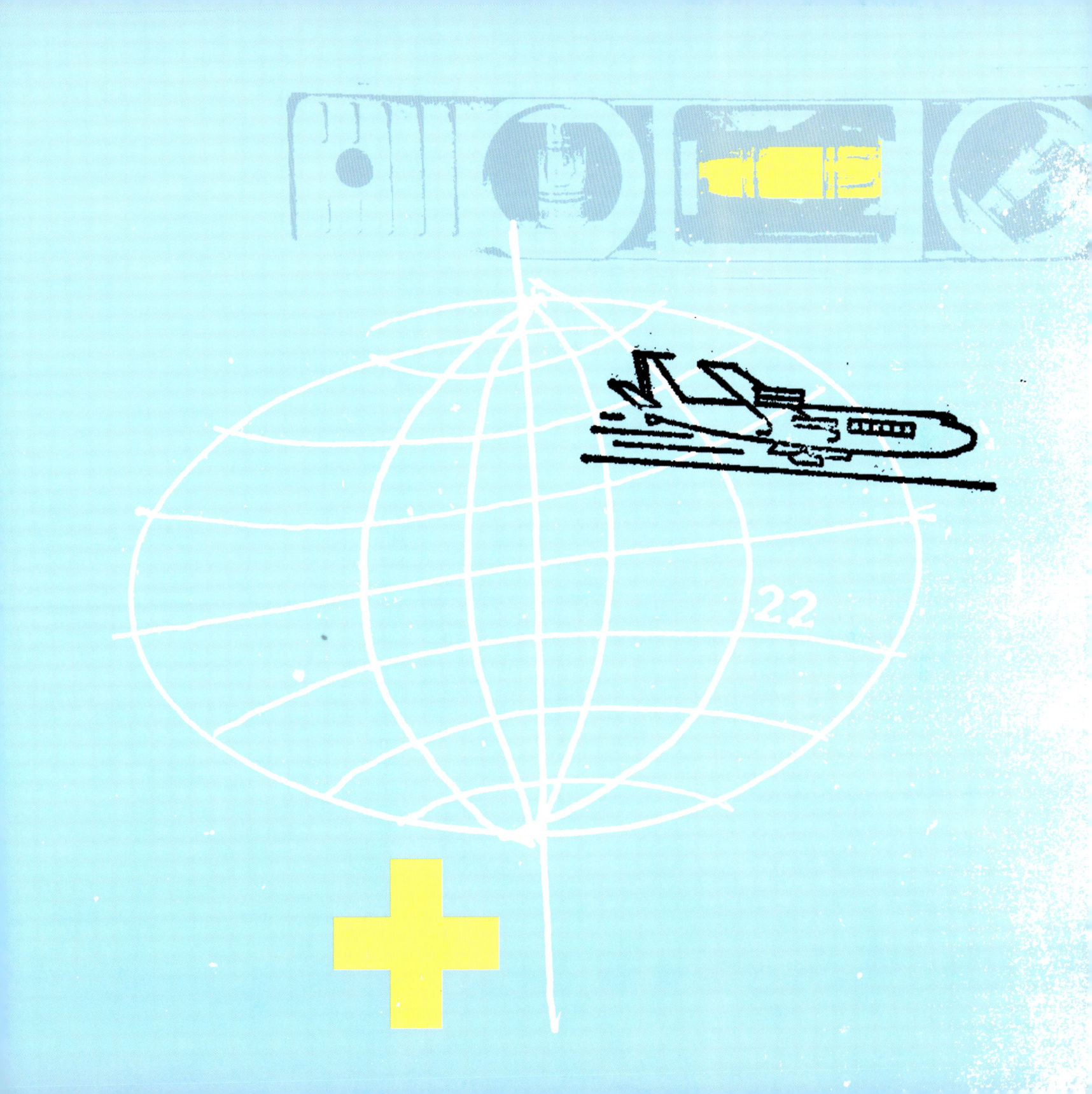

Lebenszahl 22

Diese Zahl wird die Richtung Ihres Lebens bestimmen und errechnet sich aus der Summe aller Ziffern Ihres Geburtsdatums. Nach dem Jahrtausendwechsel wird es künftig weitaus mehr Menschen mit der Lebenszahl 22 geben, da sich die Jahreszahl im Vergleich zum 19. Jahrhundert verringert (2+0+0+ Geburtsjahr). Unter den Menschen, die Ende der 70er, 80er- und 90er Jahre geboren sind, dürften nur wenige 22er zu finden sein – es sei denn, Sie kamen an einem 1. oder 2. Januar oder Februar zur Welt.

Mit der Lebenszahl 22 sind Sie ein wahrer Visionär. Ihnen könnten zahlreiche Prüfungen auferlegt sein, anhand derer Sie lernen müssen, dass der Dienst an Ihren Mitmenschen die lohnendste Form der Arbeit ist. Sie sind spirituell und inspiriert, lassen es sich aber im Leben auch gerne gut gehen. Sie stellen ständig höchste Ansprüche an sich selbst und andere. Eignen Sie sich neue Fähigkeiten an, und denken Sie in bezug auf Ihre Ziele realistisch.

Die 22 ist die Zahl des Baumeisters. Sie besitzen die Vorstellungskraft der 11, die aber mit der beneidenswerten Beständigkeit der 4 gekoppelt ist, so dass Sie auch hoch gesteckte Ziele verwirklichen können. Ein Teil Ihrer Lebensaufgabe wird darin bestehen, Geld zum Wohle anderer zu erlangen und zu verwalten, etwa im Rahmen wohltätiger Organisationen, für die Sie viel erreichen können. Auch als Unternehmer in einer führenden Position sind Sie hervorragend befähigt. Betrachten Sie Materialismus nicht unbedingt als etwas Schlechtes – geschäftlicher Erfolg kann durchaus auch zum Wohle der Menschheit angewendet werden.

Bekämpfen Sie Ihre Neigung zu Intoleranz, insbesondere Menschen gegenüber, die die Dinge vielleicht nicht so rasch erfassen wie Sie. Bemühen Sie sich, mit jenen zusammenzuarbeiten, die Situationen anders sehen als Sie. Sie könnten ein ausgezeichneter Politiker und ein geschickter Diplomat sein, denn Sie besitzen die Frieden stiftende Kraft der 2, die stets in Ihrer Zahl mitschwingt. Setzen Sie Ihre Fähigkeiten für höhere Zwecke ein.

Ein 22er kann auf nahezu jedem Gebiet, für das er sich entscheidet, Erfolg haben. Setzen Sie Ihre Begabungen möglichst zum Wohle der Menschheit ein. Letztlich werden Sie ohnehin in irgendeiner Form in der Öffentlichkeit stehen.

Vergessen Sie nie, dass Ihre vordringliche Aufgabe darin besteht, etwas aufzubauen – ob im materiellen oder im übertragenen Sinn. Wenn Sie nicht das Gefühl haben, etwas vollbracht zu haben, wird in Ihrem Leben etwas fehlen. Sie sollten bereit sein, mit maßgeblichen Politikern bzw. Machthabern zu sprechen oder sich selbst in einer einflussreichen Position befinden. In dem Maße, in dem Sie sich im Laufe der Jahre selbst immer besser kennen lernen, wird sich für Sie immer deutlicher herauskristallisieren, wie Sie Ihre außergewöhnlichen Talente optimal einsetzen können, um Projekte zu verwirklichen. Sie werden dann Ihre Finanzen gut im Griff haben und Ihr Leben mühelos organisieren, obwohl Ihnen anfangs vielleicht viele Prüfungen auferlegt werden, um zu lernen, wie man dies bewerkstelligt.

Haben Sie keine Schuldgefühle, wenn Sie für sich selbst materielle Sicherheit anstreben: Sie ist Ihre Basis, um loszuziehen und große Leistungen zu vollbringen. Sie müssen aus einer Position der Stärke heraus agieren. Ihre Ziele sind wesentlich ehrgeiziger als die der meisten Menschen, und um anderen Stabilität zu bieten, haben auch Sie selbst ein Anrecht darauf.

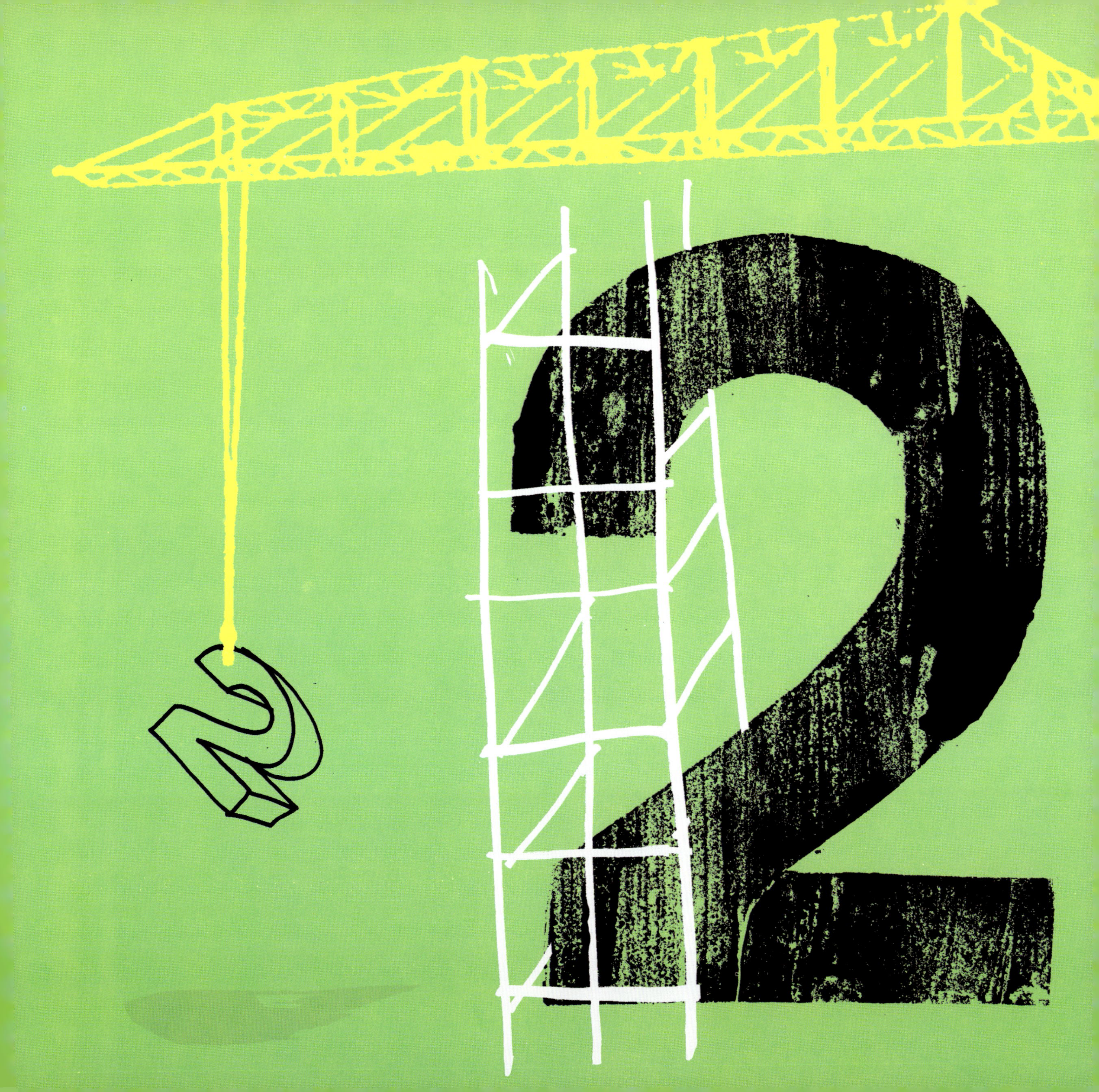

22 Lebenspartner

22 als Lebenspartner

Wenn Sie sich in einen 22er verliebt haben, dann suchen Sie etwas ganz Besonderes. Ein solcher Mensch besitzt Kraft und Originalität und ist stets pragmatisch, aber niemals langweilig. Sie schätzen seine angeborenen diplomatischen Fähigkeiten und die Leichtigkeit, mit der er sein Leben gestaltet. Er fühlt sich niemandem über- oder unterlegen. Einem solchen Menschen liegt die Welt zu Füßen, und es gibt nichts, was er nicht meistern könnte.

Vermutlich ist Ihr Partner finanziell gut abgesichert oder auf dem besten Wege dorthin; eine gut bezahlte Position und frühzeitige Investitionen in Immobilien sind für einem 22er von Natur aus selbstverständlich. Er ist für jedermann da – sei es mit Trost und Rat bei Liebeskummer oder mit einer Geldspende für einen guten Zweck. Dazu muss er sich allerdings erst selbst Stabilität und Sicherheit verschaffen.

Für ein Rendezvous wird er sich sorgfältig und stilvoll kleiden und Ihnen etwas Ausgefallenes bieten. Erwarten Sie kein Allerwelts-Restaurant, sondern etwas besonders Stilvolles und Gediegenes. In einer langjährigen Beziehung mit einem 22er werden häufig Reisen auf dem Terminplan stehen. Er ist nur dann zufrieden, wenn er alles auskosten und erleben kann, was die Welt zu bieten hat – machen Sie sich also auf ein aufregendes Leben mit ihm gefasst.

Als Liebhaber ist ein 22er möglicherweise nicht ganz so abenteuerlustig wie die übrigen Zahlen, aber er wird Sie stets liebevoll umsorgen – vermutlich werden Sie in einem geschmackvollen, angenehmen Heim leben und von ihm angebetet werden. In fremden Städten ist Ihr Liebster voll in seinem Element. Allerdings neigt er manchmal zu Stimmungsschwankungen – an einem Tag ist er voller Leidenschaft, am anderen merklich kühler. Lernen Sie seine Stimmungen auszuloten.

Das Leben mit einer Meisterzahl ist manchmal nicht ganz einfach, da Sie es nicht nur mit dem Menschen selbst, sondern auch mit den geistigen Anforderungen zu tun haben, die die Welt an ihn stellt. Er hat innerlich eine Aufgabe zu erfüllen – ein Schicksal, das ihn beansprucht und seinen Ehrgeiz herausfordert. Sie werden deshalb zuweilen zurückstecken müssen. Aber es lohnt sich, denn Sie genießen dafür eine stabile Beziehung mit einer eindrucksvollen Persönlichkeit, die sich mit bedeutenden Dingen beschäftigt.

22 Kind

22 als Kind

Das ist keine leichte Erziehungsaufgabe: Ihr 22er-Sprössling ist ziemlich intelligent und möchte lieber heute als morgen erwachsen sein – und muss doch erst noch lernen, seine Begabung, mit anderen Menschen umzugehen, richtig einzusetzen, seine geistigen Fähigkeiten zum Lösen von Problemen anzuwenden und zu begreifen, worauf es beruflich in Zukunft ankommt. Alle Kinder mit einer Meisterzahl wollen immer zu rasch erwachsen werden und müssen viele Erfahrungen durchlaufen, um sich ihrer außergewöhnlichen Fähigkeiten und Bedürfnisse voll bewusst zu werden.

Ihr Kind ist ein ausgezeichneter Beobachter und besitzt große Intuition, obwohl es auch recht skeptisch sein kann. Zuweilen müssen Sie bei ihm harte Überzeugungsarbeit leisten. Ein 22er-Kind möchte zudem möglichst viele Situationen erleben, um daraus Erfahrungen und sinnvolle Einsichten ableiten zu können. So wird es sich manchmal fast absichtlich in schwierige Situationen manövrieren, nur um zu sehen, wie es da wieder herauskommen kann. Ihr Sprössling wird sich auch schon früh mit ernsthaften Fragen auseinandersetzen. Schenken Sie ihm eine gute Enzyklopädie, damit er sich mit der Vergangenheit beschäftigen kann, und lassen Sie ihn im Web surfen – sein Wissensdurst will gestillt sein.

Der negativste Aspekt eines 22er-Kindes ist vielleicht die Ungeduld, die es Menschen gegenüber an den Tag legt, deren Auffassungsgabe es nicht mit der seinen aufnehmen kann. Vermitteln Sie ihm, dass nicht jeder die Dinge mit seinen Augen sieht. Ein 22er-Kind ist wie ein junges Vollblutfohlen, das ungeduldig am Zügel zerrt.

22 Varianten

22 als Vorgesetzter
Eine sehr stabile Persönlichkeit, die ihre Stimmungsschwankungen hoffentlich gut im Griff hat. Im Grunde etwas altmodisch eingestellt, aber immer offen für neue, bessere Arbeitsmethoden. Wenn Sie um eine neue Telefonanlage oder ein neues Computersystem bitten, werden Sie sie vermutlich bekommen – wenn diese Dinge letztlich tatsächlich die Arbeit erleichtern. Ihr 22er-Chef wird viel auf Reisen sein – ist er nicht sogar selbst Ausländer?

22 als Mitarbeiter
Gut, so jemanden an Bord zu haben: Ein 22-er Mitarbeiter ist fleißig, höflich und selbstsicher. Er ist auf dem Weg nach oben, arbeitet gerne im Rahmen einer Partnerschaft und lernt jeden Tag etwa Neues hinzu. Ein perfekter Teamworker, der Sie während Ihrer Abwesenheit oder bei offiziellen Anlässen, die eine Ansprache erfordern, gerne vertreten wird. Äußerst intelligent und zuverlässig.

22 als Buchstabe
Der einzige Buchstabe mit einer 22er-Schwingung ist das V – der 22. Buchstabe im Alphabet. Wenn Ihr Vorname mit diesem Buchstaben beginnt oder Sie mehrere Vs in Ihrem Namen haben, besitzen Sie viele der Eigenschaften dieser Meisterzahl. Das V steht für konkrete Ideen und wohl fundierte Ansichten. Merkwürdigerweise sind diese Menschen entweder ungeheuer praktisch oder vollkommen unpraktisch veranlagt. Als 22er sollten Sie möglichst ein V im Namen haben, damit Sie sich auch verbal gut ausdrücken und Menschen erfolgreich überzeugen können. Fehlt das V ganz, könnte es sein, dass Sie emotional unstet sind und Ihre Pläne nie so ganz durchziehen können.

22 als Hausnummer
Dieses wunderbar gestaltete Haus wurde zweifellos von einem Meister seines Fachs erbaut – in mancher Beziehung sehr traditionell, aber dafür äußerst solide und dauerhaft. Da die 4 sehr erdverbunden ist, sollte es einen Garten haben. Obwohl Sie häufig auf Reisen sein werden, kann Sie ein 22er Haus Ihr ganzes Leben lang begleiten.

22 als Haustier
Ein sehr ausgeglichenes Tier, das rasch herausfindet, wie man das Meiste aus dem Leben herausholt. Eine 22er-Katze findet garantiert das schönste Plätzchen in Ihrem Garten, und ein 22er-Hund wird die Umgebung durchstreifen, um sich mit allem ringsum vertraut zu machen. Diese Tiere eignen sich vor allem als nützliche Begleiter des Menschen – etwa als Blindenhund oder als geduldiges Reittier für Kinder. Die wahre Verkörperung eines 22er-Tieres wäre ein Delfin!

Was geschieht in einem 22er-Jahr?

Ein 22er-Jahr erlebt man wahrscheinlich nur einmal im Leben, denn dazu muss die Summe aller relevanter Zahlen – Geburtstag, -monat und das augenblickliche Jahr – genau die Zahl 22 ergeben. Am häufigsten wird es künftig 4er-Zyklen geben. In einem 22er-Jahr können alle Ihre Träume plötzlich wahr werden.

Ob ein 22er-Jahr höchste Weisheit oder schiere Torheit verheißt, hängt von Ihrem eigenen Verhalten ab. Wie die Großen Arkana XXII im Tarot verkörpert auch die Meisterzahl 22 die Vereinigung von Gegensätzen.

Dieser Zyklus ist immer noch mit Meisterschaft verbunden (die 22 ist die zweite Meisterzahl), so dass Sie nicht umhin können, im großen Stil zu denken und zu handeln. Steht ein Arbeitswechsel an, werden Sie Ihre Stellung nicht gegen eine ähnliche austauschen. Ihre Ideen wirken sich auf viele Menschen aus, vermutlich wird Ihnen die Chance geboten, Ihr Können auf einem hochrangigen Posten unter Beweis zu stellen. Sie werden zu einem wahren Fachmann auf Ihrem Gebiet. Sie haben weit gesteckte Ziele und ruhen nicht eher, bis Sie alles wissen, was es über den von Ihnen ausgewählten Bereich zu wissen gibt. Ihre Vorgesetzten werden das würdigen und Ihnen Verantwortung übertragen. Andere Menschen werden Sie nach Ihrer Meinung fragen oder um Rat bitten.

Unter dieser Jahresschwingung werden Sie mit Sicherheit Reisen unternehmen. Vermutlich werden Sie sich dabei eher an historisch oder anderweitig bedeutsame Orte als auf eine Urlaubsinsel begeben, oder Sie werden Menschen aufsuchen, die für Sie wichtig sind. Sie haben das Bedürfnis, gänzlich andersartige Eindrücke zu gewinnen, um auf diesem Wege an sich selbst neue Facetten zu entdecken. Das nötige Geld für diese Reisen wird sich finden: Vielleicht steuert Ihre Familie etwas dazu bei, oder Sie erhalten einen höheren Bonus, oder Sie machen einen unvorhergesehenen Gewinn. Wenn es für Sie wichtig ist, wird es einen Weg geben.

Sind Ihre Visionen jedoch allzu grandios, könnten Probleme auftreten. Materielle Dinge können die Oberhand gewinnen, und Ihre wunderbaren, hoch gesteckten Träume sind womöglich unbesonnen. Sie erleben Aufregung und Spannungen und müssen sich vor Extremen hüten. Diese Zeit ist ungünstig für Spekulationen in Bereichen, über die Sie nicht den vollen Überblick haben. Halten Sie sich von Glücksspielen fern, und denken Sie bewusst pragmatisch.

Ein wichtiger Aspekt dieser Phase ist es, dass Sie sich Ihrer eigenen Grenzen bewusst werden und sich an Fachleute wenden, wenn irgendwelche Angelegenheiten eine präzise Beurteilung verlangen. Wenn Ihnen dann alle Fakten vorliegen, treffen Sie intuitiv die endgültige Entscheidung. Solange Sie konstruktiv leben, wird sich dieses Meisterjahr eher zum Besseren als zum Schlechteren wenden.

Wenn Sie später auf diese Periode zurückblicken, werden Sie erkennen, dass Sie durch eine außergewöhnliche Beobachtung oder einen Ihr Leben verändernden Schritt eine höhere Ebene erlangt haben. Sie verfügen in dieser Phase über enormen Mut und wagen sich beherzt nach vorne – werden aber immer sicher landen, solange Ihr Grundmotiv auf Selbstlosigkeit beruht.

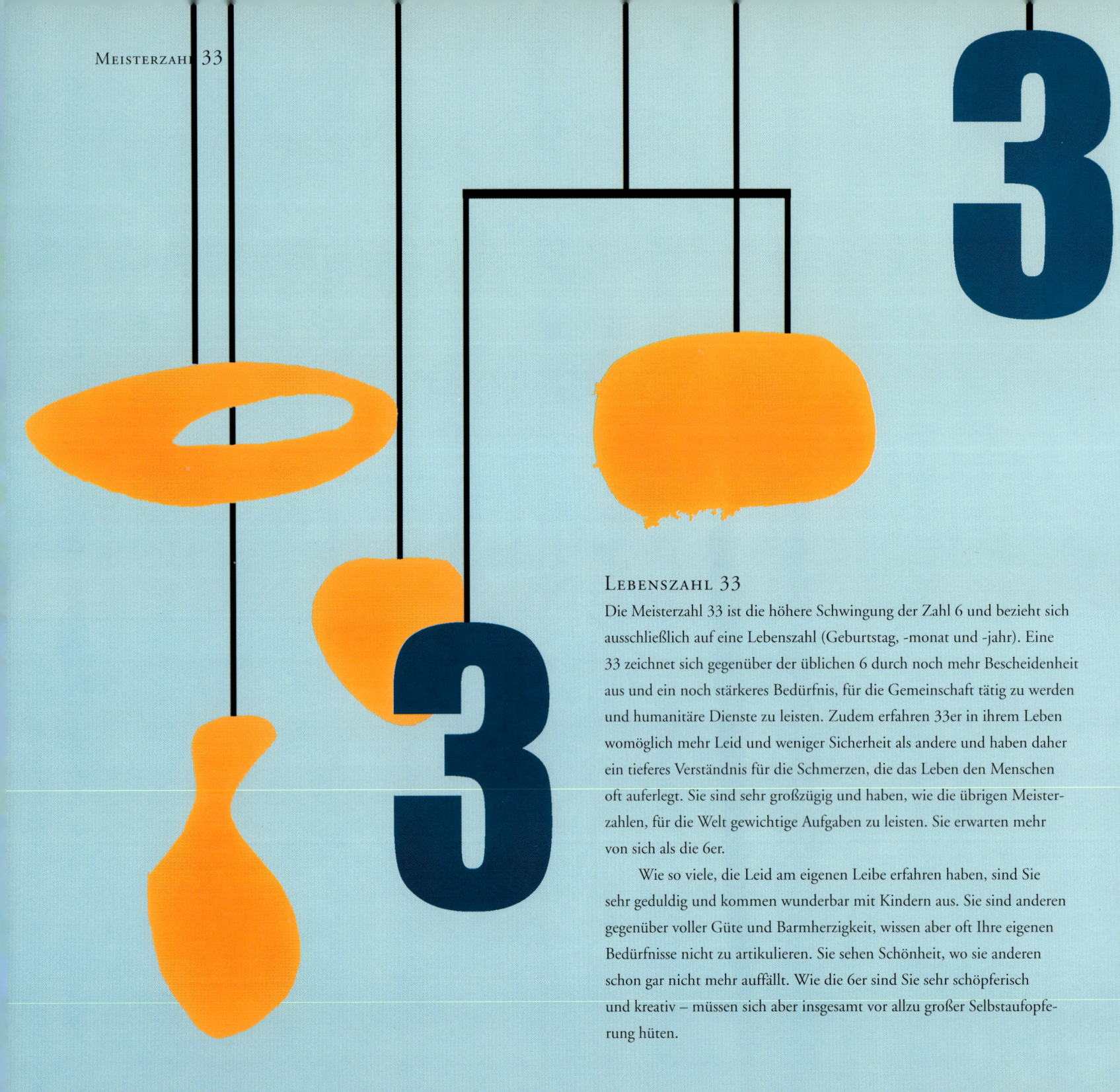

Meisterzahl 33

Lebenszahl 33

Die Meisterzahl 33 ist die höhere Schwingung der Zahl 6 und bezieht sich ausschließlich auf eine Lebenszahl (Geburtstag, -monat und -jahr). Eine 33 zeichnet sich gegenüber der üblichen 6 durch noch mehr Bescheidenheit aus und ein noch stärkeres Bedürfnis, für die Gemeinschaft tätig zu werden und humanitäre Dienste zu leisten. Zudem erfahren 33er in ihrem Leben womöglich mehr Leid und weniger Sicherheit als andere und haben daher ein tieferes Verständnis für die Schmerzen, die das Leben den Menschen oft auferlegt. Sie sind sehr großzügig und haben, wie die übrigen Meisterzahlen, für die Welt gewichtige Aufgaben zu leisten. Sie erwarten mehr von sich als die 6er.

Wie so viele, die Leid am eigenen Leibe erfahren haben, sind Sie sehr geduldig und kommen wunderbar mit Kindern aus. Sie sind anderen gegenüber voller Güte und Barmherzigkeit, wissen aber oft Ihre eigenen Bedürfnisse nicht zu artikulieren. Sie sehen Schönheit, wo sie anderen schon gar nicht mehr auffällt. Wie die 6er sind Sie sehr schöpferisch und kreativ – müssen sich aber insgesamt vor allzu großer Selbstaufopferung hüten.

MEISTERZAHL 44

LEBENSZAHL 44

Diese Meisterzahl verkörpert die höhere Schwingung der 8 und steht für große Leistungen. Auch die 44 gibt es nur als Lebenszahl. Sie werden im Laufe der Jahre lernen, die Schwingung dieser anspruchsvollen Zahl zum Ausdruck zu bringen, Ihr Leben in den Griff zu bekommen und zwischen dem Spirituellen und dem Materiellen auf beneidenswerte und verblüffende Weise eine Balance zu finden. Während eine 8 Arbeitsplatz und Heim in Ordnung bringen muss, sollte die 44 die Welt in Ordnung bringen. Diese Zahl steht für die optimale Verwendung materiellen Erfolges und die beste und uneigennützigste Verwendung von Geldern.

Ein 44er wird instinktiv nach einem Weg suchen, wie man Geschäfte und Ausbildung ethischer gestalten kann. Zwischen den Menschen, die unter demselben Dach leben, fördert er ein Gefühl für Ethik und Moral. Er ist stark und tapfer wie die Grundzahl 8 und ebenso wie diese musikalisch, belesen und unvoreingenommen. Als Träger einer Meisterzahl hat er in seinem Leben Schmerz, Leid und viele Veränderungen erfahren. Dies verleiht ihm innere Distanz und ein sicheres Gespür, wofür es sich lohnt zu kämpfen. Als 44er werden Sie nur dann Erfüllung finden, wenn Sie einen wertvollen Beitrag zur Welt leisten. In der Liebe oder im Beruf dürften Sie auf unterschiedlich starke Schwierigkeiten stoßen, aber dies mobilisiert Ihre enorme Fähigkeit, zu überleben und Stärke zu zeigen. Ihr Leben verspricht viel Lob und Anerkennung, die jedoch beträchtliche Anstrengungen erfordern.

Wer passt zu wem?

Eins	Zwei	Drei	Vier	Fünf	Sechs
♥♥♥♥ Vorsicht – zwei starke Führernaturen! Aber jeder respektiert die Privatsphäre des anderen. Ähnliche Stimmungslagen und viele Gemeinsamkeiten.	♥♥♥♥ Ein Führer und ein Ausführender. Die 2 stellt sich auf die 1 ein und hilft ihr bei der Verwirklichung ihrer Ideen. Beide ergänzen sich gut.	♥♥ Zwei Extrovertierte, aber 1 will mehr Privatsphäre als 3 und ärgert sich über deren Popularität. Eifersucht könnte zum Problem werden.	♥♥♥ 4 kann das Chaos von 1 etwas lichten und etwas Organisation in sein Leben bringen. Die 1 empfindet die 4 manchmal als zu streng und altmodisch.	♥♥♥♥♥ 5 fühlt sich von den Ideen von 1 angezogen und hat vielleicht noch bessere. Sehr körperbezogene Beziehung, dürfte aber funktionieren. Ein Leben auf der Überholspur!	♥♥♥ Einige Spannungen: 1 sucht Sti[mula]tion, 6 will seine Ruhe. Viele Fr[eunde] lassen sich von Ihnen beiden un[terhal]ten, aber ziemlich viele Missvers[tänd]nisse kommen auf Sie zu.
	♥♥♥ Ausgewogene Verbindung, solange immer einer die Verantwortung übernimmt. Könnte etwas eintönig werden, aber vielleicht kann man gut damit leben.	♥♥♥ Etwas lebhafter, aber 2 braucht Stabilität, die 3 nicht bieten kann. Möglicherweise günstig für ein sexuelles Abenteuer.	♥♥♥♥♥ Wunderbar! Jeder versteht die Schwächen und Verletzlichkeiten des anderen. Schönes Heim. Beide geben sich kreative Inspiration.	♥ Bloß nicht! 2 fühlt sich anfänglich von der dynamischen 5 angezogen, wird aber ihrer Unstetheit rasch überdrüssig. 5 wünscht sich 2 lebenslustiger.	♥♥♥ Gute Aussichten: Beide lieben K[inder,] Menschen, Musik und gutes Ess[en. Viel]leicht braucht es anfangs einen S[chub,] aber dann könnte es mit dem Z[usam]menleben (und -arbeiten) klapp[en].
		♥♥♥♥♥ Sehr gute Kombination. Jeder weiß den anderen bei Bedarf aufzurichten. Launenhaft, aber voller Sonne und Humor. Ihr Heim wird ausnehmend schön sein.	♥♥ Nicht so gut – 3 will Spaß und Abwechslung, 4 Stabilität und Ruhe. Ständige Konfrontation zwischen Revolution und Konservatismus.	♥♥♥♥ Gute geschäftliche Schwingungen und Glück mit Geld. Privat günstig, wenn beide reich genug sind, um die Freizeit voll zu genießen.	♥♥♥ Starkes Band. Viele Freunde, [un]ternehmungslustig, beide genie[ßen] auch ihre Träume. 3 möchte be[wundert] werden, was die 6 erfüllen ka[nn].
			♥♥♥ Solide, aber möglicherweise eintönig. Keiner mag Haus oder Büro verlassen, um etwas zu unternehmen. Trotz gemeinsamer Zahl keine Dynamik.	♥♥♥ Völlig gegensätzlich. Gut für Freundschaften, denn die unterschiedlichen Ansichten sind gegenseitig vermittelbar. In Liebesbeziehungen aber viel Kummer.	♥♥♥ Die 6 kann der 4 helfen, etwas [ent]spannter zu sein und wird ein s[chönes] Heim schaffen, während die 4 [die] ersehnte Stabilität und Sicherh[eit ver]mittelt. Könnte in Trägheit abg[leiten].
				♥♥ Sehr anstrengend! Zwei quirlige Naturen, stets auf Achse (aber nicht immer zusammen). Gefahr: Viel Gemeinsames, aber kein Miteinander!	♥♥♥ Unsicher – 5 sollte möglichst d[er] männliche und 6 der weibliche [Teil] sein. Der eine voller Schwung, [der] andere sanft und friedliebend. [Eine] Herausforderung.
					♥♥♥♥♥ Funktioniert sehr gut – zwei Z[ahlen,] die sich wirklich gut verstehen [und] ergänzen sich in Ihren Talenten[. Sie] haben ein wunderschönes Hei[m].

Wer passt zu wem?

Anhand dieser Tabelle können Sie Ihre Tageszahl und Ihre Lebenszahl jeweils mit der Ihres Partners vergleichen und so herausfinden, wie Sie beide im Alltag bzw. im Laufe mehrerer Jahre miteinander auskommen. Vermischen Sie dabei nicht Tages- mit Lebenszahlen, sondern setzen Sie nur gleichartige Zahlen miteinander in Verbindung! Grundsätzlich gilt, dass bei gleicher Tages- oder Lebenszahl zwischen Ihnen beiden eine besonders starke Seelenverwandtschaft herrscht – beispielsweise wenn Sie beide die Tageszahl 3 haben. Das gleiche gilt, wenn einer von Ihnen unter dem Einfluss der Tageszahl 3 und der andere unter dem Einfluss der Lebenszahl 3 steht. Nur in diesem einen Fall dürfen Tages- und Lebenszahl miteinander in Verbindung gebracht werden.

Die Herzsymbole (von 1 bis 5) dienen als Anhaltspunkt. Fünf Herzen bedeuten, dass Sie beide besonders gut zusammenpassen, während ein Herz darauf hinweist, dass Sie daran arbeiten müssen, Streit und Missverständnisse zu vermeiden.

WER PASST ZU WEM?

	Acht	Neun	Elf	Zweiundzwanzig	
…Gemeinsamkeiten: Beide lieben Privatsphäre, sind intellektuell tun Dinge ebenso gerne allein gemeinsam. Auch geschäftlich…	♥♥♥ Gut für Freundschaften, aber die 8 verliert leicht die Geduld mit der 1, die nie etwas zu Ende führt. Eine sportliche/körperbetonte Beziehung (was etwas helfen könnte).	♥♥♥ Gemeinsame Basis: Die 9 vollendet, was die ehrgeizige 1 begonnen hat: Ein Pionier und ein Reisender – könnte funktionieren und die 9 beschäftigt halten.	♥♥♥ Warnung! Zwei explosive Zahlen, die gerne ihren eigenen Weg gehen. Die 11 könnte der 1 die Schau stehlen. Eher für eine kurze, intensive Affäre geeignet.	♥♥♥ Sie gehen beide gerne Risiken ein und probieren alle Möglichkeiten aus. Die 22 verliert allerdings oft die Geduld mit der mangelnden Konzentrationsfähigkeit der 1.	Eins
…e Freundschaft, aber nicht so für eine lange Liebesbeziehung. …t sehr auf Menschen zu, 7 ist … allein und verübelt der 2, … sie andere ständig bemuttert.	♥♥♥♥ Gar nicht übel. Sie können die Dinge immer von beiden Seiten sehen, das sorgt für Fairness und Humor. Viele werden Sie beide um Rat bitten.	♥♥♥♥ Ebenfalls viel versprechend: Die 2 unterstützt die Träume der 9 und kann gut organisieren. Beide arbeiten auf die gleichen Ziele hin und verstehen sich gut mit anderen.	♥♥♥ Die Meisterzahl wird dominieren, aber damit hat die 2 keine Probleme. Sie haben eigentlich zwei Zahlen gemeinsam; die 11 wird die 2 beschäftigt halten und zum Lachen bringen.	♥♥♥♥ Entspricht der 2/4-Kombination. Eine Liebesbeziehung, vorausgesetzt die 2 bleibt gern als Lotse im Hintergrund. Könnte ein festes Band der Liebe sein.	Zwei
…Gegensätzliches, könnte aber …tionieren. 3 bringt 7 zum Lachen, …ngt 3 dazu, sich zu konzentrieren. …st flatterhaft, der andere ernst-… Könnte eine gute Mischung sein.	♥♥♥♥ Eine kraftvolle Verbindung. Die 8 versteht die Talente der 3 und zeigt sich großzügig, während die 3 die 8 aufheitern kann, wenn diese unter Stress steht. Viel gegenseitiges Verständnis.	♥♥♥♥ Sie beide verbinden ähnlich gelagerte Temperamente und die gleiche Art von Humor. Sie sind aktiv und haben viele gemeinsame Freunde und Hobbys.	♥♥ Toller Sex: Sie lieben Ihre gegenseitigen verrückten Einfälle. Im Alltag zu wenig Stabilität sowie Ego-Konflikte. Wird vermutlich erst ein Hoch haben und dann abfallen.	♥♥ Sie beide sind für unterschiedliche Leben geschaffen. Genießen Sie eine Weile Ihre Gegensätze, aber seien Sie bereit, die Affäre irgendwann zu beenden.	Drei
…rgänzen sich gut: 7 übernimmt …ührung, und 4 kann der 7 bei …rauenkrisen oder bei emotionalen …elastungen beistehen.	♥♥♥ Gut für eine geschäftliche Verbindung und nicht unmöglich für die Liebe. Die 4 muss Charisma und Entschlossenheit der 8 respektieren, die 8 sich auf die Liebe der 4 verlassen.	♥ Problematisch! Die 9 kann nicht still sitzen, die 4 macht lieber beschauliche Gartenarbeit. Die 9 ist ein Verschwender, die 4 der geborene Buchhalter.	♥♥♥ Sehr gut! Die 11 genießt es, die 4 aufzuheitern und hängt ihrerseits von deren unerschütterlicher Liebe ab. Die 4 bewundert den Mut und die Cleverness der 11.	♥♥♥♥ Einer muss offenbar das Steuer in die Hand nehmen, und das wird die 22 sein. Sie haben zwei Zahlen gemeinsam – gut für Beziehungen und gut für Geschäftliches.	Vier
…cher Einzelgänger, 5 liebt die …lligkeit. Beide sind intelligent, …auf unterschiedliche Weise. Gute …räche, aber es sind auch viele …verständnisse zu befürchten.	♥♥♥ Funktioniert besser als man meinen sollte: Beide können sehr körperlich sein und betreten gerne Neuland. Die 8 arbeitet hart, die 5 würde sich vielleicht mehr Urlaub wünschen.	♥♥♥ Reisen ist der gemeinsame Nenner, aber beiden fehlt es an Stabilität. Zwei Clowns aus verschiedenen Ecken. Hervorragend für Freundschaft oder eine Affäre, aber nicht für die Liebe.	♥♥♥ Zusammen wirken Sie beide sehr charmant und schlagfertig, drängen aber beide ins Rampenlicht. Abwechslung wird eine wichtige Rolle spielen.	♥♥ Ein Unterhalter und ein Impresario? Vielleicht. Aber einer will durchorganisiert sein, der andere will sich nicht festlegen. Die 22 kann die unbändige Jugendlichkeit der 5 nicht ertragen.	Fünf
…zäh: 6 ist unbekümmerter und …t die 7 überkritisch und spröde. 7 …sich über mangelndes Urteilsver… und fehlende Disziplin bei der … …witter liegen in der Luft!	♥♥♥ Gute Aussichten. Beide sind kreativ und lieben Musik, Geselligkeit und Geldausgeben. Die 6 schafft ein geschmackvolles Heim, das die 8 gerne finanziert. Auch sexuell sehr günstig.	♥♥♥ Aus einer starken Freundschaft könnte sich Liebe entwickeln. Sie haben vieles gemeinsam – ähnliche Geschmäcker, Kunst, Theater, Freunde.	♥♥♥ Die 6 hält die Träume der 11 lebendig, macht sie aber auch realisierbar. Diese Kombination wäre auch gut für eine reifere Verbindung: Sehr liebevoll und weise.	♥♥♥ Nicht schlecht: Die 22 weiß Rat und Hilfe der 6 zu schätzen und bietet ihr Stabilität und häuslichen Komfort. Einige unvermeidliche Meinungsverschiedenheiten.	Sechs
…, ziemlich kopflastig. Einer 7 tut …len etwas heitere Leichtigkeit …gut, was die andere 7 nicht bie-… …ann. Verzwickte Beziehung.	♥♥♥ 7 und 8: Bei gegenseitigem Respekt erstaunlich gut. Beide haben einen scharfen Verstand und sind spezialisiert, wenn auch auf verschiedenen Gebieten. Sexy.	♥♥♥ Sie sind beide intellektuell veranlagt – für die 7 haben Freunde und Ziele Priorität, die Interessen der 9 sind breiter angelegt. Konkurrenzdenken könnte ein Problem sein.	♥♥ Viel Extreme; ein Auf und Ab von guten und schlechten Tagen. Die 11 braucht sanften Ansporn und Anerkennung, was die 7 ärgert. Die 11 ist weniger zufrieden als die perfektionistische 7.	♥♥♥ Könnte funktionieren, wenn die 7 ab und zu das Ruder in die Hand nehmen kann. 22 schätzt deren scharfen Verstand. Könnte in gute Zusammenarbeit münden.	Sieben
	♥♥♥♥ Na ja … vielleicht! Könnte eine fantastische Verbindung sein, wenn die jeweiligen Energien geschäftlich klug eingesetzt werden. Insgesamt recht explosive Mischung.	♥♥♥ Starke Freundschaft, trotz unterschiedlicher Weltanschauungen. In Liebesbeziehungen würde die 8 die 9 gerne häuslicher sehen.	♥♥♥ Sie denken ähnlich, sehen jeweils beide Seiten eines Problems. Zwei Künstlertypen, abenteuerlustig, witzig. Alles steht und fällt mit Ihren gemeinsamen Hobbys.	♥♥♥♥ Hervorragend für Geschäftliches, aber etwas problematisch für eine Liebesbeziehung. Beide haben feste Standpunkte, die sich aber häufig nicht decken!	Acht
		♥♥♥ Ähnliche Stimmungslagen. Sie beide reisen und lesen gerne und bringen sich gegenseitig Neues bei, aber wenn einer missgestimmt ist, ist es auch der andere. Könnte ein holpriger Weg sein.	♥♥♥ Hängt davon ab, wer das Heft in der Hand hat und ob die 9 die 11 als brillant und charismatisch empfindet. Vielleicht sind es beide, aber einer muss die Führung übernehmen.	♥♥♥ Zwei Snobs, die sich womöglich gegenseitig auszustechen versuchen. Sie fühlen sich zueinander hingezogen, werden sich aber auch auf die Nerven gehen.	Neun
			♥♥ Sie sind sich Ihrer jeweiligen Bedürfnisse zwar bewusst, aber wenn Sie sich gegenseitig anmachen, fliegen die Fetzen. Geben Sie sich ab und zu mehr Freiraum.	♥♥♥♥ Viel besser als 11/11. Sie respektieren Ihre gegenseitige Größe und können einander ergänzen. Vermutlich eine liebevolle Verbindung.	Elf
				♥♥♥ Hier zählt Geschäftliches; für Liebe ist kein Platz. Sie bauen beide an einer besseren Welt, da bleibt wenig Zeit für Romantik – trotz der gegenseitigen Faszination.	Zweiundzwanzig

143

Ich bedanke mich wie immer bei allen von johnson banks, ganz besonders bei Chris und Shonagh. Mein Dank geht auch an Anne und Rory, Gabriel und Samantha für ihre Ideen. Ich umarme alle Jo's von Quadrille für ihre aufmunternde Unterstützung, besonders meine liebe Jo Harris (wo immer sie gerade sein mag). Mein größter Dank geht jedoch an all die Mädels, denen dieses Buch gewidmet ist.